의산문답

醫山問答

의산문답

毉山問答

천지와 인물에 대한
일탈적 우화

홍대용 저 | 문중양 역해

규장각
새로 읽는
우리 고전

018

아카넷

'규장각 고전 총서' 발간에 부쳐

　고전은 과거의 텍스트이지만 현재에도 의미 있게 읽힐 수 있는 것을 이른다. 고전이라 하면 사서삼경과 같은 경서, 사기나 한서와 같은 역사서, 노자나 장자, 한비자와 같은 제자서를 떠올린다. 이들은 중국의 고전인 동시에 동아시아의 고전으로 군림하여 수백 수천 년 동안 그 지위를 잃지 않았지만, 때로는 자신을 수양하는 바탕으로, 때로는 입신양명을 위한 과거 공부의 교재로, 때로는 동아시아를 관통하는 글쓰기의 전범으로, 시대와 사람에 따라 그 의미는 동일하지 않았다. 지금은 이들 고전이 주로 세상을 보는 눈을 밝게 하고 마음을 다스리는 방편으로서 읽히니 그 의미가 다시 달라졌다.

　그러면 동아시아 공동의 고전이 아닌 우리의 고전은 어떤 것이고 그가치는 무엇인가? 여기에 대한 답은 쉽지 않다. 중국 중심의 보편적 가치를 지향하던 전통 시대, 동아시아 공동의 고전이 아닌 조선의 고전이 따로 필요하지 않았기에 고전의 권위를 누릴 수 있었던 우리의 책은 많지 않다. 이 점에서 우리나라에서 고전은 절로 존재하였던 과거형이 아니라 새롭게 찾아 현재적 가치를 부여하면서 그 권위가 형성되는 진행형이라 하겠다.

　서울대학교 규장각한국학연구원은 법고창신의 정신으로 고전을 연구하는 기관이다. 수많은 고서 더미에서 법고창신의 정신을 살릴 수 있는 텍스트를 찾아 현재적 가치를 부여함으로써 새로운 고전을 만들어 가는 일을 하여야 한다. 그간 이러한 사명을 잊은 것은 아니지만, 기초적인 연구를 우선할 수밖에 없는 현실로 인하여 우리 고전의 가치를 찾아 새롭게 읽어주는 일을 그다지 많이 하지 못하였다. 이제 이 일을 더 미룰 수 없어 규장각한국학연구원에서는 그간 한국학술사 발전에 큰 기여를 한 대우재단의 도움을 받아 '규장각 새로 읽는 우리 고전 총서'를 기획하였다. 그 핵심은 이러하다.

　현재적 의미가 있다 하더라도 고전은 여전히 과거의 글이다. 현재는 그 글이 만들어진 때와는 완전히 다른 세상이다. 더구나 대부분의 고전은 글 자체도 한문으로 되어 있다. 과거의 글을 현재에 읽힐 수 있도록 하자면 현대어로 번역하는 일은 기본이고, 더 나아가 그 글이 어떠한 의미가 있는지를 꼼꼼하고 친절하게 풀어주어야 한다. 우리 시대 지성인의 우리 고전에 대한 갈구를 이렇게 접근하고자 한다.

'규장각 새로 읽는 우리 고전 총서'는 단순한 텍스트의 번역을 넘어 깊이 있는 학술 번역으로 나아가고자 한다. 필자의 개인적 역량에다 학계의 연구 성과를 더하여, 텍스트의 번역과 동시에 해당 주제를 통관하는 하나의 학술사, 혹은 문화사를 지향할 것이다. 이를 통하여 우리의 고전이 동아시아의 고전, 혹은 세계의 고전으로 발돋움할 수 있기를 기대한다.

기획위원을 대표하여 이종묵이 쓰다.

차례

천지와 인물에 대한 '일탈적' 우화

홍대용과 그의 『의산문답』에 담긴 주장은 학계는 물론이고 일반인에게도 널리 알려져 있다. 즉 이 책에서 홍대용은 우주적 차원에서 지구·지전설과 무한우주를 주장하고, 사람과 사물의 차원에서 '사람과 사물은 균등하다'는 인물균(人物均)과 '중화와 이적은 같다'는 '화이일야(華夷一也)'를 주장했다. '조선'이라는 나라에 대한 우리의 상식으로 볼 때 믿기 어려운 일탈적이고 파격적인 주장이다. 그러나 유명세에 어울리게 『의산문답』이 적절하게 읽혔는지는 의문이다. 1939년 처음으로 『담헌서』를 간행한 정인보부터 근래에 이르기까지 많은 연구자들이 홍대용의 사상을 『의산문답』을 통해 살펴보고,[1] 몇몇 번역서가 출간되었지만[2] 당대의 시공간적 맥락에 맞게 독해가 이루어졌다고 보기 어려운 것이 사실이다. 특히 몇몇 과학사 연구자가 『의산문답』에 담긴 홍대용의 우주론

논의를 비판적으로 고찰했지만 학계에서 그다지 수긍하고 주목하는 것 같지 않다.[3]

『의산문답』에서 무엇을 읽을 것인가는 독자의 몫이다. 필자는 당대의 시공간적 맥락에 맞게 독해가 이루어질 수 있도록 이정표를 제시할 뿐이다. 어떻게 읽을 것인지, 그리고 당대의 시공간적 맥락에 부합하는 것이 무엇인지 몇 가지 주목할 사항을 제시해본다.

먼저 홍대용의 출신과 정치사회적 위치를 따져보는 일이 중요하다. 특히 혁명적일 정도로 파격적 내용을 담고 있는 저술이라는 점에서 저자의 사회정치적 처지가 그에 부합하는지의 여부는 간과할 수 없다. 소위 '실학자'에 대해 우리는 재야 학자 또는 중앙 권력에서 소외된 인물일 거라고 여기곤 한다. 과연 홍대용이 그러한가. 사실은 전혀 그렇지 않다. 홍대용은 18세기 조선의 지배 세력이던 노론계의 명문 집안 출신이다. 그의 6대조 홍진도가 인조반정의 정사공신 3등에 봉해지면서 홍대용 집안은 부와 권력, 명예를 가진 세력에 속했다. 그런 까닭에 홍대용은 특권적 삶과 특혜를 누리며 큰 고난 없이 일생을 살았다.

홍대용은 12세에 조선의 학계를 주도하던 노론 낙론계의 거두 김원행

---

1 가장 종합적인 연구 성과이자 비교적 근래에 이루어진 것으로는 김문용, 『홍대용의 실학과 18세기 북학사상』(예문서원, 2005)과 박희병, 『범애와 평등: 홍대용의 사회사상』(돌베개, 2013)을 들 수 있다.
2 많은 번역서가 있지만 김태준·김효민 옮김, 『의산문답』(지식을만드는지식, 2011)이 가장 유용하게 참고할 만하다.
3 가장 최근의 종합적 연구서인 『범애와 평등: 홍대용의 사회사상』에서 박희병은 과학사 연구자들의 홍대용 우주론에 대한 해석을 전면 거부한 바 있다.

(金元行, 1702~1772)이 세운 석실서원(石室書院)에 입학했다. 이는 홍대용이 최고 수준의 유학 공부를 할 수 있었던 것은 물론이고, 조선의 학계를 주도하던 노론계 학인 커뮤니티에 들어갔음을 의미한다. 석실서원에서 만난 박지원(朴趾源)과의 인연으로 40세에 서울로 이사한 이후 북학파 학인들과 행복한 서울 생활을 즐길 수 있었다. 충청도 천원군의 시골에 살던 홍대용이 서울로 올라와 조선 최고의 자유분방한 북학파 학인들과 하루가 멀다 하고 밤새워 토론을 벌이는 색다른 경험을 한 것도 지배 그룹의 일원이었기에 가능한 일이었다.

북경 여행 역시 권력층에 속한 신분이었기에 가능했다. 북경이 어떤 곳인가. 선진국 중국의 수도 북경은 학문의 메카로 천하제일의 학인들이 모이는 곳이자 가장 최신의 고급 지식 정보를 담은 서적의 집합처였다. 학문과 지식에 목말라하는 조선 학인들에게 북경은 평생에 한 번은 꼭 가보길 갈망하는 곳이었다. 그러나 누구나 북경 여행을 할 수 있는 것은 아니었다. 고려-원 사이에 전면적인 교류가 이루어지던 시대가 지나고 명 왕조가 들어선 15세기 이후 조선과 중국의 교류는 사신단이 유일한 교류의 채널이었다. 그런데 홍대용은 관료도 아니면서 북경 사신행의 일원으로 북경에 갔다 왔다. 정사, 부사, 서장관의 세 사신은 수행원을 한 명씩 사사로이 선발해 북경행에 대동할 수 있었는데 자제군관이 그러한 수행원이었다. 홍대용은 서장관이던 숙부 홍억의 자제군관 자격으로 북경 사신행에 들어가는 행운을 거머쥐었던 것이다. 홍대용이 지배 세력의 일원이 아니었으면 불가능했을 일이다. 그간 『의산문답』의 사색이 좁고 편협한 조선의 학계를 벗어나 천하는 물론이고 우주적 차원에서 이루어질 수 있었던 배경으로 홍대용의 북경 여행을 들곤 했다. 실제로 『의산문답』의 플롯을 보면 그렇게 볼 여지가 없지 않다. 30년간 유학 공부를 마스터한 허자가 자신을 알아주는 이를 찾아 북경으로 떠났고, 그곳에서도 알아주는 이가 없자 의무여산에 은거하려는 뜻을 품고 들어갔다가 거인(巨人) 실옹을 만나 큰 깨우침을 받는다는 이야기가 아니던가. 물론 북경 여행이 홍대용의 사상에 얼마나 영향을 미쳤는지는 더 꼼꼼하게 따져볼 일이지만 어쨌든 홍대용이 빈곤하고 힘없는 재야 학인이었다면 소중한 북경 여행의 경험은 꿈도 꾸지 못했을 것이다.

홍대용의 이와 같은 정치사회적 배경을 감안하면 『의산문답』에서 혁명적인 주장을 펼치는 실옹은 현실 속의 홍대용의 처지와는 거리가 멀다. 어떻게 그럴 수 있나? 『의산문답』이라는 텍스트의 성격에 대한 고찰은 이러한 괴리를 줄여줄 고리다.

『의산문답』은 기본적으로 허자의 질문에 실옹이 대답하는 '문대(問對)' 형식으로 구성돼 있다. 『의산문답』이 따랐음직한 성리학자의 가장 모범적인 글은 송대(宋代) 소옹(邵雍, 1011~1077)의 『어초문대(漁樵問對)』다. 어부와 나무꾼이 우연히 만나 우주와 세계에 대해 차분하면서도 깊은 논의를 펼치는 대화 형식의 글로, 조선 학인들에게도 적지 않은 영향을 미친 글이다. 그러나 문제는 등장인물과 대화의 내용이다. 도저히 유학자의 모습이라고는 볼 수 없는 기이한 외모의 도인과도 같은 실옹이 대화를 주도하고 30년 유학 공부를 헛되게 한 허자에게 깨우침을 준다. '하늘에서 바라본다(自天而視之)'는 판단과 평가의 기준을 실옹이 제시했지만 사실상 당대 세속의 학인들이 지닌 모든 식견과 상식을 상대화하는 논리를 폈다고 할 수 있다. '중화와 이적은 매한가지다'는 실옹의 주장은 중화와 이적의 구분을 근본적으로 부정하는 것이라기보다는 중화의 관점과 이적의 관점 각각에서 세상과 사물을 바라보라는 시각의 상대화를 주문한 것에 가깝다.

당대 학인들의 상식과 식견을 조롱하는 듯한 실옹과 허자의 대화는 『어초문대』의 대화와는 너무나 거리가 멀다. 실옹의 논변은 오히려 『장자(莊子)』에서 유사한 모습을 찾을 수 있다. 「추수(秋水)」편에서 황하(黃河)의 신 하백(河伯)을 바깥세상을 보지 못한 우물 안 개구리, 얼음이 있음을 모르는 여름벌레와 같다며 꾸짖는 바다의 신 북해(北海)를 보면 실옹이 자연스레 떠오른다. 『장자』의 첫 번째 장인 「소요유(逍遙遊)」에서는 북녘 바다 물고기 곤(鯤)이 크기가 몇 천 리도 넘는 대붕(大鵬)으로 변신해 대풍(大風)을 일으키며 남쪽 바다로 날갯짓해 날아가는 우화(寓話)가 펼쳐진다. 이뿐이 아니다. 견오(肩吾)와 연숙(連叔)의 우화에서는 신선의 세계에 사는 선인(仙人)들의 허황된 이야기가 펼쳐진다. 조선의 모범적 유학자들에게 『의산문답』에서의 실옹과 허자의 대화 내용은 이와 크게 다르지 않았을 것이다. 우리는 그러한 사례를 이규경(李圭景)의 『오주연문장전산고(五洲衍文長箋散稿)』에서 볼 수 있다.

이규경은 『오주연문장전산고』에 수록된 「해·달·별들 각각에 있는 별개의 세계에 대한 변증설(日月星辰各有一世界 辨證說)」에서 홍대용의 우주론을 소개한다. 선배 홍대용이 일찍이 말한 이야기라며 『의산문답』에서 펼쳐진 실옹의 소위 '다세계설'을 설명한다. 그런데 이규경은 그것을 해와 달, 그리고 별들에 각각의 독립된 별개의 세계가 존재한다는 내용으로 이해했고, 나아가 그것을 천당지옥설과 같은 차원의 이야기로 파악했다. 심하게 신이(神異)하지는 않지만 장자와 열자(列子)의 '우언(寓言)'에 비길 만하다는 것이다. 심지어 이규경은 원굉도(袁宏道, 1568~1610)가 펼친 우화와도 비교했다. 원굉도의 우화란 『장자』의 「소요유」에서 펼친 우화의 세계를 해석해 풀어놓은 『광장(廣莊)』 「소요유」편에서 펼친 우화다. 천지를 거대한 장부(丈夫)에 빗대고, 사바세계(娑婆世界)를 장부의 골절(骨節)에 있는 허공처(虛空處)로 비유하는 내용이다.[4] 이규경은 홍대용의 다세계설이 원굉도의 황망한 이야기보다는 조금 낫다고 평가했다.[5]

정인보 이래 대부분의 근대 연구자들은 『의산문답』에서 지구 중심의 편협하고 유한한 우주를 넘어선 무한우주에서의 다세계설을 펼치는 사색의 근대성을 보았다. 그러나 홍대용의 후배 이규경은 홍대용의 다세계설을 우언으로서 호사가들의 좋은 이야깃거리였다고 일축했다. 그 거리가 너무나 멀다. 『의산문답』의 이야기를 우화로 보면[6] 특권 지배 세력으로서 여유 있는 지적 유희를 즐길 수 있었던 홍대용이 펼친 과격한 논의들을 이해할 수 있다. 원굉도가 『장자』의 우화를 흉내 내어 더 황당한 상상의 나래를 펼친 것처럼 조선 유학자 홍대용도 『의산문답』에서

---

4 원굉도, 심경호·박용만·유동환 역주, 『역주 원중랑집 5』(소명출판, 2004), 323~330쪽을 볼 것.
5 이규경의 홍대용 우주론에 대한 이와 같은 이해에 대한 논의는 문중양, 「창조적 일탈의 상상: 19세기 초 이규경의 하늘과 땅에 대한 사유」, 『한국문화』 59집(2012), 197~225쪽을 볼 것.
6 홍대용이 『의산문답』에서 펼친 우주론 사색을 우화로 파악한 논저로 임종태, 「무한우주의 우화 ─홍대용의 과학과 문명론」, 『역사비평』 2005년 여름호, 261~285쪽을 주목할 만하다.

유학자로서의 영역을 넘나드는 지적 유희를 즐겼다고 볼 수는 없을까. 그렇다고 홍대용의 지구·지전설과 무한우주론, 그리고 중화와 이적은 매한가지라며 '역외춘추(域外春秋)'를 논했던 사색이 폄하되는 것은 아니다. 『과학혁명의 구조』로 유명한 토머스 쿤의 용어를 빌리면 과학혁명은 이와 같은 '스캔들'에서 시작되기도 하기 때문이다.

'실학서'로 처음 간행되다

湛軒書 內集 卷四 補遺
담헌서 내집 권4 보유

南陽 洪大容 德保 著	남양 덕보 홍대용 저술
五代孫 榮善 編	오대손 홍영선 편집
後學 洪命憙 校	후학 홍명희 교열
(鄭寅普 序)	(정인보가 서문을 쓰다.)

이 구절은 『의산문답』의 편찬과 출간 내역을 보여주는 기록이다.

텍스트에 적힌 기록들은 무엇 하나 그냥 지나쳐버릴 것이 없다. 텍스트가 쓰인 이후의 출판 과정은 우리에게 중요한 사실들을 말해준다. 특히 저술 당시에 출판되지 않고 먼 후대에 비로소 출판된 경우라면 더욱 근대의 독자들이 주목하지 않는 중요한 사실이 숨어 있을 가능성이 크다. 『의산문답』이란 텍스트가 출판되어 세상에 알려진 과정도 그러한 사례에 해당할 것이다. 『의산문답』은 본문 내용에 앞서 간략하게 출판 과정을 알려주는 기록이 적혀 있다. 즉 『의산문답』은 물론이고 『담헌서』를 남양 홍씨의 덕보 홍대용이 썼다는 것, 그리고 오대손인 홍영선이 편집했으며, 먼 후대의 학인 홍명희[7]가 교열했다는 것이다. 특히 실학 연구의 선구자 정인보(鄭寅普, 1893~1950)가 쓴 『담헌서』 서문에는 그가 본 홍대용 지식의 학술적 가치에 대한 해설과 함께 『담헌서』가 출간되기까지의 내력이 비교적 자세히 정리되어 있어, 『의산문답』이 세상에 어떻게 알려지게 되었는지를 잘 알려준다.

『의산문답』은 조선학운동이 활발히 펼쳐지던 1930년대 말에 세상에 알려졌다. 정인보, 안재홍 등이 정약용의 『여유당전서』, 이익의 『성호사설』, 김정희의 『완당선생전집』 등을 교열·편집하여 연활자(鉛活字)로 간행하면서 1939년 『담헌서』를 펴낸 것이다. 일제의 식민사학에 대항하여 조선의 독자적 지식의 잠재력을 유감없이 드러내 보여주려는 학술운동이었던 조선학운동의 일환이었다. 이 학술운동가들은 조선후기에 소위 '실학'이라는 독자적이고 독창적인 학문이 형성되었다고 보았으며, 그러한 역사적 지식을 창출한 사대부로 정약용, 이익 등과 더불어 홍대용을 주목했다. 『의산문답』은 이렇게 필사된 초고 그대로가 아니라 교열을 거쳐 연활자로 경성의 신조선사(新朝鮮社)라는 근대식 출판사에서

---

7 소설 『임꺽정』의 작가로 유명한 벽초(碧草) 홍명희다. 홍명희는 일제 식민지기 이광수, 최남선과 함께 조선의 3대 천재로 이름을 날렸다. 이광수와 최남선이 친일 행위로 명성에 먹칠을 한 반면 홍명희는 독립운동을 하다 해방 후 월북하여 북한의 내각 부수상을 역임했다.

간행해 세상에 알려졌다.

　이러한 기록을 통해서 우리는 다음과 같은 사실을 유추해볼 수 있다. 먼저 1930년대 이전 조선시대에 『의산문답』은 간행되어 널리 유통되지 않았으며, 필사본으로만 회람되었을 것이다. 그렇기 때문에 홍대용과 교류가 있는 노론계 학인들 중심으로 소수의 학인들만 이 책을 읽었을 것이다. 실제로 현대의 우리들에게는 너무나 유명한 책이지만 홍대용 이후 『의산문답』을 거론한 이는 많지 않다. 따라서 『의산문답』에 담긴 가히 혁명적 내용이라고 할 수 있는 홍대용의 파격적이고 일탈적인 우주론과 화이론 논의가 미친 영향을 가늠하는 일은 의미가 없다. 물론 조선 학인들이 『의산문답』을 읽었더라도 현대인의 독해와는 전혀 달랐을 것이지만 말이다.

　오히려 『의산문답』은 정인보와 같은 일제 식민지기 조선학운동을 펼치던 국학자들에게 큰 영향을 미쳤다. 정인보는 『담헌서』 서문에서 14권 7책 분량의 많은 저술 중에서 대표 저작 세 개를 뽑았다. 『주해수용(籌解需用)』, 『임하경륜(林下經綸)』, 그리고 『의산문답』이다. 주지하는 바와 같이 『임하경륜』은 경세서이고, 『주해수용』은 수학책이다. 정인보가 '실학적 지식'을 규정하면서 과학을 중심에 두었던 것을 고려하면 당연한 선정이었다. 그중에서도 『의산문답』은 홍대용의 사상과 지식의 성격을 대표하는 것이었다. 정인보는 『의산문답』의 핵심 내용을 지구설과 지동설, 그리고 '역외춘추론'으로 알려진 탈화이론적 세계관으로 요약했다. 그러나 『담헌서』에 수록된 다른 저작들에 담긴 내용들 중에는 『의산문답』에서 펼친 홍대용 사상의 모습과는 상당히 다른 것이 많았다. 즉 모범적인 성리학자다운 내용을 담은 상당수의 저작이 그러했다. 『의산문답』의 실옹이 홍대용이라면 다른 저작들에는 실옹에게 비난을 받으며 일탈적 가르침을 받는 허자의 면모에 가까운 홍대용이 많았다. 정인보는 이를 홍대용이 '학문의 유래를 깊이 숨기고 있는 것'으로 보았다.[8] 과연 그럴까?

정인보처럼 『담헌서』 전체를 다 읽어볼 수 없는 우리들은 홍대용 사상의 본모습이 『의산문답』의 실옹인지, 유학을 30년 공부한 허자인지 판단하기가 쉽지 않다. 그러나 분명한 사실은 홍대용 당대의 조선 학인들은 이 책을 크게 주목하지 않았고, 별 영향도 받지 않았다는 것, 그러나 이에 비해 '조선 과학의 부재'를 통탄하며 조선의 자주독립을 위해 과학적 지식을 창출해야 한다고 부르짖던 1930년대 조선학운동가들에게는 한 줄기 빛과도 같았다는 사실이다. 그들의 눈에는 '과학'으로 보이는 내용들이 『주해수용』과 『의산문답』에 담겨 있었기 때문이다.

오래전에 쓰인 텍스트를 읽을 때는 세심한 주의가 필요하다. 특히 중요한 것이 독자 자신이 서 있는 시공간적 위치에서 읽어서는 안 된다는 것이다. 가능하면 독자가 가진 근대 학문의 필터를 지우고 텍스트가 쓰인 오래전 당대의 역사적 맥락 속에서 텍스트를 읽어야 한다. 그럴 때 텍스트의 저자가 의도한 바를 제대로 읽어낼 수 있기 때문이다.

---

8 『湛軒書』「序」(鄭寅普), "선생의 글을 살펴보면, 이 세 가지 저작 이외의 경우에는 종종 이상에서 말한 바와 서로 모순되는 것이 있으며, 또한 그 학문의 유래를 깊이 숨기고 있는 것이 있다. 이는 얼핏 보면 거의 알 수 없다."(顧先生之書 此三著之外 則往往與此所云者相齟齬 又深諱其學所自來. 驟見之 殆不可辨.)

이러한 텍스트 읽기는 역사 교육을 받은 사람이라면 많이 들었을 너무 당연한 말이지만 사실 실천이 잘되지 않는다. 아마도 우리가 가진 근대 학문의 필터가 강고해서 그럴 것이다. 이런 점에서 보면 정인보와 같은 1930년대 '실학' 연구 선구자들의 『의산문답』 읽기는 역사적 맥락에서 많이 벗어났다고 할 수 있다.

1부

헛된 공부였음을
인정하다

01

세상을 등지고 의무여산에
은거할 뜻을 품다

子虛子隱居讀書三十年, 窮天地之化 究性命之微, 極五行之根 達三教之蘊,
經緯人道 會通物理, 鉤深測奧 洞悉源委 然後出而語人 聞者莫不笑之. 虛子曰,
"小知不可與語大. 陋俗不可與語道也." 乃西入燕都.

遊談于搢紳 居邸舍六十日 卒無所遇. 於是虛子喟然歎曰 "周公之衰耶 哲人
之萎耶 吾道之非耶" 束裝而歸. 乃登覽巫閭之山 南臨滄海 北望大漠 泫然流涕
曰 "老聃入于胡 仲尼浮于海 烏可已乎 烏可已乎" 遂有遯世之志.

자허자(子虛子)는 은거하며 독서한 지 30년 만에 천지의 조화 원리
와 인간 본성의 은미한 이치를 완벽하게 파헤치고, 오행의 근원과 유·
불·도 삼교의 가르침에 통달했으며, 사람의 도리와 사물의 이치에 두
루 회통했다. 심오한 이치를 근원에서 말단까지 모두 환하게 깨달은

후에 세상에 나와 사람들에게 말하니 듣는 이마다 비웃지 않는 이가 없었다. 허자는 "조금 아는 자와는 더불어 큰 것을 논할 수 없고, 비루한 속세인과는 더불어 도를 논할 수 없구나"라며 서쪽 북경(燕都)으로 들어가 버렸다.

여관에서 60일을 머물면서 벼슬아치(搢紳)¹들과 어울려 토론을 벌였으나 결국 (자신을 알아주는 이를) 만나지 못했다. 이에 허자가 한숨 쉬며 크게 탄식하길 "주공(周公)이 쇠하였는가, 철인(哲人)이 사라졌는가, 나의 도(유학)²가 틀렸는가"라고 하며 짐을 싸 귀향길에 올랐다. 이에 '의무여산'에 올라 남쪽으로 푸른 바다를 대하고, 북쪽으로는 넓은 산야를 바라보고 눈물을 주룩주룩 흘리면서 "노자는 오랑캐 땅으로 들어갔고(老聃入于胡)³ 공자(孔子)는 바다에 떠다니겠다(仲尼浮于海)⁴고 했다. 어찌할 것인가? 어찌할 것인가?"라며 세속을 등지고 숨을 뜻을 품었다.

---

1 '진(搢)'은 백관(百官)들의 관복과 제복에 갖추는 홀(笏)을 허리띠에 꽂는다는 뜻이고, '신(紳)'은 관복을 입을 때 매는 큰 띠를 말한다. 허리띠를 매면서 홀을 끼운다는 의미로, 모든 벼슬아치를 아우르는 말이다.

2 유가에서 자신들의 유학을 말할 때 '오도(吾道)'라 부른다.

3 소위 '노자화호설(老子化胡說)'로, 노담(老聃) 즉 노자가 인도에 들어가 부처가 되었다는 전설을 말한다. 『위략(魏略)』의 「서융전(西戎傳)」에 최초로 전하는데, 후한시대부터 생겨난 듯하며, 삼국과 서진시대(265~316)에 유행했다.

4 공자가 도를 펼칠 수 없으면 차라리 뗏목을 띄워 바다로 나가겠다거나, 또는 차라리 구이(九夷)로 가 살겠다고 했다는 것을 말한다. 『논어(論語)』 「공야장(公冶長)」편에 보면 "공자께서 말하길 도가 행해지지 않으면 뗏목을 띄워 바다로 나가겠다"라 했고, 「자한(子罕)」편에서는 "공자께서 구이에서 살고자 한다"라 했다. 한편 주자(朱子)는 공자가 구이에 가서 살고 싶다고 한 말을 「공야장」편의 뗏목을 타고 바다에 떠다니겠다는 뜻과 같다고 풀이했다.

『의산문답』은 '허자(虛子)'와 '실옹(實翁)' 사이의 대화로 이야기가 전개된다. 이름으로 두 등장인물의 캐릭터를 규정했다. 헛된 사람과 알찬 사람! 그런데 허자는 글의 첫 머리에서 '자허자'로 나온다. 한(漢)나라의 사마상여(司馬相如, BC 179~117)가 지은 「자허부(子虛賦)」에 등장하는 '자허'를 빗대어 점잖게 부른 말인 듯하다. 「자허부」에 의하면 초(楚)나라의 사신 '자허'와 제(齊)나라의 오유선생(烏有先生)이 각각 자기 나라가 얼마나 대단한지 떠벌리며 논쟁을 벌였다. 그들 이름이 의미하는 바와 같이 실속 없이 빈 수레에 불과한 헛된 논쟁을 벌이는 것을 비꼰 내용이었다. 이를 빗대어 후대에 실속 없는 허무한 일을 하는 이들을 일컬어 '자허오유'라고 칭했다. 여기서도 30년 공부를 헛되이 한 사람이라는 의미로 '자허자'로 불렀을 것이다.

그런데 허자가 30년을 공부한 내용이 과연 헛된 것이었을까? 천지의 원리와 인간의 본성을 완벽하게 파헤친, 즉 인간의 도리와 자연의 원리를 깨치는 공부였다고 했다. 말 그대로라면 인간과 자연의 원리를 모두 깨쳤으니 헛된 공부가 아니었다. 유학자라면 당연히 공부해서 터득해야 할 가장 모범적인 공부의 내용이었다. 모범적인 유학 공부만 한 것도 아니었다. 당대 유학자들은 기피했고, 떳떳하지 않게 여겼을 불교와 도교 전통의 지식도 두루 공부했다고 했다. 동아시아 지식 전통의 세계보 모두의 원천 지식을 공부하고 통달한 것이다. 즉 소위 '주자학 일변도'로 치우친 공부를 했던 것도 아니며 균형 잡힌 공부를 했다는 말이다. 허자가 공부한 내역을 보면 알차고 균형 잡혔는데 무엇이 헛되었다는 것일까? 앞으로 펼쳐질 실옹과 허자의 대화를 통해서 허자의 공부와 지식이 어떻게 헛되었는지 주목해보자. 또한 과연 허자가 헛된지, 실옹이 헛된지도 주목해서 읽으면 훨씬 흥미로운 대화가 펼쳐질 것이다.

30년 공부를 알차게 마친 허자는 당당하게 세상에 나아갔을 것이다. 유학자라면 은거하며 공부하는 것이 목적은 아니며, 당연히 자신이 연마한 공부를 세상에 나아가 쓸모 있게 활용하고, 기회가 생기면 세상을 다스려보는 것이 군자의 마땅한 삶의 도정이었다. 허자도 마찬가지였을 것이다. 그러나 세상 사람들은 자신의 학문을 알아주는 이 없이 모두 비웃었다. 왜 비웃는가? 자신의 공부가 부족하거나 쓸모가 없는 것이었을 수도 있다. 허자는 그들을 '조금 아는 자'와 '비루한 속세인'으로 규정하며 자신의 공부에 대한 자부심을 놓지 않았다. 그렇기에 그가 선택한 길은 '많이 아는 자'가 있는 곳으로 가는 것, 바로 당시 문명과 학문의 중심지, 북경으로 가는 것이었다. 자기의 30년 공부를 활짝 펼칠 수 있는 길을 찾아서 말이다.

그간 우리는 『의산문답』에서 홍대용이 실옹의 입을 빌려 헛된 공부를 일삼는 조선의 주자학자들을 허자로 빗대어 비판했다고 이해했다. 그러나 실옹만 홍대용 자신인 것은 아니다. 유학자로서 30년 공부를 열심히 한 것, 그리고 허자가 궁극적으로 인간의 도리와 자연의 원리를 깨치려 노력했던 공부는 홍대용 자신이 젊은 시절 석실서원에서 모범생으로서 했던 공부이기도 하다. 나아가 유학뿐만 아니라 불교와 도교 등 다양한 학문에 관심을 갖고 공부한 것 또한 홍대용이 추구한 학문적 자세이기도 했다. 홍대용이 북경을 여행한 것은 1765년 그의 나이 35세 때다. 그가 10대 초반에 과거 공부를 멀리하고 순수한 학문 공부를 지향하는 조선 최고의 산림학자 김원행의 석실서원에 들어가 모범적인 유학 공부를 시작했으니 허자보다는 못하지만 거의 30년 공부를 바라보는 시기였다. 30년을 은거 독서한 허자는 석실서원에 들어가 유학자의 삶을 산 30대 후반으로 접어든 홍대용 자신이기도 했다.

북경에 들어간 허자는 60여 일을 머무르며 자신의 공부를 알아줄 이를 찾아 중국 벼슬아치들과 대화를 나누었다. 이 또한 홍대용의 북경 여행 경험과 일치한다. 일반적인 조선의 연행사 일정은 가는 데 두 달, 오는 데 두 달, 그리고 체류 두 달 해서 총 6개월이 걸리는 긴 여정이었다. 홍대용의 연행 일정도 이에서 벗어나지 않았다. 1765년 11월 2일 한양을 출발해 두 달 조금 못 걸려 12월 27일에 북경에 도착했고, 이듬해 3월 1일 북경을 출발했으니 두 달에서 며칠 넘는 기간 동안 북경에 체류한 셈이다. 고향에 도착한 것이 5월 2일이니 거의 정확하게 두 달 만에 귀환했다. 물론 반년이 걸리는 긴 전체 여정에 비하면 북경에서의 경험은 너무 짧은 것이었다. 그러나 유명한 「간정동필담(乾淨衕筆談)」과 「연기(燕記)」를 통해서 널리 알려졌듯이 홍대용은 고대하던 중국 학인들과 평생의 학문적 동지애를 나누는 교류를 맺을 수 있었다. 또한 책에서나 접하던 천주당을 들러 신기한 기물들을 구경하는 것은 물론이고, 예수회 선교사들을 만나 적지 않은 대화를 나누는 천행을 경험하기도 했다. 이러한 홍대용의 연행 경험은 조선의 후배 학인들에게는 모범적인 사례로 큰 감동을 주었다. 물론 홍대용 자신에게도 두 번 다시 오지

그림 1 엄성(嚴誠, 1732-1767)이 그려준 홍대용 초상화. 홍대용이 북경 체류 동안 사귄 항주(杭州)의 선비 엄성이 죽기 1년 전 1766년에 기억을 살려 그린 홍대용의 초상화다. 엄성의 원본은 남아 있지 않으며, 1850년에 나이지(羅以智)가 모사한 베이징대 소장본 이다.

않은 일생일대의 경험이었고, 학인으로서도 작지 않은 공부였다.

그러나 홍대용의 실제 연행 경험과는 달리 허자는 큰 기대를 걸고 간 북경에서도 자기를 알아주는 이를 만나지 못했다. 결국 허자는 속세에서는 자신을 알아주는 이가 없음을 통감하고, 세속을 떠나 은둔하리라 맘먹고 귀국길에 올랐다. 그런데 허자가 탄식하며 내던진 말이 흥미롭다. 주공이 쇠하고, 철인이 사라졌으며, 내가 배운 유학이 틀린 것이란 말이냐며 탄식한 것이다. 주공이 쇠했음은 중화의 문명이 이 세상에서 없어졌음이다. 철인이 사라졌음은 공자와 맹자, 주자와 같은 위대한 학자들이 더 이상 이 세상에 나타나지 않는다는 것이다. 중화의 문명이 사라지고 공자와 같은 위대한 학자가 없어졌으니 아무리 공부를 많이 한들 알아줄 리가 만무할 것이다. 탄식의 화살은 자신이 공부한 내용으로까지 향한다. 2000년을 이어온 유학 지식이 틀렸을 수도 있다는 것이다. 그렇다면 문제가 심각하다. 지난 30년이 억울하기도 하지만 앞으로 남은 생은 어떡할 것인가. 허자가 향한 곳은 '의무여산'이다.

의무여산은 현재 요령성 베이전시(北鎭市) 서북쪽에 위치한 산으로 고대부터 영묘한 산으로 여겨왔다. 한양을 떠나 북경으로 가는 연행길을 가다 보면 산해관 못 미쳐 광활한 평야 저편 오른쪽으로 보이는 산이다. 보통 중화와 오랑캐의 영역을 가르는 상징적 장벽으로 인식되던 만리장성 바깥에 있지만 여전히 중국 영역 안에 있어서 오랑캐의 땅도 아닌 곳에 의무여산은 위치해 있었다. 허자는 귀국길에 이런 의무여산에 올라 눈물을 주룩주룩 흘리며 오랑캐 땅으로 들어간 노자와 바다로 들어가겠노라던 공자의 처지를 떠올렸다. 노자가 오랑캐 땅에 들어갔다는 것은 소위 '노자화호설'로 불리는 전설로, 노자가 인도로 가서 부처가 되었다는 내용이다. 공자가 바다로 들어가겠다고 한 이야기는 『논어』에 실린 유명한 내용이다. 공자가 자신을 알아주는 이 없어 도를 펼칠 수 없으면 차라리 뗏목을 띄워 바다로 나가겠다거나, 또는 차라리 '구이'로 가 살겠다고 했다는 것이다. 소중화의 땅 조선에서는 물론이고 중화의 본거지 북경에서조차 자신을 알아주는 이 없는 허자의 처지를 너무나 잘 반영한 고사가 아닐 수 없다.

그래서 허자가 귀국길에 올라 온 세상을 바라보며 울분을 토한 곳을 중화와 오랑캐 어느 곳에도 속하지 않는 경계의 땅 의무여산으로 설정한 것은 의미심장하다. 그간 허자가 공부한 지식은 2000년 동안 천하의 학인들이 축적해온 인류의 값진 진릿값으로, 중화라는 절대적 준거 틀에 확고한 뿌리를 박은 것이 아니던가. 그런데 30년을 의심 없이 공부한 자신의 지식을 쓸 곳이 이 세상 어디에도 없으니 하자의 허탈한 마음이 어떻겠는가. 결국 허자가 귀국길에 향한 곳은 이제 지식의 절대적 준거 틀을 제거하고 자신의 공부가 무엇이 잘못되었는지 확인하는 길이 아니었을까 싶다. 가능하면 자신의 지식을 상대화할 수 있는 곳, 그곳으로 중화와 오랑캐의 경계에 위치한 의무여산만큼 알맞은 곳은 없을 것이다.

02

지난 공부의 헛됨을 반성하고
가르침을 청하다

行數十里 有石門當道 題曰 '實居之門.' 虛子曰, "墅巫閭處夷夏之交 東北之
名嶽也. 必有逸士居焉. 吾必往叩之." 遂入門 有巨人獨坐于檟巢之上 形容詭
異 斫木而書之曰 '實翁之居.'

虛子曰, "我號以虛 將以稽天下之實, 彼號以實 將以破天下之虛. 虛虛實實
妙道之眞 吾將聞其說." 虛子膝行而前 向風而拜 拱手而立于右. 巨人俛首視
嗒然若無見也.

虛子擧手而言曰, "君子之與人 固若是其倨乎."

巨人乃言曰, "爾是東海虛子也歟."

虛子曰, "然. 夫子何以知之 無乃有術乎."

巨人乃據膝張目曰, "爾果虛子也. 余有何術哉. 見爾服聽爾音 吾知其爲東海
也. 觀爾禮 飾讓以僞恭 專以虛與人 是以知爾爲虛子也. 余有何術哉."

虛子曰, "恭者德之基也. 恭莫大於敬賢. 俄者 吾見夫子以爲賢者也. 膝行而前 向風而拜 拱手而立於右. 今 夫子以爲飾讓而僞恭 何也."

巨人曰, "來. 吾試問爾. 爾以余爲誰也."

虛子曰, "吾知其爲賢者而已. 吾烏知夫子之爲誰也."

巨人曰, "然. 雖然 爾旣不知我之爲誰 則又烏知我之爲賢者乎."

虛子曰, "吾見夫子 土木之形 笙鏞之音 遯世獨立 不迷於大麓. 吾以是知夫子之爲賢者也."

巨人曰, "甚矣 爾之爲虛也. 爾獨不見夫石門之題斫木之書乎. 爾由門而入 見木之書. 吾之名 爾所已知而反謂不知. 吾之賢 爾所不知而反謂之知. 甚矣 爾之爲虛也.

且吾語子 生民之惑有三. 食色之惑 喪其家, 利權之惑 危其國, 道術之惑 亂天下. 爾無乃有道術之惑者乎.

且爾過矣. 名者德之符也, 號者德之表也. 爾知我之爲實翁, 則知我之爲實者而已. 反以我爲賢者 何哉. 爾見吾之形 擬之土木, 聽吾之音 擬之笙鏞, 以吾之居山 擬之以遯世獨立 不迷於大麓. 是爾觸物而意萌 隨境而口辨 非誣則妄也.

夫膚肉之脆 壞樹遠矣. 喉肺之氣 去金竹遠矣. 且遯世獨立 孔子也. 不迷於大麓 虞舜也. 爾果以我爲孔子乎 且以我爲虞舜乎. 我之學 惡知不如孔子. 我之聖 惡知不如虞舜. 惟爾無所得於我 而擬議已遽 是非誣則妄也.

且吾問爾. 何哉 爾所謂賢者."

虛子曰, "崇周孔之業 習程朱之言, 扶正學斥邪說 仁以救世 哲以保身. 此儒門所謂賢者也."

實翁昂然而笑曰, "吾固知爾有道術之惑. 嗚呼哀哉. 道術之亡久矣. 孔子之

喪 諸子亂之, 朱門之末 諸儒汨之. 崇其業而忘其眞 習其言而失其意. 正學之
扶 實由矜心 邪說之斥 實由勝心. 救世之仁 實由權心. 保身之哲 實由利心. 四
心相仍 眞意日亡 天下滔滔 日趨於虛.

今爾飾讓僞恭 自以爲賢. 見形聽音 擬人以賢. 心虛則禮虛 禮虛則事無不虛.
虛於己則虛於人 虛於人則天下無不虛. 道術之惑 必亂天下. 爾其知之乎."

虛子默然 有間曰, "虛子海上鄙人也. 棲心古人之糟粕 誦說紙上之套語. 浮
沉俗學 見小爲道. 今也聞夫子之言 心神怪悟 如有所得. 敢問大道之要."

實翁熟視良久曰, "爾顏已皺矣 髮已蒼矣. 吾請先聞爾之所學."

虛子曰, "少讀聖賢之書 長習詩禮之業 探陰陽之變 測人物之理. 存心以忠敬
作事以誠敏 經濟本於周官 出處擬於伊呂. 傍及藝術 星曆 兵器 籩豆 數律 博
學無方, 其歸則會通於六經 折衷於程朱. 此虛子之學也."

實翁曰, "如爾之言 儒者之學 綱領俱備 爾且何所不足而問我爲. 爾將窮我以
辯乎 將角我以學乎 將試我以章程乎."

虛子起拜而言曰, "夫子是何言也. 虛子局於謏僿 未聞大道. 妄尊如井蛙窺天
膚識如夏虫談冰. 今見夫子 心竅開豁 耳目淸快. 輸情竭誠 夫子是何言也."

수십 리를 가니 돌문이 길에 접해 있고 '실옹이 사는 집 문'이라 적혀
있다. 허자가 말했다. "의무여산은 중국과 오랑캐의 접경에 있는 동북
지역의 명산이다. (이 집에는) 반드시 세상을 피해 숨어 사는 선비가 살
고 있을 것이다. 내 기필코 들어가 물어보리라." 드디어 문으로 들어가
니 한 거인이 새 둥지 같은 누각 위에 홀로 앉아 있는데 생김새가 괴이
하고 나무를 쪼개 '실옹의 집'이라 적어놓았다.

허자가 말했다. "내가 '허(虛)'로 호를 지음은 천하의 실함을 헤아리고 자 함이요, 저분이 '실(實)'로 호를 지음은 천하의 허함을 깨트리고자 함 이리라. 허한 것은 왜 허하고 실한 것은 왜 실한지, 미묘한 도의 진수에 대해 설명을 들어보리라." 허자가 무릎으로 기어 나아가 바람을 일으키 며 절을 하고, 두 손을 공손히 맞잡고 오른편에 섰다. 거인이 고개를 숙 이고 바라보는 것이 멍한 채 보지 않는 듯했다.

허자가 손을 들며 말했다. "군자가 사람을 대하길 참으로 이와 같이 거만할 수 있습니까?"

그러자 거인이 말했다. "그대는 동해의 허자인가?"

허자가 말했다. "그렇습니다. 선생께서는 어찌 아십니까? 어떤 술법 이 있는 것이 아닙니까?"

그러자 거인이 무릎을 움키고 눈을 부릅뜨며 말했다. "그대는 과연 허자구나. 내가 무슨 술법이 있겠는가. 그대의 옷을 보고 말투를 듣고 동해 사람임을 알았고, 그대의 예법이 거짓으로 겸양하고 공손하며, 오 로지 헛됨으로 사람을 대하는 것을 보고 그대가 허자임을 안 것이다. 내가 무슨 술법이 있겠는가."

허자가 말했다. "공(恭)은 덕(德)의 바탕으로 현명한 이를 공경하는 것 보다 큰 것이 없습니다. 좀 전에는 제가 선생을 보고 현명한 분이라 생 각하여 무릎걸음으로 나아가 바람이 일도록 절하며 두 손을 맞잡고 오 른편에 섰던 것입니다. 지금 선생께서 거짓 겸양과 공손이라 하니 어찌 그렇습니까?"

거인이 말했다. "이리 오너라. 그대에게 시험 삼아 물어보겠다. 그대는 내가 누구라고 생각하는가?"

허자가 말했다. "현자임을 알 뿐, 선생이 누구인지 제가 어찌 알겠습니까?"

거인이 말했다. "그런가. 그렇다면 내가 누구인지 모르면서 내가 현자인지 어찌 알았단 말인가?"

허자가 말했다. "제가 선생을 보니, 흙과 나무의 형상을 하고, 생황과 쇠북의 소리를 내며,[1] 세상을 등지고 홀로 뜻을 세웠고, 깊은 산속에서도 미혹되지 않고 있습니다.[2] 이로 미루어 선생을 현자라고 판단했습니다."

거인이 말했다. "심하도다, 그대의 헛됨이여. 그대는 작대기를 쪼개 써놓은 저 돌문의 글자를 어찌 보지 못했는가. 그대는 문으로 들어와서 작대기로 쓴 글자를 보았을 것이다. 내 이름을 이미 알면서도 (내가 누군지) 도리어 모른다고 하고, 나의 현명함을 모르면서도 (내가 현자임을) 도리어 안다고 한다. 심하도다, 그대의 헛됨이여.

자, 내가 그대에게 말하건대, 백성들의 미혹됨은 세 가지가 있다. 식욕과 색욕에 미혹되면 집안을 망하게 하고, 이권에 미혹되면 나라를 위태롭게 하며, 도술에 미혹되면 천하를 어지럽힌다. 그대는 도술에 미혹된 자가 아닌가?

---

1 '생용(笙鏞)' 즉 생황과 쇠북은 아악(雅樂)에 쓰던 악기의 일종이다.
2 깊은 산속에서 비바람이 몰아치는 환경에서도 동요하지 않았던 순임금을 빗댄 것이다. 『서경(書經)』「순전(舜典)」의 "納於大麓 烈風雷雨 弗迷"의 고사를 보라.

또 그대는 지나쳤다. 이름이란 덕(德)의 부호요, 호란 덕의 표상이다. 그대는 나의 이름이 '실옹'인 줄 알았으면 내가 '실한 자(實者)'인 줄 알면 그만이지 도리어 나를 '현자'라고 생각했으니 어찌 그러한가? 그대는 나의 외모를 보고 흙과 나무에 빗대었고, 나의 목소리를 듣고 생황과 쇠북에 빗대었고, 내가 산에서 산다고 세상을 등지고 독립해 깊은 산속에서도 미혹되지 않는다고 (순임금과 같다고) 여겼다. 이것은 그대가 사물에 접하고서 생각이 떠오르듯이 처지에 따라서 말을 둘러댄 것이니, 아첨이 아니면 망령된 것이다.

무릇 (사람의) 살과 피부의 연함은 흙, 나무와 (거리가) 멀고, (사람의) 목과 폐의 기(氣, 사람의 목소리)는 쇠와 대나무(의 소리)와 거리가 멀다. 또한 세상을 등지고 홀로 (뜻을) 세우는 자는 공자요, 깊은 산속에서도 미혹되지 않는 자는 순임금이다. 그대가 과연 나를 공자라고 생각하는가? 또한 순임금이라고 생각하는가? 나의 학식이 공자와 같지 못함을 어찌 알며, 나의 성인됨이 순임금과 같지 못함을 어찌 아는가? 그대는 나에 대한 정보도 없으면서 궁색하게 빗대어 논했으니, 이는 아첨이 아니면 망령된 것이다.

또 그대에게 묻겠다. 그대가 '현자'라고 말하는 것은 무엇을 말하는가?"

허자가 말했다. "주공과 공자의 덕업을 숭상하고 정자(程子)와 주자의 가르침을 공부하며, 정통 학문(正學)을 떠받들고 삿된 학설(邪說)을 배척하며, '어짊(仁)'으로 세상을 구하고 '현명함(哲)'으로 자신을 보존하는 것입니다. 이것이 유가(儒家)에서 말하는 '현자'입니다."

실옹이 머리를 쳐들고 웃으면서 말했다. "그대가 도술에 미혹되었음을 정말로 알겠구나. 아, 슬프도다! 도술이 사라진 지 오래되었다. 공자가 죽고 제자(諸子, 춘추전국시대의 뭇 학파 학자)가 (공자의 학술을) 어지럽혔으며, 주자 문하의 끄트머리에서 뭇 유생이 (주자의 학술을) 어지럽혔다. 그 덕업을 숭상한다면서 참뜻을 망각하고, 그 가르침을 공부한다면서 그 뜻을 잃었다. 정통 학문을 떠받듦은 실제로는 '자랑하려는 마음(矜心)'에서 우러났고, 삿된 학설을 배척함은 실제로는 '이기려는 마음(勝心)'에서 우러났다. 어짊으로 세상을 구제한다지만 실제로는 '권력 욕심(權心)'에서 우러났고, 현명함으로 자신을 보존한다지만 실제로는 '이로움을 추구하는 마음(利心)'에서 우러났다. 네 가지 (삿된) 마음이 상호 부추겨 참된 뜻이 날로 사라졌고 천하가 도도하게 날로 헛됨을 추구했다.

지금 그대는 거짓 겸양과 공경을 현명함이라고 스스로 여겼다. 외형과 목소리를 보고 듣고 그 사람을 현자라 여겼다. 마음이 허하면 예가 허하며, 예가 허하면 매사에 허하지 않은 것이 없다. 자신에게 허하면 남에게도 허하며, 남에게 허하면 천하에 허하지 않은 것이 없다. 도술의 미혹됨은 반드시 천하를 어지럽힌다. 그대는 그것을 아는가?"

허자가 잠시 침묵하다가 말했다. "허자는 해상(海上)³의 촌놈입니다.

---

3 세상의 중심 중원지역이 문명의 중심지라는 세계관에서 볼 때 한반도는 산과 바다로 가로막힌 변방이라는 인식이 일반적이었다. 『고려사』와 『조선왕조실록』을 보면 "고려(또는 조선)는 산으로 가로막히고 바다로 격리되어 동쪽 변방에 궁벽하게 위치해 있다"는 표현이 빈번하게 나오는 것이 그러한 사정을 잘 보여준다. 그런데 도가 행해지지 않으면 뗏목을 타고 바다로 나아가 '구이'에 가서 살겠노라는 『논어』에 나오는 공자의 유명한 언급에서 비롯되어 한반도가 해상에 있다는 표현 또한 흔히 쓰였다.

고인이 남긴 조박(알맹이 없는 찌끼에 불과한 것들)[4]에만 마음을 두어, 종이 위의 상투적인 말만 외우고 떠들었습니다. 세속의 학문에만 얽매여서 작은 것을 보고 '도'라 여겼습니다. 지금에야 선생의 말을 듣고 심신이 각성되어 얻는 바가 있는 듯합니다. 감히 '큰 도'의 핵심에 대하여 묻습니다."

실옹이 한참을 눈여겨보다 말했다. "그대는 벌써 얼굴에 주름이 졌고, 머리가 세었구나. 내 먼저 그대가 배운 것을 듣고 싶다."

허자가 말했다. "어려서는 성현의 책을 읽고, 커서는 '시(詩)'와 '예(禮)'를 공부하고 음양의 변화 원리를 탐구하며 사람과 사물의 이치를 헤아렸습니다. '충(忠)'과 '경(敬)'을 늘 마음에 두고, 성실하고 민첩하게 일을 처리했으며, 경세제민(세상을 다스리고 백성을 구제하는 것)의 방책을 모색함에 있어서는 주관[周官, 주례(周禮)의 제도]에 근본을 두었으며, 벼슬길에 나아가고 물러남은 이윤과 여상[5]을 본받고자 했습니다. 그 외에도 기예(技藝), 천문학, 군사와 무기, 예학, 수학과 율려 등도 두루두루 섭렵하고 편협하지 않되, 결국에는 육경을 회통하고 정주학을 절충하는 것으로 돌아왔습니다. 이것이 제가 배운 것입니다."

---

4 참된 도(道)는 말이나 글로 전할 수 없으므로 현재 전해오는 성현의 글은 술을 거르고 남은 찌꺼기에 불과하다는 뜻이다. 『장자』 「외편천도」에서 제환공(齊桓公)에게 수레바퀴를 만드는 목수인 윤편(輪扁)이 한 말이다. 결국 성현의 말씀에 담긴 참뜻은 주목하지 않고, 성현이 남긴 '글'에만 집착했다는 의미다.

5 은나라 때의 재상들. 이윤은 탕왕을 도와 하나라의 폭군 걸왕을 몰아내고 은나라를 세우는 데 기여했으며, 여상[원래 강상, 여(呂) 땅에 봉해져서 여상이라 함. 일명 강태공]은 후에 무왕을 도와 상의 주(紂)왕을 멸하고 천하를 평정했다.

실옹이 말했다. "그대의 말과 같다면 유학의 강령이 모두 갖추어졌는데 그대는 또 무엇이 부족하여 나에게 묻는가? 그대는 논쟁을 벌여 나를 궁지에 몰려는 것인가, 학식으로 나와 겨루려는 것인가, 세세한 조목과 규정으로 나를 시험하려는 것인가?"

허자가 일어나 절하며 말했다. "선생께서는 어인 말씀입니까. 허자는 작고 자질구레한 것에 매여 큰 도를 배우지는 못했습니다. 망령되이 자존심 내세우기를 우물 안 개구리가 하늘을 관찰하듯이 하고, 지식이 천박하기는 여름벌레가 얼음을 논하듯[6] 했습니다. 지금 선생을 보니 (나의) 마음 구멍이 활짝 열리고, 귀와 눈이 맑고 상쾌해져 마음을 쏟아 정성을 다하고 있습니다. 선생께서는 어인 말씀입니까."

❖

의무여산에 오른 허자가 실옹을 만나 자신의 헛됨을 자각하고, 가르침을 청하는 대목이다.

허자가 본 실옹의 첫인상이 흥미롭다. 실옹은 신비의 영산에 은거해 사는 이답게 새 둥지처럼 생긴 누각에 기이한 형상을 하고 앉아 있다. 깊은 산속에 숨어 지내는 도인과도 같이 흙과 나무의 형상이다. 문명의

---

6 『장자』 「추수」편에 나오는 비유다. 북해의 신 약(若)이 오만하고 아는 바가 좁은 황하의 신 하백에게 우물 안 개구리에게는 바다를 알려줄 수 없고 여름에만 살고 사라지는 여름벌레에게는 얼음을 알려줄 수 없다며, 자기가 처한 공간적 제약과 비루한 세속의 지식에서 벗어나라고 깨우쳐주는 내용이다.

때를 완전히 벗어던진 자연주의자의 전형적인 외모였지 않을까 싶다. 이러한 형상은 유가의 성인이나 군자의 모습과는 거리가 멀어서 사대부 입장에서 신뢰할 만한 몸가짐은 전혀 아니라고 할 수 있다. 그러나 허자는 그의 목소리를 생황과 쇠북의 소리로 들었고, 그가 깊은 산속에서도 미혹하지 않는 인물이라고 확신했다.

생황과 쇠북은 아악 연주에 필수적인 악기들이다. 아악이란 정악(正樂)으로서 세속의 음악인 속악(俗樂)과 달리 제왕의 제례악으로 연주하던 음악이다. 그렇기 때문에 아악은 국가 문물제도 중에 가장 앞서서 정비해야 할 제도 중 하나였다. 제대로 된 아악을 연주해야 인간을 대표하는 제왕과 신이 감응하여 화합할 수 있다고 믿었다. 즉 아악은 인간과 신을 연결해주는 우주의 소리를 내는 음악인 것이다. 아악을 연주할 때 동쪽에 설치한 생황과 서쪽에 설치한 쇠북의 소리는 그와 같은 우주와 감응할 수 있게 해주는 우주의 소리였다. 『서경(書經)』의 「우서(虞書)」 '익직(益稷)'편에 "생황과 쇠북을 번갈아 치니 새와 짐승이 음률에 맞추어 춤을 췄다"고 한 기록[7]이 그러한 사정을 잘 보여준다. 실옹의 목소리를 생황과 쇠북의 소리로 들었음은 그를 우주와 감응할 수 있는 인물로 파악했다는 뜻이다.

깊은 산속에서도 미혹하지 않는다는 것은 실옹을 순임금에 빗댄 표현이다. 순임금이 깊은 산속에 들어갔을 때 세찬 바람이 불고 번개 치며 비가 불었는데도 이에 미혹하지 않았다는 내용이 『서경』에 전한다.

---

7 『書經』「虞書」益稷, "笙鏞以間, 鳥獸蹌蹌."

순임금은 눈먼 부친과 계모 밑에서 온갖 천대를 받으면서도 효성을 다했다. 어느 날, 순이 큰 산기슭으로 들어갔는데 갑자기 매서운 바람이 불면서, 번개 치고 비가 온 하늘을 뒤덮었다. 그러나 순은 침착하게 길을 잃지 않고 두려움에 떨지도 않으면서 집으로 돌아왔다. 이 모습을 본 요임금은 순이야말로 천하를 맡을 만한 위인임을 확신하고 그에게 왕위를 물려주었다. 허자는 이러한 순임금의 고사에 빗대어 실옹을 순임금의 경지에 이른 현자로 파악한 것이다. 그의 외모는 비록 모범적인 유가 사대부의 신중하고 경건한 형상과는 거리가 멀었지만 그의 목소리에서 우주와 감응할 수 있음을 알았고, 순임금과 같이 깊은 산속에서도 전혀 동요하지 않는 굳건한 심성의 소유자임을 한눈에 파악한 것이다.

이같이 허자에게 무한한 신뢰의 첫인상을 준 실옹에 비해 실옹은 한눈에 그가 허자(虛子)임을 간파했다. 허자의 태도에서 거짓 겸양과 공손을 보고, 외모만 보고 근거도 없이 현자라고 생각했다며 허자를 꾸짖었다. 어찌 사람의 연한 살과 피부를 보고 흙과 나무 같다고 할 수 있으며, 어찌 사람의 목과 폐에서 나오는 목소리가 쇠와 대나무에서 나는 소리와 같을 수 있냐는 것이다. 허자가 도술에 미혹된 것이 분명하다며 아첨하는 것이거나 아니면 망령된 짓을 하는 것이 분명하다며 천하를 어지럽힐 사람이라 힐책한다. 도대체 어떤 사람을 보고 현자라고 판단했는가라는 실옹의 질문에 허자는 주공과 공자의 덕업을 숭상하고, 정자와 주자의 가르침을 공부해, 정학을 받들고 사설을 배척해서, 어짊으로써 세상을 구하고, 현명함으로써 자신을 보존하는 유가 사대부가 현자라고 당당하게 답한다. 그러나 실옹은 유가의 가르침이 현실에서 사라진 지 오래라며 비웃는다. 공자 사후 제자백가가 공자의 학술을 어지럽혔으며, 주자 이후 뭇 유생이 주자의 학술을 어지럽혀, 유가의 참 가르침이 그 뜻을 잃은 지 오래라는 것이다. 실옹은 정학을 받든다고 하나 실상은 유학을 자랑하려는 것에 불과하고, 사설을 배척한다고 하나 비유가의 지식을 이기려는 마음에서 나온 행태에 불과하며, 어짊으로 세상을 구하려고 한다고 하나 사실은 권력을 취하려는 욕심에 불과하며, 현명함으로 자신을 보존한다고 하나 이기심에서 우러난 것에 불과하다며 당대 유가 사대부들의 학문적 사고와 자세의 본심을 파헤쳐 비난한다.

무엇이 문제인가? 공자와 주자의 참 가르침이 사라진 지 오래여서 문제라면, 자기 성찰적 반성을 통해 참 가르침을 되찾으면 되는 것인가? 실옹의 힐난조의 질타에 한발 물러난 허자는 중원에서 벗어난 변방 조선의 시골 선비로 그간의 공부가 성현의 참 가르침인 알맹이는 빠지고 껍데기에 불과한 상투적인 글 외우기에 불과했다며 조금 반성한다. 허자는 세속의 학문적 풍토에 빠져 참다운 공부를 하지 못했다고 반성하며 참된 도에 대한 가르침을 실옹에게 청한다. 그러나 유가 성현의 가르침을 제대로 습득하지 못한 것만이 문제는 아닌 듯하다. 조금 반성하고 이내 가르침을 청하는 허자에게 실옹은 그간 배운 바를 털어놓으라고 한다. 30년을 은둔하며 공부에 매진했으니 내용으로 치면 부족할 바가 없었다. 정주학을 중심으로 육경에 두루두루 회통했다. 뿐만 아니라 다른 유학자들과 달리 과학과 기술의 잡된 지식에 이르기까지 공부하지 않은 것이 없다. 내심 자랑스럽게 대답한 허자에게 유학의 강령 모두를 빠트리지 않고 공부했는데 무엇이 부족해 가르침을 청하냐며, 실옹 자신과 지식 뽐내기 경쟁이라도 하려는 것이냐며 재차 질타한다. 유가 지식을 제대로 공부하지 못한 것만이 문제가 아니었던 것이다. 유가 사대부들의 공부 내역 또한 문제였다. 이렇게 30년을 매진한 허자의 유학 공부를 실옹은 우물 안 개구리와 여름벌레에 비유했다.『장자』의「추수」편에 나오는 북해의 신 약과 황하의 신 하백 사이의 대화에 나오는 이야기다. 우물 안 개구리에게 드넓은 바다를 도저히 이해시킬 수 없고, 여름에만 살고 죽는 여름벌레에게 얼음에 대해서 도저히 이해시킬 수 없다는 것이다. 결국 30년을 매진한 허자의 공부 내용이 우물 안 개구리와 여름벌레가 가진 매우 좁은 지식에 불과했다는 것이다.

재차 질타당한 허자는 이제야 마음 구멍이 활짝 열리고, 귀와 눈이 번쩍 트이게 된다.

사람이 사물과 다른 이치에
대해 묻고 논하다

實翁曰, "然. 爾儒者也. 先灑掃而後性命 幼學之序也. 今吾將語爾以大道 必
將先之以本源. 人之所以異於物者 心也. 心之所以異於物者 身也. 今吾問爾
爾身之異於物者 必有其說."

虛子曰, "語其質則 頭圓者天也 足方者地也. 膚髮者山林也 精血者河海也.
雙眼者日月也 呼吸者風雲也. 故曰 人身小天地也. 語其生則 父精母血 感而結
胎 月滿而降生. 齒增而智長 七竅通明 五性具足, 此非人身之所以異於物者乎."

實翁曰, "噫! 如爾之言 人之所以異於物者幾希. 夫髮膚之質 精血之感 草木
與人同. 況於禽獸乎.

我復問爾. 生之類有三 人也 禽獸也 草木也. 草木倒生 故有知而無覺. 禽獸
橫生 故有覺而無慧. 三生之類 坱軋泯棼 互相衰旺 抑將有貴賤之等乎."

虛子曰, "天地之生 惟人爲貴. 今夫禽獸也草木也 無慧無覺 無禮無義. 人貴

於禽獸 草木賤於禽獸."

實翁仰首而笑曰, "爾誠人也. 五倫五事 人之禮義也, 羣行呴哺 禽獸之禮義也, 叢苞條暢 草木之禮義也. 以人視物 人貴而物賤, 以物視人 物貴而人賤, 自天而視之 人與物均也.

夫無慧故無詐 無覺故無爲, 然則物貴於人 亦遠矣. 且鳳翔千仞 龍飛在天 蓍蔮通神 松栢需材 比之人類 何貴何賤. 夫大道之害 莫甚於矜心, 人之所以貴人而賤物 矜心之本也."

虛子曰, "鳳翔龍飛 不離禽獸. 蓍蔮松栢 不離草木. 仁不足以擇民 智不足以御世. 無服飾儀章之度 無禮樂兵刑之用. 其於人也 若是班乎."

實翁曰, "甚矣 爾之惑也. 魚鮪不淰 龍之澤民也, 鳥雀不獮 鳳之御世也. 雲氣五朶 龍之儀章也, 遍體文章 鳳之服飾也. 風霆震剝 龍之兵刑也, 高崗和鳴 鳳之禮樂也. 蓍蔮廟社之寶用 松栢棟樑之重器. 是以古人之澤民御世 未嘗不資法於物. 君臣之儀 盖取諸蜂, 兵陣之法 盖取諸蟻, 禮節之制 盖取諸拱鼠, 網罟之設 盖取諸蜘蛛. 故曰 '聖人師萬物.' 今爾曷不以天視物 而猶以人視物也."

실옹이 말했다. "그렇다면 그대는 유자다. 먼저 쇄소를 배우고 그 후에 성명을 배우는 것이 유학(幼學)의 순서다.[1] 이제 내가 그대에게 큰 도에 대해서 말하고자 하는데 모름지기 근본 원리부터 먼저 말해야겠다.

---

1 학동이 사서(四書)를 배우기 앞서 『소학』을 배우는데 그 중심 내용이 쇄소(灑掃, 물 뿌리고 빗질하는 등의 청소), 응대(應對, 사람들에게 잘 응하고 대답하는 것), 진퇴(進退, 제때에 잘 나아가고 물러나는 것)다. 이러한 『소학』 공부를 마치면 『대학』 공부로 나아가는데 그 핵심 내용은 인간의 본성과 자연의 원리라고 할 수 있다. 그것이 여기서 말하는 성명(性命) 공부다.

사람이 사물과 다른 까닭은 마음(心) 때문이다. (사람의) 마음이 사물과 다른 까닭은 몸(身) 때문이다. 이제 그대에게 묻겠다. 그대의 몸이 사물과 다른 것은 반드시 (그럴 만한) 이유가 있을 것이다. (무엇인가?)"

허자가 말했다. "재질(質)의 차원으로 말하면 둥근 머리는 하늘과 같고 모난 다리는 땅과 같습니다. 피부와 머리털은 산림과 같고 정혈(精血, 정액과 피)은 강·바다와 같습니다. 두 눈은 해·달과 같고 호흡은 바람·구름과 같습니다. 그렇기 때문에 사람의 몸은 '소천지'라 합니다. 발생(生)의 차원으로 말하면 아비의 정액과 어미의 혈액(血)이 감응하면 모태하고 달이 차면 태어납니다. 나이가 들면서 지혜가 늘고, 일곱 구멍이 소통하고 밝아지며, 다섯 감정(五性)[2]이 갖추어집니다. 이것이 사람의 몸이 사물과 다른 연유가 아니겠습니까?"

실옹이 말했다. "오호라! 그대의 말과 같다면 사람이 사물과 다른 점이 거의 없다. 무릇 터럭과 피부 같은 재질과 정액과 혈액의 감응은 초목이 사람과 같다. 하물며 금수가 다르겠는가?

내가 다시 묻겠다. 살아 있는 것에는 사람, 금수, 초목의 세 종류가 있다. 초목은 도생(倒生, 거꾸로 서서 살기)하기 때문에 '지식(知)'은 있어도 '지각(覺)'이 없다. 금수는 횡생(橫生, 옆으로 누워 살기)하기 때문에 '지각'은 있어도 '지혜(慧)'는 없다. 세 종류의 생명체들은 어지러이 섞여 살면서 서로 상생하기도 하고 서로 쇠하게 또는 성하게도 하니, 오히려 귀천의 차등이 있다고 할 수 있겠는가?"

---

2 기쁨(喜), 성냄(怒), 욕심(慾), 두려움(懼), 근심(憂)을 말한다.

허자가 말했다. "천지의 생명체 중에 오직 사람이 제일 귀합니다. 지금 저 금수와 초목은 지혜도 없고 감각도 없으며 예의도 없고 의리도 없습니다. 사람은 금수보다 귀하고 초목은 금수보다 천합니다."

실옹이 머리를 쳐들고 웃으며 말했다. "그대는 정말 사람이도다. '오륜'과 '오사'[3]는 사람의 예의이고, 떼 지어 다니며 구포(헐떡거리며 먹는 것)함은 금수의 예의이며, 무더기로 싸여 있지만 가지별로 펴는 것은 초목의 예의다. 사람의 기준으로 사물(초목과 금수)을 보면 사람이 귀하고 사물이 천하며, 사물의 기준으로 사람을 보면 사물이 귀하고 사람이 천하다. 하늘에서 바라보면 사람과 사물은 균등하다.

무릇 지혜가 없기 때문에 속이지 않고, 감각이 없기 때문에 작위하지 않는다. 그렇다면 사물(초목과 금수)이 사람보다 귀하다 함은 역시 거리가 멀다.[4] 또한 봉황은 천 길을 날고 용은 하늘을 날며 시초(점치는 데 쓰는 풀 줄기)와 울창주(신에게 바치는 술)는 신과 통하며 송백(소나무와 측백나무)은 재목으로 쓰이니, 사람에 비해서 무엇이 귀하고 무엇이 천하겠는가. 무릇 '큰 도'의 해악은 '긍심(자랑하려는 마음)'보다 심한 것이 없으니, 사람들이 사람을 귀하게 여기고 사물을 천하게 여기는 연유가 바로

---

3 오륜(五倫)은 부자유친, 군신유의, 부부유별, 장유유서, 붕우유신을 말하며, 오사(五事)는 『서경』「홍범」의 구주(九疇) 중의 하나로, 공손한 외모(貌), 조리 있는 말(言), 밝게 보는 것(視), 분명하게 듣는 것(聽), 슬기롭게 생각하는 것(思)의 다섯이다.
4 자연스러운 논리적 서술은 '사람이 사물보다 귀하다는 것은 거리가 멀다'여야 한다. 그러나 한 단계를 비약해서 사람이 사물보다 귀한 것뿐 아니라 사물이 사람보다 귀한 것도 역시 틀렸다는 논리를 펼치고 있다고 볼 수 있다. 이렇게 서술이 논리적으로 비약하는 부분이 몇 군데 보인다.

궁심의 근본 원인이다."

허자가 말했다. "봉황과 용이 (아무리) 높이 날아올라도 금수에서 벗어나지 못하고, 시초와 울창주, 송백은 초목에서 벗어나지 못합니다. (그들의) 어짊(仁)으로는 '택민(澤民, 백성에게 이로운 정책을 펼치는 정치)'[5] 하기에 부족하고, 지혜로는 '어세(御世, 세상을 다스림)'하기에 부족합니다. 복식과 의장의 제도가 없고, 예악(禮樂)과 병형(兵刑)에의 쓰임이 없습니다. 사람과 비교해서 이와 같을 수 있겠습니까?"

실옹이 말했다. "심하도다, 그대의 미혹됨이여! 물고기를 놀래지 않고 물 흐리지 않는 것은 용의 '택민'이고, 새들을 놀래지 않는 것은 봉황의 '어세'다. 구름의 다섯 빛깔 기운은 용의 '의장'이고, 몸을 두른 무늬는 봉황의 '복식'이다. 천둥 번개 치는 것이 용의 '형정'이고, 높은 산에 조화롭게 울리는 소리는 봉황의 '예악'이다. 시초와 울창주는 종묘와 사직의 제사에 귀중하게 쓰이며, 송백은 집 짓는 데 필요한 귀중한 재료다. 이 때문에 성인들의 '택민'과 '어세'는 일찍이 사물에서 본받지 않은 바가 없었다. 군신 간의 의리는 벌에게서 취했고, 병법은 개미에게서 취했으며, 예절의 제도는 다람쥐에게서 취했고, 그물로 물고기 잡는 법은 거미에게서 취했다. 그렇기 때문에 '성인은 만물을 본받았다' 했는데,[6]

---

5 원문은 '擇民'이지만 '澤民'의 오자인 듯하다.

6 여기서 비유하는 내용들은 현재 전하지 않는 『관윤자(關尹子)』에 나오는 내용이다. "曰 聖人師蜂立君臣 師蜘蛛立網罟 師拱鼠制禮 師戰蟻置兵. 衆人師賢人 賢人師聖人 聖人師萬物. 惟聖人同物 所以無我."(성인은 벌을 본받아 군주와 신하를 세우고, 거미를 본받아 그물을 세웠으며, 다람쥐를 본받아 예를 제정하고, 싸움 개미를 본받아 군대를 설립하였다. 일반인은 현인을 스승으로 삼고 현인은 성인을 스승으로 삼으며 성인은 만물을 스승으로 삼는다. 성인은 만물과

지금 그대는 어찌 하늘의 관점에서 사물을 보지 않고 오로지 사람의 관점에서만 사물을 보는가."

❀

반성의 자세를 보이는 허자에게 '큰 도'의 근본 원리를 알려주겠다며 본격적으로 허자의 사고를 조목조목 따지며 무엇이 잘못인지 깨우쳐주기 시작하는 대목이다.

첫 번째 주제로 사물과 사람의 본성이 같고 다른지에 대한 즉 '인물성동이 논쟁'으로 시작한다. 주지하는 바와 같이 '인성과 물성의 동이'는 18세기 조선 성리학계의 최대 화두였다.[7] 송시열의 학통을 계승했다고 자부하던 한원진(韓元震, 1682~1751)으로 이어지는 호론계는 인물성이론, 즉 사람과 사물의 본성이 근원적으로 다르다는 입장이었고, 홍대용의 스승 김원행이 이끄는 낙론계는 같다는 입장이었다. 18세기 전반에는 호론계가 조선 학계를 주도하는 듯했으나, 18세기 중엽 호론계가 정치적 세력을 잃은 이후 적어도 서울의 경화 학계에서는 낙론계

하나 되니, 무아인 까닭이다.) 관윤자는 구체적인 전기는 알 수 없으나 『장자』에서 노자와 더불어 진인(眞人)으로 부를 정도로 도가에서 큰 존숭을 받는 인물이다. 관윤자에 대한 자세한 내용은 김현수, 「『關尹子』의 萬物一體觀―道와 聖人 개념을 중심으로」, 『중국학보』 73집 (2015), 485~502쪽을 볼 것.

7 호락논쟁에 대한 자세한 논의는 문석윤, 『호락논쟁 형성과 전개』(동과서, 2006); 이경구, 「호락논쟁을 통해 본 철학논쟁의 사회정치적 의미」, 『한국사상사학』 26집(2006), 201~232쪽을 참조할 수 있다.

가 지배적이었다. 김원행의 석실서원 출신답게 홍대용은 당연히 인물성동론 지지자였다. 허자의 사고를 깨우쳐주는 첫 번째 대화로, 여전히 인성과 물성이 다르다는 견해를 고집하는 조선의 일부 유학자들을 상대로 인물성이론이 어떻게 그른지 지적하는 주제는 적절하다 하겠다.

사람의 몸이 사물과 어떻게 다른지 묻는 실옹의 유도 질문에 허자는 예상대로 사람을 기준으로 다른 점을 제시한다. 먼저 사람의 둥근 머리와 모난 다리를 각각 둥근 하늘과 모난 땅에 비유하는 식으로 인체가 '소천지'라는 점에서 사물과 다르다고 대답한다. 대우주에 대응해서 인체를 소우주로 이해함은 고대 이래 유가와 비유가를 막론하고 동아시아 학인들이 공유한 일반적인 인식의 경향이었다. 대우주인 자연의 원리가 인체 내에 그대로 담겨 있다는 상관적 우주론[8]의 믿음이었다. 대자연에서는 몇 만 년의 기간을 두고 자연발생적으로 만들어지는 단(丹)을 실험실에서 단축된 기간 동안에 만드는 것을 외단술이라 부른다. 자연의 조건을 완벽하게 갖춘 실험실에서 단의 생성을 재현하는 것이라고 할 수 있다. 그런데 단의 생성을 인체 내에서 만들어낼 수도 있다고 믿었는데, 그러한 행위가 바로 내단술이다.[9] 조선 사대부들이 건강 유지를 위해 많은 관심을 둔 양생술은 낮은 단계의 내단술에 불과했다. 인체가 소우주라는 믿음하에서 가능했던 일이다. 그런데 사람

---

8 중국의 고전적 상관적 우주론에 대한 자세한 내용은 헨더슨, 문중양 옮김, 『중국의 우주론과 청대의 과학혁명』(소명출판, 2004), 제1장을 볼 것.

9 중국의 연단술에 대한 자세한 내용은 김영식 편역, 『중국 전통문화와 과학』(창작사, 1986)에 실린 네이산 씨빈, 「중국 연금술의 성격」, 289~307쪽을 참조할 것.

의 몸과 달리 초목과 금수에는 소우주로서 자연의 원리가 압축적으로 담겨 있지 않을 것임은 당연했다. 실옹은 기다렸다는 듯이 허자가 말한 바의 사람의 몸이 이루어진 재질과 탄생의 과정을 그대로 따져도 초목, 금수와 다를 바가 없다고 반박한다. 즉 사람의 털과 피부 같은 재질은 초목과 금수도 갖추고 있으며, 정액과 혈액이 감응하여 후손이 만들어지는 과정 또한 초목과 금수도 마찬가지여서 다를 바가 없다는 것이다.

그렇다면 초목과 금수도 인체처럼 소우주라고 할 수 있을 것인가? 물론 허자가 묻지도 않았지만 실옹은 이에 대해서는 언급하지 않았다. 나중의 대화에서 추론할 수 있지만 실옹 즉 홍대용은 인체가 소우주라는 인식을 벗어버린 것 같지는 않다. 그렇다고 초목과 금수를 인체처럼 소우주라고 생각하지도 않았을 것이다. 만약 허자가 초목과 금수는 소우주가 못 된다는 것을 근거로 사람과 다르지 않냐고 물었다면 실옹의 대답은 궁색하지 않았을까 싶다. 고전적 우주론의 본질을 건드리는 사안이기 때문이다. 그렇기에 실옹의 허자에 대한 비판은 우주론의 본질을 피해가면서 사람과 사물이 어떻게 다른지에 대한 허자의 판단 기준에 초점이 있었다. 즉 사람의 눈으로 사물을 바라보고 평가하는 것 말이다.

실옹이 제시하는 기준은 비교의 대상인 사람과 사물 이외의 것이었다. 제삼자 중에서도 가장 중립적이라 할 수 있는 하늘을 제시했다. 즉 하늘을 기준으로 보면 사람과 사물은 균등하다는 것이다. 이것이 널리 알려진 홍대용의 유명한 '인물균' 주장의 논리다. 그런데 실옹이 설파하는 '하늘에서 바라본다(自天而視之)'는 관점은 우리가 상식적으로 생각

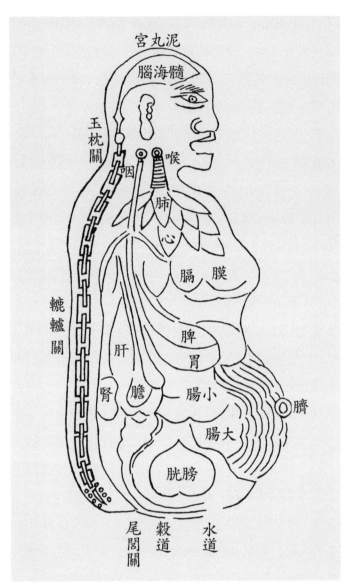

그림 2 『동의보감(東醫寶鑑)』의 「신형장부도」. 정(精)·기(氣)·신(神)의 흐름 네트워크로 인체를 파악하는 소우주로서의 인체관을 잘 보여준다.

하듯이 대단히 파격적인 사고는 아니었다. 유가 전통 안에서 오래전부터 있어왔던 세상을 보는 관점에 불과했다고 볼 수 있기 때문이다. 특히 중화와 이적(오랑캐)을 보는 화이론적 세계관으로서 그러했다. 보통 이적을 보는 관점은 『춘추(春秋)』의 『좌씨전(左氏傳)』과 『곡량전(穀梁傳)』 및 『공양전(公羊傳)』이 달랐다.[10] 『좌전』은 중화와 이적을 본질적으로 다른 것으로 여긴다. 송대 호안국(胡安國, 1074~1138)이 쓴 『호씨춘추전(胡氏春秋傳)』은 그 계보를 잇는 주해서로 조선에서 널리 읽혀 조선의 학인들이 중화와 이적의 본질이 다르다는 관점을 갖게 했던 책이다. 실제로 『호씨춘추전』을 주로 읽었던 대다수 조선 학인들은 노론 호론계 학인들에서 볼 수 있듯이 중화와 이적의 본질적 차이를 추호도 의심하지 않았고, 오랑캐를 금수와 동일하게 여겼다.

이에 비해 『곡량전』과 『공양전』의 화이관은 많이 달랐다. 화이를 문화적 측면에서 구분해 인식했고, 이적을 금수와 같이 보지는 않았다. 중화와 이적의 절대적 구분을 부정한 것이다. 이러한 『곡량전』과 『공양전』의 문화적 화이관은 송대 『호씨춘추전』에 밀렸으나 명대(明代)의 육즙(陸楫, 1515~1552)과 사조제(謝肇淛, 1567~1624) 같은 중국의 학인들이 주창한 이래 널리 전파되었다. 그들은 순임금과 문왕(文王)도 본래는 이적 출신이었음을 지적하며 하늘에서 바라보면 중화와 이적은 다를 바

---

10 『춘추좌전』과 『곡량전』 및 『공양전』에 담긴 화이관의 차이와 조선에서의 그 영향에 대한 자세하고 흥미로운 논의는 조성산, 「연암그룹의 夷狄 논의와 『春秋』」, 『한국사연구』 172집 (2016.3), 223~263쪽을 참조할 것.

없다고 주장했다. 『좌전』의 화이관이 주류였던 조선 학계에서 18세기 이후 명대의 학술이 수용되면서 노론 낙론계를 중심으로 이와 같은 『곡량전』과 『공양전』의 화이관은 서서히 퍼졌다. 특히 박지원 그룹 학인들 사이에서 화이 분별의 본질적 차이를 부정하는 논의가 두드러졌다. 1773년 『의산문답』을 저술하기 직전 2~3년 동안 서울에 거주하면서 박지원 그룹 학인들과 활발한 토론을 벌이며 행복한 서울 생활을 했던 홍대용이었기에 그들과 함께 "하늘에서 바라보면 사람과 사물은 균등하다"는 관점을 취했음은 자연스러웠다고 하겠다.

실옹은 사람과 달리 거꾸로 뒤집혀 사는 초목과 옆으로 누워 사는 금수는 지식과 지각, 지혜의 유무에 따라 귀천의 차등이 있을 것인가 허자에게 물었다. 초목은 거꾸로 뒤집혀 살기 때문에 지식은 있어도 지각이 없으며, 금수는 옆으로 누워 살기 때문에 감각은 있어도 지혜가 없다는 사실을 주지시키면서 말이다. 사람과 금수, 초목을 이와 같이 정립(正立), 횡립(橫立), 도립(倒立)으로 규정해서 그들 사이의 위계적 차등을 설명하는 언사는 유가 학인에게는 익숙했다. 조선 학인들에게 진리만을 말한 성인과도 같은 존재로 여겨지던 주희(朱熹)가 오래전 "사람은 머리를 위로 향하고 있기 때문에 가장 영명하며, 초목은 머리를 아래쪽을 향하고 있기 때문에 가장 무지하며, 금수는 머리를 옆으로 향하고 있기 때문에 무지하다"[11]고 말했던 것이다. 유도성 질문을 받은 허자는 대다수의 조선 학인이 그랬듯이 도립하고 횡행하는 초목과 금수는 지혜

---

11 『朱子語類』 권98, 「張子之書1」.

도 없고, 지각도 없으며, 예의도 없는 천한 존재이며, 모든 것을 갖춘 사람만이 정립하는 존재로 가장 귀하다고 자신 있게 답했다.

유도 질문에 걸린 허자에게 실옹은 사람의 기준에서 벗어나라고 주문한다. 사람에게만 예의가 있는 것이 아니며 초목과 금수에게도 예의가 있다고 했다. 오륜과 오사가 사람의 예의이듯이 무리를 이루어 다니며 헐떡거리며 먹는 것은 금수의 예의이며, 무더기로 싸여 있지만 가지별로 펴는 것은 초목의 예의라는 것이다. 초목과 금수의 그러한 예의를 천하다고 함은 사람의 예의를 기준으로 판단한 부당한 평가라고 했다. 하늘을 기준으로 보면 사람과 초목·금수의 예의는 귀하고 천한 바가 없다는 것이다. 오히려 실옹은 다른 각도에서 바라보면 초목과 금수의 예의가 우월할 수 있음을 거론한다. 지혜가 없기 때문에 사기 치지 않으며, 지각이 없기 때문에 작위하지 않는다는 것이다. 뿐만 아니라 사람보다 능력이 뛰어나며 소중하게 쓰일 데가 있다는 점도 지적한다. 봉황과 용은 하늘을 멀리 날며, 시초와 울창주 같은 초목은 신과 소통할 수 있고, 소나무와 측백나무 같은 초목은 귀한 재목으로 쓰인다. 이와 같이 초목과 금수가 사람보다 귀한 점을 찾으면 얼마든지 있다. 실옹은 자신들만을 귀하다고 여기며 사물을 천하게 여기는 사람들의 '자랑하려는 마음(矜心)'은 '도'를 해치는 근원이라고 질타했다.

그러나 허자는 쉽게 동의하지 않았다. 아무리 하늘을 높이 날고, 신과 소통할 수 있다고 해도, 그것들에는 성인군자처럼 택민, 즉 백성에게 이로움을 주는 정치를 펼칠 수 있는 '어짊(仁)'이 없으며, 어세 즉 세상을 다스릴 수 있는 지혜가 없으니 그래 봤자 초목과 금수에 불과하다고 고집을 꺾지 않았다. 또한 초목과 금수에는 인간사회에 있는 복식과 의장의 제도, 그리고 예악과 형정의 제도가 없지 않냐고 항변한다. 허자의 거듭된 주장은 사람 중심적 사고를 벗어나지 않는 모습이다. 이에 실옹은 용은 물고기들을 놀래지 않고 물을 흐리지 않으니 이것이 용의 '택민'이며, 봉황은 새들을 놀래지 않으니 봉황의 '어세'임을 가르쳐준다. 또한 아름다운 빛깔의 기운을 내는 구름이 용의 의장이고 몸에 두른 화려한 무늬가 봉황의 복식이며, 천둥과 번개가 용의 형정이고 높은 산에서 울려 퍼지는 신비로운 소리가 봉황의 예악임을 알려준다.

초목과 금수가 사람의 것에 못지않은 문물제도와 예악을 갖추었음을 알려줄 뿐 아니라 실옹은 한발 더 나아가 인간의 문물제도와 예악이 오히려 초목과 금수에게서 배운 것이라는 주장을 편다. '성인은 만물을 본받았다'는 『관윤자』의 대목을 인용하며 성인의 택민과 어세, 즉 백성을 이롭게 하기 위한 통치 행위가 사물에서 본받지 않은 바가 없다고 했다. 벌에게서 군신 간의 의리를 본받았고, 개미에게서 병법을 배웠으며, 다람쥐에게서 예절을 배웠고, 거미에게서 그물로 물고기 잡는 법을 배웠다는 것이다. 관윤자는 노자와 더불어 도교에서 시조로 존숭받는 인물이다. 책은 현존하지 않으나 파편적으로 전하는 기록의 내용은 도가 사상을 중심으로 신선가와 불교의 내용까지 담고 있다. 특히 『장자』에서와 같은 자유분방하고 번뜩이는 우화적 이야기가 풍부하게 담겨 있는 것으로 유명하다. 성인이 만물을 본받아 인간사회의 문물제도와 예악을 창시했음을 『관윤자』에서 인용하는 것은 눈여겨볼 만하다. 만물을 본받아 성인이 문물제도를 창시했음은 유가에서 경전으로 받드는

『주역(周易)』에도 그대로 담겨 있는 믿음이기 때문이다. 복희(伏羲)가 천지를 본받아 팔괘(八卦)를 얻었고, 괘로부터 고기 잡는 법, 농사짓는 법, 시장의 교역 제도 등 인간사회의 문물제도를 창시했다는 내용은 『주역』의 「계사전(繫辭傳)」에 실려 있고, 유가 학인이라면 모를 리 없는 내용이다. 그런데 실옹은 『주역』의 「계사전」을 놔두고 도가 계열의 문헌 『관윤자』에 기댔던 것이다. 홍대용은 『주역』의 괘상에 자연의 원리가 담겨 있다고 믿는 상수학적 자연지식의 전통을 남달리 적극적으로 부정했던 예외적인 유가 학인이었다.[12] 『주역』을 멀리하고 도가 계열의 『관윤자』에 담긴 내용에 의도적으로 기대어 모범적인 유학자 허자를 일깨워주고 있다는 인상을 강하게 받는 대목이다. 도가의 비조(鼻祖) 관윤자의 가르침이 알려주듯이 사람의 관점에서 벗어나 하늘의 관점에서 사고하라는 강한 메시지인 것이다.

---

12 홍대용의 상수학적 자연인식 체계에 대한 비판의 내용은 문중양, 「18세기 조선 실학자의 자연지식의 성격—象數學的 宇宙論을 중심으로—」, 『한국과학사학회지』 21권 1호(1999), 49~55쪽을 참조할 것.

2부

우주의 새로운 원리를
살펴보다

04

기(氣)에서 우주가 생성되다

虛子瞿然大悟 又拜而進曰, "人物之無分 敬聞命矣. 請問人物有生之本."

實翁曰, "善哉問也. 雖然 人物之生 本於天地, 吾將先言天地之情.

太虛寥廓 充塞者氣也. 無內無外 無始無終. 積氣汪洋 凝聚成質 周布虛空
旋轉停住 所謂地月日星是也.

허자가 확연히 크게 깨달아 다시 절하며 나아가 말했다. "사람과 사
물이 분별이 없다는 가르침은 삼가 받들겠습니다. 사람과 사물의 생성
의 근본에 대해서 묻고자 합니다."

실옹이 말했다. "좋은 질문이다. 그러나 사람과 사물의 생성은 천지
에 근본을 두니, 내 먼저 천지의 정상(情)부터 말해주겠다.

넓고 횡한 '태허(太虛)'에 가득 찬 것은 기(氣)일 뿐이다. (태허는) 안도

없고 바깥도 없으며, 시작도 없고 끝도 없다. 기가 헤아릴 수 없이 광대하게 쌓여 있는데, 모여서 엉기어 질을 이루어 우주 허공에 두루 퍼지기도 하고 돌면서 자리 잡기도 하니, 이것들이 땅(地), 달, 해, 별들이다.

❁

사람과 사물의 본성이 동일하다는 실옹의 주장을 분명히 깨달은 허자는 사람과 사물이 어떻게 생성되었는지 근원을 묻는다. 실옹이 그에 앞서 우주의 생성 원리와 정상에 대해 먼저 설명하는 대목이다.

짤막하지만 홍대용이 구상하는 우주론의 큰 틀을 압축적으로 묘사한 내용이다. 한마디로 기(氣)로부터 우주 만물이 생성되었다는 우주론이다. 우주 태초의 상태를 기로 가득 찬 '태허(太虛)'로 규정했다. 태허로 불리는 우주의 상태는 시간적으로 시작과 끝이 없다고 했고, 공간적으로 안과 바깥이 없다고 했다. 무한하다는 말이다. 시간적으로 무한하고 공간적으로도 무한한 태초의 우주에는 기가 가득 차 있었다. 압축적인 현재의 글에서 생략되었지만 태허에 가득 찼던 원초적 기가 시간이 흘러 분화가 일어날 것이다. 기가 분화하면서 그중에 엉기어 형(形)과 질(質)을 갖춘 것들이 생겨나는데, 우주 허공 즉 하늘에 두루 퍼지기도 하고 회전운동하면서 자리를 잡기도 하는데, 바로 땅, 해, 달, 그리고 별들이 그런 것들이라고 했다. 해, 달, 별들은 우주 허공에서 두루 퍼진 것들일 테고, 정해진 자리를 잡고 회전운동하는 것은 땅일 것이다.

비록 짧은 서술이지만 우리는 이 글에서 중요한 내용을 알 수 있다.

먼저 이것이 기본적으로 기론적 우주론의 핵심 내용이라는 사실이다. 잘 아는 바와 같이 우주의 근원을 기로 보고, 운동과 변화 과정 등을 기의 작용으로 설명하는 기론적 우주론은 오랜 전통이다. 이미 한대(漢代)에 신화적 설명에서 벗어나 우주가 미분화된 무형(無形)의 원초적 기로부터 생겨난다는 내용의 우주론 논의가 『회남자(淮南子)』 「천문훈(天文訓)」에 적혀 있다. 그것에 의하면 만물이 생겨나기 이전 우주 태초는 미분화된 원초적 기의 상태일 뿐이었다. 이러한 기가 분화하여 천지를 이루는데, 맑고 가벼운 기가 위로 올라가 하늘이 되고 탁하고 무거운 기가 아래로 내려가 땅이 되었다는 것이다. 생겨난 천지는 각각 위와 아래에 위치했다. 이후 하늘의 기와 땅의 기의 상호 작용으로 해, 달, 별들이 생겨났다. 고대 이래 중국의 기론적 우주론 역사는 이러한 『회남자』 우주론의 틀에서 크게 벗어나지 않았다.

송대 성리학자들은 이러한 기론적 우주론을 세련되게 다듬었다. 장재(張載)는 『정몽(正蒙)』 「태화편(太和篇)」에서 원초적 기로 충만된 우주 공간의 상태를 '태허(太虛)'로 규정했다. 이 태허가 우주 만물이 생성되기 이전의 태초의 상태로 형(形)과 질(質)을 갖추지 못한 미분화된 '혼돈미분'의 상태였다. 이 태허에 가득 찬 원초적 기가 분화하여 우주 만물을 이루게 되는데, 순수한 음적인 기가 가운데 엉기어 모여서 땅을 이루고, 떠오른 양적인 기가 바깥쪽에서 회전운동하며 하늘을 이루었다. 『회남자』와 무엇이 다른지 주목해보자. 장재는 우주 태초의 상태를 태허로 개념화했고, 원초적 기에서 분화되어 생성된 천지가 상하의 위치가 아니라 우주의 중심과 주변에 각각 위치했다. 하늘과 땅을 위-아래 위치에서 중심-주변 위치로 바꾼 것은 당대 역산가들의 정설인 혼천설(渾天說)과 부합하는 형이상학적 우주론을 확립한 것을 의미한다. 또한 우주의 중앙에 위치한 땅은 우주 공간에 꽉 찬 기의 회전운동에 의해서 아래로 추락하지 않고 정지해 있을 수 있었다. 이로써 우주 공간에 떠 있는 거대한 땅덩어리가 아래로 추락할 걱정, 즉 기우(杞憂)는 해결되었다.

주희는 이러한 장재의 우주론 논의를 더욱 세련되게 다듬었다. 원초적 기가 분화하던 초기부터 회전운동을 하면서 분화가 일어났고, 분화가 진전되면서 회전운동도 더 빨라졌다. 분화된 기의 회전운동은 바깥쪽일수록 속도가 빨라서 마치 회오리바람처럼 강경해 천체를 실을(載) 수 있을 정도이며, 가장 바깥에는 고체와도 같은 정도의 딱딱한 상태가 되니, 이것이 가장 바깥의 하늘이며 우주의 끝이었다. 분화된 기의 회전운동은 안쪽일수록 속도도 느려질 뿐만 아니라 기의 상태도 짙어지면서 찌끼(渣滓)가 되는데, 이러한 찌끼가 우주의 한가운데에서 응집한 것이 바로 땅(地)이었다.

『성리대전』과 『주자어류』 등의 성리학서를 깊이 학습한 조선 학인이라면 익숙했을 기론적 우주론의 내용이 이러했다. 기로 가득 찬 태허를 우주의 시초로 설정하고, 그 기로부터 천체들이 생성된다는 서술은 실옹 즉 홍대용이 의존하는 우주론 논의가 기본적으로 송대 기론적 우주론이었음을 단적으로 보여준다 하겠다. 그러나 두 가지 점에서 달랐다. 첫째, 우주를 시간적, 공간적으로 무한하다고 파악한 것이다. 실옹은 태허가 "안도 없고 바깥도 없으며, 시작도 없고 끝도 없다"고 우주의 무한함을 분명히 언급했다. 그런데 중국 성리학자들의 우주는 유한

했다. 주희가 펼친 우주론에 의하면 광활한 우주에는 고체와도 같이 가장 딱딱하며 회전 속도가 가장 빠른 하늘, 즉 '구각(軀殼)'이 있었는데, 우주의 끝 경계였다.[1] 육합(즉 우주)에 안과 밖이 있는지 묻는 제자의 물음에 주희는 "이치로는 내외가 없지만 형체로는 내외가 있다"[2]며 우주의 공간적 유한함을 명확히 인정한 바 있다. 고대 이래 우주가 공간적으로 유한하다는 관념은 동서양을 막론하고 일반적인 사고였다.[3]

또한 중국 성리학자들의 우주는 시간적으로도 유한했다. 주희와 이후 유가 사대부들의 우주론적 사고에 절대적 영향을 미친 소옹의 '원회운세설(元會運世說)'을 보자. 원회운세설이란 우주의 주기를 1원(元)=12만 9600년으로 설정하고, 1원을 주기로 우주가 개벽(생성)하고 폐색(소멸)한다는 우주론이다. 따라서 이론적으로 우주는 1원을 주기로 생성되고 소멸하는 과정이 계속 반복될 것이다. 그러나 소옹과 주희는 우리가 살고 있는 현 우주의 소멸과 또 다른 우주의 생성에 대해 부정적이었다. 소옹의 원회운세설에 따라 현재의 천지가 진정 소멸할 것인지 묻는 제자

---

1 야마다와 김영식의 책을 참조. '구각'은 『주자어류』 전체를 통해 여기저기 나온다. 특히 권100, 「邵子之書」에서 분명한 의미를 읽을 수 있다. "康節漁樵問對無名公序與一兩篇書, 次第將來刊成一集. 節. 「『天何依?』曰: 『依乎地.』『地何附?』曰: 『附乎天.』『天地何所依附?』曰: 『自相依附. 天依形, 地依氣.』」 所以重復而言不出此意者, 唯恐人於天地之外別尋去處故也. 天地無外, 所謂『其形有涯, 而其氣無涯』也. 爲其氣極緊, 故能扛得地住; 不然, 則墜矣. 氣外須有軀殼甚厚, 所以固此氣也. 今之地動, 只是一處動, 動亦不至遠也. 謨."
2 『朱子語類』 권1, 「理氣上」, "理無內外 六合之形 須有內外."
3 서양의 중세 우주론에 대해서는 데이비드 C. 린드버그, 이종흡 옮김, 『서양과학의 기원들(The Beginnings of Western Science)』 (나남, 2009), 제11장 중세의 우주(399~455쪽), 제12장 지상계의 물리학(457~513쪽)을 참조할 것.

의 질문에 주희는 소멸하지 않는다고 답변한다.[4] 그들은 현 우주의 주기 12만 9600년 내에서만 시간적 우주를 상상했던 것이다.

이에 비해 조선의 학인들은 소옹의 원회운세설에 따라 원리적으로 사고했다. 당연히 현 우주는 소멸할 것이며, 또 다른 우주가 생성되고 다시 소멸하는 과정이 반복될 것이라는 식이었다. 중국 성리학적 우주론을 누구보다 깊게 소화하고 펼쳤던 조선의 학인 서경덕(徐敬德)과 장현광(張顯光)의 우주론 논의에서 그러한 예를 단적으로 살펴볼 수 있다.[5] 실옹이 시간적 우주의 무한함을 설정함은 그러한 조선 학인들의 사유를 계승한 것이라고 할 수 있다.

두 번째 다른 점은 땅의 회전운동을 설정했다는 것이다. 장재와 주희의 우주론에서 땅은 앞서 서술한 바와 같이 분화된 기의 찌끼가 엉기어 형과 질을 이루고, 우주의 가운데에서 고정된 채로 위치했다. 그런데 실옹은 땅, 달, 해, 별들이 "우주 허공에 두루 퍼지기도 하고, 돌면서 자리 잡기도" 한다고 했다. 주변에서 두루 퍼져 (정지해) 위치하는 것은 달과 해, 그리고 별들일 것이고, (그러한 천체들의 가운데에서) 회전운동하면서 자리 잡고 있는 것은 땅일 것이다. 유명한 홍대용의 지동설을 알리는 서막이다. 진정 홍대용이 우리가 살고 있는 이 땅이 회전운동한다고 믿었을까? 그간 학계에서는 이에 대해 추호의 의심도 하지 않았다.

---

4 『朱子語類』권1, 「理氣上」, "又問 天地會壞不, 曰 不會壞."
5 서경덕과 장현광의 우주론 논의에 대해서는 문중양, 「16-17세기 조선우주론의 상수학적 성격」, 『역사와 현실』 34호(1999), 95~124쪽을 참조할 것.

이 대목만으로는 무어라 단언하기 어렵다.

땅이 회전운동한다는 가설은 어떻게 가능했을까? 많은 사람이 서구 천문학의 영향을 받았다고 오해하지만 그 영향은 작다고 할 수 있다. 코페르니쿠스의 지동설이 중국과 동아시아에 구체적으로 전해진 것은 1767년 부노아(蔣友仁, Michel Benoist, 1715~1774)가 저술한 『지구도설(地球圖說)』이 북경에서 간행된 이후다. 그에 앞서 1765년 겨울에 북경을 방문한 홍대용이 『지구도설』을 접했을 가능성은 없다. 조선의 학인들이 『지구도설』을 처음 접한 시기는 적어도 18세기로 올라가지 않으며, 그 첫 인물은 19세기 전반에 활동했던 이청(李晴, 1792~1861)이었다.

조선의 유가 학인들에게 땅이 움직일 수 있다는 가능성은 서구 중세의 우주론 관념에 비해서 그리 어려운 일이 아니었다. 소위 '사유설(四游說)'이라는 계절에 따른 땅의 위치 이동을 설명하는 『상서고령요(尙書考靈曜)』의 속설을 비롯해, 땅의 운동을 상정하는 논의가 간혹 있어왔다. 『장자』 「천운(天運)」편에는 "하늘이 움직이는가? 땅이 정지해 있는가?"라고 물으며 땅의 운동 가능성을 제기하는 대목이 적혀 있다. 또한 주희도 "어찌 하늘이 바깥에서 돌고 땅이 따라서 돌지 않음을 알겠는가? 지금 여기 앉아서 단지 땅이 움직이지 않음을 아는 것만이 가능하다"라며 역시 지동의 가능성을 논했다. 이러한 지동의 논의들을 우주론에 관심이 깊은 조선의 학인들은 익히 알고 있었다. 이익의 『성호사설(星湖僿說)』과 이규경의 『오주연문장전산고』는 그러한 사정을 잘 보여준다. 따라서 실재하는 땅의 운동이라면 몰라도 '이론적 모델'로서 땅의 운동은 충분히 가능하고 설득력 있는 가설일 수 있다.

우리는 그러한 설득력 있고 체계적인 가설로 홍대용에 한참 앞선 노론계의 선배였던 김석문(金錫文, 1658~1735)의 우주론을 들 수 있다. 이미 알려진 바와 같이 『역학이십사도총해』(1726)[6]에서 김석문은 『태극도설』과 『황극경세서』의 인식론적 설명 체계에 입각해 천지의 생성 과정과 운동에 대해서 정합적으로 논한 바 있는데, 우주의 가운데 부분에서 구형의 땅이 회전운동을 하는 가설을 제시했다.[7] 박지원은 『열하일기』에서 홍대용의 지동 논의가 김석문의 '삼환부공설'에서 착안한 것이라고 술회한 바 있다.[8] 물론 홍대용의 언급 어디에도 그가 김석문의 지동설에서 영향받았다는 내용이 없어 단언할 수는 없다. 하지만 김석문의 흥미로운 지동의 우주론 내용은 연암 그룹 사이에서 홍대용의 지동 논의가 김석문에서 비롯되었다고 이해될 정도로 노론계 학인들을 중심으로 적지 않게 회자되었으며, 홍대용의 지동 가설 논의는 그 자장 안에서 이루어진 것이라고 할 수 있다.

---

6 1697년 『易學圖解』로 처음 저술되었으며, 1726년 『易學二十四圖解』라는 이름으로 간행되어 세상에 널리 알려졌다.

7 김석문의 우주론에 대한 자세한 논의는 문중양, 「18세기 조선 실학자의 자연지식의 성격—象數學的 宇宙論을 중심으로—」, 『한국과학사학회지』 21권 1호(1999), 27~57쪽; 전용훈, 「『역학이십사도해』에 나타난 金錫文의 우주론」, 『정신문화연구』 41-3(2018), 113~162쪽을 참조할 것.

8 박지원, 『열하일기』 「태학유관록」 중에서.

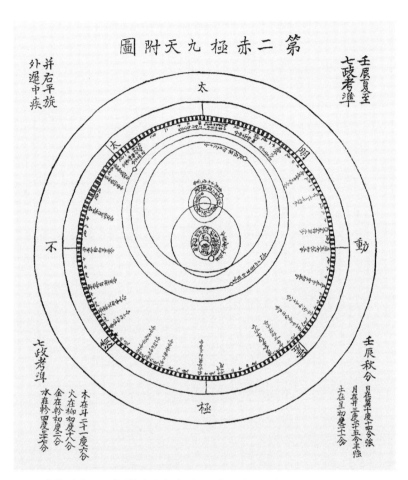

그림 3 김석문의 우주도. 홍대용에 앞서 지구의 회전운동 메커니즘을 제시했던 김석문의 우주도인 「제2적극구천부도」다. 태양이 오행성을 대동하고 우주 중심부에 있는 지구 주위를 도는 티코 브라헤의 우주 모델(Tychonic Model)과 유사하지만, 구형의 지구가 일주운동을 하는 등 티코 우주 모델과는 전혀 다른 우주론 내용을 담고 있다.

땅은 구형이다

夫地者 水土之質也, 其體正圓 旋轉不休 淳浮空界 萬物得以依附於其面也."

虛子曰, "古人云 '天圓而地方', 今夫子言地體正圓 何也."

實翁曰, "甚矣 人之難曉也. 萬物之成形 有圓而無方. 況於地乎.

月掩日而蝕於日 蝕體必圜 月體之圜也. 地掩日而蝕於月 蝕體亦圜 地體之
圜也. 然則月蝕者 地之鑑也. 見月蝕而不識地圜 是猶引鑑自照而不辨其面目
也. 不亦愚乎.

昔者曾子有言曰, '天圓而地方 是四角之不相掩也.' 此其言有自來矣. 夫天圓
而地方者 或言其德也. 且爾與其信古人傳記之言 豈若從現前目訂之實境也.

무릇 땅이란 물과 흙이 그 재질인데, 그 형체는 정원(正圓)이며, 쉼없
이 돌면서 허공중에 떠 있고, 만물이 그 면에 의지하여 붙어 살 수 있다."

허자가 말했다. "옛사람들은 '천원지방(하늘은 둥글고 땅은 모나다)'이라 했는데 지금 선생께서 땅의 형체가 둥글다 하니, 왜 그렇습니까?"

실옹이 말했다. "심하도다, 사람을 깨우쳐주기가 어렵구나. 모든 만물이 모양(形)을 둥글게 형성하지 모나게는 하지 않는다. 하물며 땅은 어떻겠는가.

달이 해를 가려 일식이 일어나는데, 그 식의 형체가 반드시 둥그니 (이로 보아) 달의 형체가 원형임을 알 수 있다. 땅이 해를 가려 월식이 일어나는데, 그 식의 형체가 또한 둥그니 땅의 형체가 원형임을 알 수 있다. 그렇다면 월식이라는 것은 땅의 거울이다. 월식을 보고도 땅이 원형임을 모르면 이는 거울에 비친 얼굴을 분간하지 못하는 것과 같다. 어리석지 아니한가?

옛날 증자의 설에 의하면 "천원지방이라면 네 귀퉁이가 서로 가릴 수 없다"[1]고 했다. 이는 근거가 있는 말이다. 무릇 '하늘이 둥글고 땅이 모나다'는 것은 (각각) 그 덕을 말한 것이라는 설이 있다. 그대는 고인이 기록해 전한 말을 믿고 그러는 것이겠지만 현재 눈앞에서 실증한 경우와 어찌 같겠는가.

✦

기론적 우주론의 큰 틀을 무한한 우주와 지동을 상상하면서 제시한

---

1 『大戴禮記』「曾子天圓」 제58, "如誠天圓而地方 則是四角之不揜也."

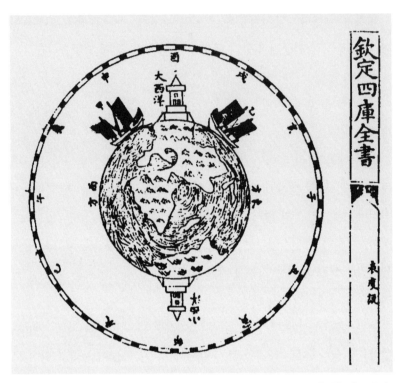

그림 4 『표도설(表度說)』의 천지도. 구형의 천지 반대편에 사람이 살고 있는 형상을 한눈에 보여주는 그림이다.

것에 이어 땅이 원형(구형)임을 주장하는 홍대용 지구설의 핵심 내용을 제시하는 대목이다. 한 문장으로 압축한 땅의 정상을 세부적으로 나누어보자. 구성 재질은 물과 흙 두 가지다. 모양은 똑바른 원형이다. 원형이라고 했지만 사실은 구형을 의미한다.[2] 구형의 땅이 허공중에 붕 떠 있는데, 제자리에서 회전운동을 하고 있다. 그리고 사람과 만물이 회전운동하는 구형의 땅 표면에 붙어 살 수 있다.

땅이 구형이라는 관념은 전적으로 서구 천문학의 영향이다. 서구에서는 고대부터 땅을 구형으로 파악했다. 땅이 구형일 수밖에 없는 원리는 사원소설에서 비롯한다. 지상계의 만물은 네 가지 원소로 구성되는데, 가장 무거운 흙(earth)과 가장 가벼운 불(fire) 그리고 상대적으로 덜 무거운 물(water)과 덜 가벼운 공기(air)가 그것이다. 땅은 무거운 원소인 흙과 물이 뭉쳐서 구성되었는데, 무거운 원소들의 '본래의 위치'인 우주 중심에서 가장 안정된 상태를 유지하게 된다. 따라서 땅은 가장 완벽한 형체인 구형을 이루며 우주 중심에서 고정된 채 위치해 있다. '무거움'이라는 것이 물체가 가지는 본연의 성질로 '본래의 위치'가 우주 중심이어서 무거운 원소인 물과 흙이 뭉쳐 만들어진 땅은 우주 중심에서 구형을 이룰 수밖에 없는 것이다. 지구 표면 위의 모든 무거운 물체들은 '무거움'의 '본래의 위치'인 우주 중심으로 향하므로 구형의 지면 어디에서도 똑바로 서 있는 형국이 된다. 대척지의 사람들이 전혀 문제없이 살아갈 수 있는 원리가 이것이다.

이에 비해 땅이 구형이라는 관념은 중국에는 없다. 허자가 즉각 반박했듯이 땅의 모양에 대한 동아시아인들의 일반적인 관념은 소위 '천원지방'으로 표현된다. '하늘은 둥글고 땅은 모나다'는 것이다. 물론 천원지방으로 일컬어지는 천지의 정확한 형체에 대한 체계적인 이론적

---

2 조선의 유가 학인들은 2차원과 3차원 공간을 질적으로 구분하지 않는다. 3차원 공간을 인식해서 입체적으로 이해하는 사고는 서구 기하학 유입 이후 서서히 생겨난 인식이었다.

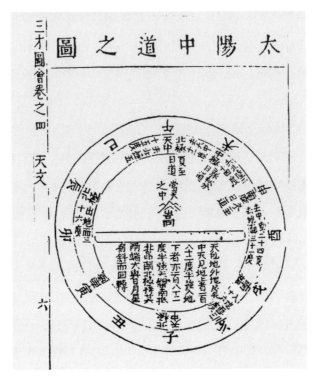

그림 5 『삼재도회』의 천지도. 둥근 하늘 가운데에 평평한 땅이 위치해있는 형상을 잘 보여준다.

설명은 없지만, 바둑판처럼 사각형이거나 평평한 모양일 것이라는 관념이 상식이었다. 서구 천문학이 처음 유입되던 시기에 편찬된 백과전서 『삼재도회(三才圖會)』(1607)에서 그림으로 묘사된 천지 전체의 형체 그림이 그러한 동아시아 학인들의 천지와 땅의 모양에 대한 관념을 잘 보여준다. 따라서 구형의 땅을 상정하는 실옹의 아이디어는 전적으로 서구 천문학의 영향임이 분명하다. 허자가 머릿속에서 그렸던 '천원지방'의 모양은 『삼재도회』의 우주도였을 것이다.

　지구가 흙과 물로 구성되었다는 설정 또한 서구 우주론의 영향임을 짐작게 한다. 사원소설과 지구설에 의하면 지구는 사원소 중에 무거운 원소인 물과 흙으로 이루어져 우주 중심에 처해 있기 때문이다. 중국과 조선의 고전 문헌 어디에도 땅이 물과 흙, 두 재질로 구성되었다는 기록은 찾을 수 없다. 앞서 장재와 주희의 우주론에서 보았듯이 유가 학인들이 생각하던 땅은 기가 분화해서 탁하고 무거운 기가 엉키어 이룬 찌끼 덩어리였다. 한편에서 주희는 시초에 혼동의 상태일 때 물과 불이 있었는데, 그중에 물의 찌끼가 땅이 되었다고는 했다.[3] 물과 흙, 두 재질로 땅이 이루어졌다는 실옹의 언급은 주희가 논한 바의 땅의 형성 과정과는 거리가 있음이 분명하다.

　그렇다고 실옹이 전적으로 사원소설을 수용한 것인가? 전혀 그렇지 않다. 이후 대화를 보면 그러한 사실을 알 수 있다. 사원소설은 지구가 가능한 이유를 명쾌하게 설명해주는 원리였다. 그러나 실옹은 지구설을 사원소설에 의해 설명하지 않았다. 지구를 가능하게 했던 원리는 후술하게 될 그것과는 전혀 다른 기(氣)의 '상하지세(上下之勢)'였다. 이 기의 상하지세가 지면에 만물이 붙어 있을 수 있게 하는 작용이었다.

　땅의 형체가 사방의 표면에 만물이 붙어 사는 구형이라는 지구설 내용을 들은 허자는 조선의 학인답게 즉각 '천원지방'으로 반론을 제기한다. 이에 실옹는 두 가지 사실을 주지시킨다. 하나는 땅이 구형이라는

---

3 『朱子語類』 권1, 「理氣上」, "天地始初混沌未分時, 想只有水火二者. 水之滓脚便成地."

실증적 증거로 월식을 예로 드는 것이다. 달이 해를 가려 생기는 것이 일식이기에 가려지는 모양이 둥근 것은 달이 구형임을 보여주는 증거다. 마찬가지로 땅이 해를 가려 월식이 일어나는데, 월식의 모양은 땅의 그림자이기 때문에 월식이 둥그런 모양으로 일어난 것을 보아 땅이 구형임을 알 수 있다는 것이다. 또 하나는 『대대례기(大戴禮記)』 「증자천원(曾子天圓)」편의 기록이다. 증자는 공자의 제자 중에 학식과 품행이 뛰어난 인물이었던 증삼(曾參)을 이른다. 정말로 '천원지방', 즉 하늘은 둥글고 땅이 모난가라는 선거이(單居離)의 질문을 받은 증자가 '정말로 하늘이 둥글고 땅이 모나다면 하늘과 땅의 네 귀퉁이가 맞물리지 않는다'고 답변하는 내용이다. 천원지방의 형체라면 문제가 있다는 지적이다. 이어지는 대화에서 천원지방은 천지의 외형을 뜻하는 것이 아니라 천지 각각의 덕(德)을 말한 것이라고 증자는 주장했다. 결국 공자의 고제(高弟)인 증자에 의하면 하늘이 둥글고 땅이 모날 수 없다는 것을 의미했다.

'천원지방'이 천지의 외형을 뜻하는 것이 아니라 덕을 표현한 것이라고 해석한 이는 증자만이 아니었다. 『주비산경(周牌算經)』의 주석에서 조군경(趙君卿)은 '천원지방'이 실제의 천지 형체가 아니라고 했고, 『여씨춘추(呂氏春秋)』에서도 원(圓)과 방(方)을 천도(天道)와 지도(地道)로 각각 해석했다.[4] 기독교 선교를 위해 중국 북경에 들어와 서구 천문학을 소개한 마테오 리치(Matteo Ricci, 1552~1610; 중국명은 利瑪竇)는 이러한 중국의

---

4 천원지방을 외형이 아닌 형이상학적 의미를 지닌 것으로 해석하는 논의들은 이문규, 『고대 중국인이 바라본 하늘의 세계』(문학과지성사, 2000), 283~286쪽을 볼 것.

지적 전통을 활용했다. 유명한 서구 천문학 소개서인『건곤체의(乾坤體義)』(1605) 첫머리에서 리치는 구형의 땅이 우주 중심에 위치해 있다는 명제를 제시한 후 이어서 바로 땅이 모나다(方)는 말은 그 덕이 고요한 것(靜), 그래서 우주의 중심에서 흔들림 없이 움직이지 않는 성질을 말한 것이라고 해석했다.[5] 중국과 조선 유가 학인들에게 익숙했을 고전 문헌에 적힌 천원지방에 대한 비주류의 해석을 끌어들여 땅의 형체에 대한 동아시아인들의 상식을 비판하면서 지구설을 옹호한 것이다.『건곤체의』를 모를 리 없는 홍대용은 지구설을 옹호하는 언설로 천원지방을 외형이 아니라 덕으로 해석하는 논리를 빠트리지 않았다.

---

5 『乾坤體義』 권상, 天地渾儀說, "有謂地爲方者 語其德靜 而不移之性 非語其形體也."

06

지구의 메커니즘

우주의 무상하와 지면 위의 상하의 형세

苟地之方也 四隅八角六面均平 邊際阤絶 如立墻壁. 爾見如此."

虛子曰, "然."

實翁曰, "然則河海之水 人物之類 萃居一面歟, 抑布居六面歟."

虛子曰, "萃居上面爾. 盖旁面不可橫居, 下面不可倒居也."

實翁曰, "然則居不可橫倒, 豈不以墜下歟."

虛子曰, "然."

實翁曰, "然則人物之微 尙已墜下, 大塊之重 何不墜下."

虛子曰, "氣以乘載也."

實翁厲聲曰 "君子論道 理屈則服, 小人論道 辭屈則遁. 水之於舟也 虛則載 實則臭. 氣之無力也 能載大塊乎.

今爾膠於舊聞 狃於勝心 率口而禦人 求以聞道 不亦左乎.

邵堯夫達士也. 求其理而不得 乃曰'天依於地 地附於天.'曰地附於天 則可,
曰天依於地 則渾渾太虛 其依於一土塊乎.

且地之不墜 自有其勢 不係於天. 堯夫知不及此 則强爲大言 以欺一世. 是堯
夫之自欺也."

虛子拜而對曰, "虛子失辭 敢不知罪. 雖然 羽毛之輕 莫不墜下, 大塊之重 終
古不墜, 何也."

實翁曰, "膠舊聞者 不可與語道, 狃勝心者 不可與爭口. 爾欲聞道 濯爾舊聞
祛爾勝心. 虛爾中 殼爾口 我其有隱乎哉. 夫渾渾太虛 六合無分 豈有上下之勢
哉. 爾且言之. 爾足墜於地 爾首不墜於天, 何也."

虛子曰, "此上下之勢也."

實翁曰, "然. 我又問爾. 爾胸不墜於南 爾背不墜於北, 左膊不墜於東 右膊不
墜於西, 何也."

虛子笑曰, "此無南北之勢 亦無東西之勢也."

實翁笑曰, "穎悟哉. 可與語道也. 今夫地日月星之無上下 亦猶爾身之無東西
與南北也.

且人莫不怪夫地之不墜, 獨不怪夫日月星之不墜, 何也.

夫日月星 升天而不登 降地而不崩 懸空而長留. 太虛之無上下 其跡甚著, 世
人習於常見 不求其故. 苟求其故 地之不墜 不足疑也.

夫地塊旋轉 一日一周. 地周九萬里 一日十二時. 以九萬之濶 趁十二之限 其
行之疾 亟於震電 急於炮丸. 地旣疾轉 虛氣激薄 閡於空而湊於地. 於是有上下
之勢. 此地面之勢也 遠於地則無是勢也.

且磁石吸鐵 琥珀引芥 本類相感 物之理也.

是以火之上炎 本於日也, 潮之上湧 本於月也, 萬物之下墜 本於地也.

今人見地面之上下 妄意太虛之定勢 而不察周地之拱湊 不亦陋乎.

만약 땅이 모나다면 네 귀퉁이, 여덟 모서리, 육면이 균등하게 평평해서 변두리가 우뚝 선 장벽처럼 깎은 절벽일 것이다. 이와 같이 보이겠느냐?"

허자가 말했다. "그렇습니다."

실옹이 말했다. "그렇다면 강물과 바닷물, 그리고 사람과 사물들이 한 면에 모여 살겠는가, 아니면 육면에 퍼져 살겠는가?"

허자가 말했다. "윗면에만 모여 살 뿐입니다. 무릇 옆면에서는 옆으로 서서 살(횡거) 수 없고, 아래 면에서는 거꾸로 서서 살(도거) 수 없습니다."

실옹이 말했다. "그렇다면 횡거, 도거할 수 없는 것은 아래로 떨어지기 때문이 아니겠는가?"

허자가 말했다. "그렇습니다."

실옹이 말했다. "그렇다면 사람과 사물처럼 작은 미물도 항상 아래로 떨어지는데 크고 무거운 (땅)덩어리는 어찌 떨어지지 않겠는가?"

허자가 말했다. "(그것은) 기(氣)가 들어 실어주기 때문입니다."

실옹이 목소리를 높여 말했다. "군자는 도를 논하다 이치가 딸리면 승복하지만, 소인은 도를 논하다 말이 딸리면 피한다. 물 위에 떠 있는 배는, 비어 있으면 (안정되게) 뜨고, 가득 차면 사나워진다(위험하다).

기는 힘이 없는데, 큰 땅덩어리를 실을 수 있겠는가?

지금 그대는 낡은 지식에 집착하고 이기려는 욕심에 경솔한 말로 사람을 제압하려 하면서 도를 구하고자 하니 그르지 않은가?

소요부(邵堯夫, 소옹)[1]는 이치에 밝은 선비다. 이치를 구하려다 얻지 못하자 말하길 "하늘은 땅에 의지하고, 땅은 하늘에 붙어 있다"[2]고 했다. 땅이 하늘에 붙어 있음은 가능하지만, 하늘이 땅에 의지한다면 넓고 넓은 태허(하늘)가 하나의 땅덩어리에 의지할 수 있겠는가?

또한 땅이 (아래로) 떨어지지 않음은 자체의 세력이 있기 때문이지 하늘에 매달린 것이 아니다. 소옹의 지식이 이에 미치지 못하고 강하게 큰 주장을 해서 일세를 속였다. 이것은 소옹이 자신을 기만한 것이다."

허자가 절을 한 후 대답했다. "제가 말을 잘못했고, 감히 죄를 알지 못했습니다. 그러나 깃털과 같이 가벼운 것도 아래로 떨어지지 않는 것이 없는데 무거운 큰 땅덩어리가 오래도록 떨어지지 않음은 왜입니까?"

실옹이 말했다. "낡은 지식에 얽매인 자와는 도를 논할 수 없고, 이기려는 마음을 내려는 자와는 언쟁할 수 없구나. 그대가 도를 듣고자 한다면 낡은 지식을 씻어버리고 이기려는 마음을 떨쳐버려야 한다. 그대가 마음을 비우고 말을 신중히 하면 내가 숨기는 것이 있겠는가? 저 넓고 넓은 태허에는 육합의 구분이 없으니 어찌 '상하의 형세'가 있겠는가?

---

1 중국 송대의 성리학자 소옹을 말한다. 자는 요부(堯夫), 시호는 강절(康節)이다.

2 邵雍, 『漁樵問對』, "天依地, 地附天."

그대는 또 말해보라. 그대의 발은 땅으로 떨어지는데 그대의 머리가 하늘로 떨어지지 않음은 왜인가?"

허자가 말했다. "이는 '상하의 형세' 때문입니다."

실옹이 말했다. "그렇다. 내가 또 묻겠다. 그대의 가슴은 남쪽으로 떨어지지 않고, 그대의 등은 북쪽으로 떨어지지 않는다. 왼쪽 어깨[3]는 동쪽으로 떨어지지 않고 오른쪽 어깨[4]는 서쪽으로 떨어지지 않는다. 왜 그런가?"

허자가 웃으면서 말했다. "이는 '남북의 형세'가 없기 때문이고, 역시 '동서의 형세'가 없기 때문입니다."

실옹이 웃으면서 말했다. "똑똑하구나. 더불어 도를 논할 수 있겠다. 지금 지·일·월·성에 상하가 없음은 역시 그대의 몸에 동서와 남북이 없음과 유사하다.

또한 사람들은 땅이 떨어지지 않음을 괴이하게 여기면서, 오로지 저 일·월·성이 떨어지지 않음은 괴이하게 여기지 않는다. 왜 그런가?

무릇 일·월·성은 하늘로 오르는 것 같지만 오르는 것이 아니고, 땅으로 떨어지는 것 같지만 무너지는 것이 아니며, 허공에 매달려 오래 머물러 있을 뿐이다. 태허에 상하가 없음은 분명히 드러났는데, 세상 사람들은 상식에 젖어 있어 그 연유를 알려 하지 않는다. 진실로 근원을 알면 땅이 떨어지지 않음은 의심할 바가 없다.

3　원문은 '膊(저민 고기)'이나 '膞(어깨)'의 오자인 듯해서 바로잡았다.
4　상동.

무릇 땅덩어리는 하루에 한 바퀴 회전운동한다. 땅 둘레는 9만 리고, 하루는 12시다. 9만 리 거리를 12시간에 돌면 그 운행의 빠름이 번개만큼 빠르고 포탄만큼 급하다. 땅이 이와 같이 급하게 돈다면 '허기(虛氣)'가 '격박(激薄)'하는데, 공중에서 갈무리하며 땅으로 모여든다. 이 때문에 '상하의 형세'가 있게 된다. 이 '상하의 형세'는 지면 위의 형세일 뿐이며 땅에서 멀어지면 이 형세 또한 없다.

또한 자석이 쇠를 끌어당기고, 호박이 티끌을 끌어당김은 본성이 (같은) 무리끼리 상호 감응하는 것으로 사물의 이치다.

이 때문에 불이 위로 끓어오름은 해의 본성 때문이며, 조수가 위로 솟는 것은 달의 본성 때문이고, 만물이 아래로 떨어짐은 땅의 본성 때문이다.

지금 사람들이 지면 위에 '상하의 형세'가 있음을 보고 태허(우주 공간)에 특정한 방향의 세력(상하의 세력 같은)이 있다고 망령되이 생각하며, 땅을 둘러싸고 다 같이 모여든다는 사실을 간파하지 못하니 이 또한 비루하지 아니한가?

❋

하늘과 일월오성의 가운데 허공중에 떠 있는 구형의 지구를 상정했을 때 발생할 수 있는 난제를 해명하는 대목이다. 사원소설을 수용 인정한다면 간단하게 해결될 문제였지만 사안이 그렇게 단순하지는 않았다.

사원소설의 인정은 고전적 우주론의 토대인 기(氣)의 역할과 기능, 그리고 기의 작동 메커니즘 등을 부정하는 것을 의미했기 때문이다. 그렇기에 지구설을 인정하고 수용한 중국과 조선의 학인들 중에 사원소설을 수용한 이는 아무도 없었다. 그들은 지구설의 난제를 풀기 위해 사원소설이 아닌 다른 개념과 원리를 상상해야 했다. 실옹이 풀어야 할 난제는 크게 두 가지였다. 대척지의 문제, 즉 구형의 지면 사방에서 사람과 만물이 떨어지지 않고 붙어 살 수 있음을 설명해야 하는 원리가 하나였다. 또 하나는 거대한 지구가 우주 공간에서 떨어지지 않고 지탱할 수 있는 원리였다. 이 두 문제를 설명하기 위해 실옹이 제시한 원리는 '기의 상하지세'와 '우주의 무상하(無上下)'다. 이렇게 난제를 푸는지 실옹의 설명을 잘 따라가 보자.

먼저 실옹은 소위 '육면세계설'을 예로 들면서 대척지의 문제를 거론한다. 육면세계설이란 18세기 전반 호서의 노론계 학인들 사이에서 한때 유행했던 가설로 땅의 형체를 육면체로 보아 상하사방 평평한 여섯 면에 사람들이 모여 살 수 있다는 것이었다.[5] 서구 지구설이 유입된 이후 일부 노론계 학인들이 자연스럽게 고안해낸 땅의 형체에 대한 새로운 믿음이었다. 고대 이래 의심 없이 믿어오던 '천원지방'의 원칙, 즉 모난 땅의 형상을 그대로 지키면서 지구설의 핵심 원리인 무상하를 구현

---

5 육면세계설에 대한 자세한 내용은 구만옥, 『朝鮮後期 科學思想史 硏究 1—朱子學的 宇宙論의 變動』(혜안, 2005), 272~277쪽과 임종태, 「'우주적 소통'의 꿈—18세기 초반 湖西 老論 학자들의 六面世界說과 人性物性論 —」, 『韓國史硏究』 138호(2007), 75~120쪽을 참조할 것.

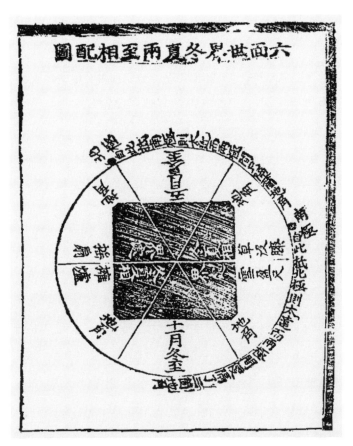

그림 6 '육면세계설'의 땅의 형상을 보여주는 '육면세계동하양지상배도'. 18세기 초 노론계 권상하(權尙夏)의 문인들 사이에서 믿었던 육면으로 이루어진 땅의 형상을 잘 보여주는 그림이다. 육면세계설을 믿는 동료 학인들을 비판하던 이간(李柬)이 「천지변후설(天地辨後說)」에서 그린 그림이다.

했다는 점에서 지구설의 대안으로 여겨질 수도 있었다. 그러나 18세기 중엽 이후 지구설에 대한 이해가 조선 학계에서 심화되면서 육면세계설은 한때의 가설로 잊혀져갔다. 실옹이 이와 같이 때 지난 육면세계설을 끌어들인 것은 그것이 지구설과 마찬가지로 대척지의 문제를 안고 있기 때문이겠지만 여전히 '지방(모난 땅)'의 관념을 놓지 않는 허자의 사고를 수정하기 위함일 것이다.

실옹은 땅이 모나다면 육면체의 형상일 것이라며 자연스럽게 허자의 동의를 유도한다. 동의를 얻은 후 다시 땅이 육면체라면 윗면 외에는 사람이 살 수 없지 않겠냐고 유도한다. 역시 허자의 동의를 얻고 재차 옆면에서는 옆으로 서서 살 수 없고 아랫면에서는 거꾸로 서서 살 수 없지 않겠냐고 유도한다. 실옹은 아래로 떨어질 것이기 때문에 옆면과 아랫면에서는 살 수 없다는 허자의 답변까지 얻어낸다. 실옹의 유도 질문에 예상대로 걸려든 허자에게서 우리는 대척지의 문제 때문에 지구설은 물론이고 육면세계설을 부정한 조선 학인들의 사고를 목도한다.

대척지의 문제를 거론한 후 이어서 실옹은 거대한 땅덩어리가 우주 공간에 떠 있을 수 있는 근거에 대한 유학자들의 견해를 소환한다. 먼저 허자가 답변했듯이 우주 공간의 기가 들어준다는 오래된 관념을 들 수 있다. 이는 중국 의학의 고전적 경전 『황제내경(黃帝內經)』에 "대기가 들어준다(大氣擧之)"는 유명한 명제로 표현된 이후 유가 학인들에게 낯선 관념은 아니었다. 『황제내경』에서 단순하게 표현한 기의 작용은 장재와 주희 등의 송대 성리학자들에 의해 우주 공간에 가득 찬 기가 회전운동하면서 거대한 땅덩어리를 허공중에 떠받든다는 구체적인 메커니즘으로 이론적 틀을 갖춘다. 그러나 실옹은 땅을 둘러싼 기의 회전운동의 메커니즘이 지구를 우주 공간에 떠 있게 해줄 수 없다고 단호하게 부정한다. 기가 들어줄 수 있다는 허자의 답변에 지나칠 정도로 목소리를 높여 비난한다. 물 위에 떠 있는 배조차도 무거워지면 좌초의 위험이 커지는데 힘없는 기가 어찌 거대한 땅덩어리를 실을 수 있냐며 낡은 지식, 이기려는 욕심, 경솔한 말, 소인배 등의 용어를 구사하며 과하게 비난한다.

비난의 화살은 송대의 유명한 상수학적 우주론자 소옹에게로 이어진다. 소옹은 『황극경세서』 「관물내편」에서 '하늘이 땅에 의지하고 땅은 하늘에 붙어 있다'는 언급을 통해 중심부에 위치한 땅과 주변의 하늘이 서로 의지하며 안정된 상태를 유지할 수 있음을 거론한 바 있다. 그러나 실옹은 일고의 가치도 없는 논의라고 부정했다. 넓고 넓은 하늘이 하나의 땅덩어리에 불과한 것에 의지할 수 없다는 것이다. 반대의 경우인 땅덩어리가 하늘에 매달리는 것도 부정했다. 실옹은 소옹의 주장을 이치를 구하려다 얻지 못하고 억지를 부린 가설에 불과하다며 지나칠 정도로 비난했다. 주지하는 바와 같이 유가 학인들에게 소옹은 주희의 우주론에 절대적 영향을 미친 인물로 큰 신뢰를 받는 대유학자로 통했는데, 실옹은 소옹을 자신을 기만하고 일세를 속인 인물로 낙인찍었다.

과격한 비판을 받은 허자는 일어나 절을 하며 자신의 잘못을 인정하고 올바른 원리를 구한다. 이에 실옹은 그동안 들은 낡은 지식을 말끔히 씻어버릴 것을 주문한다. 거대한 땅덩어리가 우주 공간에 떠 있을 수 있는 원리를 이해하기 위해서는 그 정도로 큰 인식의 전환이 필요하다는 뜻일 것이다. 그것은 '무상하'였다. 무한한 우주에는 위와 아래를 구분하는 형세가 없다는 것이다. 사실 개천설과 부합하는 천원지방의 우주론적 상식에 의하면 하늘은 위, 땅은 아래에 위치함은 의심할 수 없는 확고한 사실이었다. 위와 아래는 절대적 위치 개념이었다. '무상하'는 이러한 인식의 전환을 요구했다. 위와 아래는 상대적 위치에 불과한 것이다.

이를 실옹은 지면 위에서만 있을 뿐, 우주 전체로 보면 '상하의 형세'가 없다는 것으로 설명한다. 상하는 상대적 위치에 불과하기 때문에 남북이나 동서와 다를 바 없다. 가슴이 남쪽(앞)으로 떨어지지 않고 등이 북쪽(뒤)으로 떨어지지 않는 것은 '남북의 형세'가 없음을 말해준다. 마찬가지로 왼쪽 어깨가 동쪽으로 떨어지지 않고 오른쪽 어깨가 서쪽으로 떨어지지 않음은 '동서의 형세'가 없음을 말해줄 것이다. 남북의 형세가 없으니 가슴이 남쪽으로 떨어지지 않는 이유를 묻는 것이 의미 없고, 동서의 형세가 없으니 왼쪽 어깨가 동쪽으로 떨어지지 않는 이유를 물을 이유가 없다. 이와 같이 우주 공간에서 운행하는 일·월·성들에게도 '상하의 형세'는 없는 것이다. 인간의 눈에 매일 위로 떠오르고 아래로 떨어지는 것처럼 보이지만, 사실은 오르는 것이 아니고 떨어지는 것이 아니다. 그냥 허공에 매어 오래 머물러 운행할 뿐이다. 그렇다면 우주 공간에 처해 있는 지구에게도 '상하의 형세'는 없으니 왜 떨어지지 않느냐고 묻는 것은 의미 없다. 우주에 상하가 없다는 '무상하'를 인식하는 순간 무엇이 거대한 땅덩어리를 허공중에 떠 있을 수 있게 하는가라는 의문은 해소된다. 실옹이 허자에게 주문한 것은 이러한 인식의 전환이었다.

한편 실옹은 우주 전체적으로 볼 때 상하가 없지만 대척지의 문제를 풀기 위해서 지구 표면 위에서는 '상하의 형세'를 설정한다. 자전하는 지구와 함께 같은 속도로 빠르게 움직이는 지구를 둘러싼 기[6]가 지면 방향으로 향하는 세력 때문에 생긴 형세를 말한다. 결과적으로 보면 지면을 향하는 기의 세력은 중력과 같은 효과를 내는 셈이다. 지구 면 위의 어느 곳에서도 발을 딛고 똑바로 서 있을 수 있는 것은 이 지면 위의 '상하의 형세' 때문에 가능하다. 그런데 이 세력은 어떻게 생기는가? 실옹은 지구와 함께 도는 기가 격하게 부딪혀 공중에서 갈무리하면서 지구로 향하는 세력이 생긴다고 했다. 이 정도로는 '지면으로 향하는 기의 세력' 생성 메커니즘의 설명이 부족하다. 더 구체적인 설명은 후술할 지동(地動) 논의에서 이루어진다. 어쨌든 '지면으로 향하는 기의 세력'은 자전하는 지구와 함께 도는 기의 작용으로 생겨나기 때문에 지면 위 한정된 공간에서만 존재한다. 지면에서 멀리 떨어진 우주 공간에는 없는 것이다. 실옹은 지면 위에서만 존재하고 작동하는 '상하의 형세'를 보고 당대의 사람들이 우주 공간 전체에 '상하의 형세'가 있다고 착각했다고 보았다. 이를 간파하지 못하니 비루하다는 것이다.

그런데 실옹은 지면 위의 상하의 형세가 생성되는 메커니즘을 간략히 설명한 다음 다소 이해가 가지 않는 논의를 편다. 자석이 쇠를 끌어당기고 호박이 티끌을 끌어당기는 데에서 볼 수 있듯이 본성이 같은

---

6 허기(虛氣)라고 표현했다.

무리끼리 상호 감응하는, 즉 동류상동(同類相動)의 이치[7]를 거론한다. 이러한 이치 때문에 본성이 같은 불과 해가 서로 감응하여 불이 해 방향으로 끓어오르며, 바닷물과 달의 본성이 같기 때문에 조수가 달을 향해 위로 솟구친다는 것이다. 이처럼 만물이 아래로 떨어짐은 땅에 근본하기 때문이라고 부언했다. 실옹이 의도하는 바는 무엇인가? 지면 위의 상하의 형세가 만들어져 사람과 만물이 땅으로 향하는 지면 위의 메커니즘을 설명한 후 이어서 땅에 근본하기 때문에 만물이 아래로 떨어진다는 설명은 이해가 안 된다. 물론 무거운 사물은 아래로 떨어진다는 상하의 상식을 부정하기 위해서, 본성이 같은 만물과 땅이 서로 당기는 현상을 인간의 눈에 아래로 떨어지는 것처럼 보일 뿐이라고 주장하는 것으로 이해해줄 수는 있다. 아마 그럴 것이다. 그렇다 하더라도 유가 학인들에게는 너무나 익숙한 고래 이래의 상관적 우주론의 관념에 근거한 동류상동이라는 논리를 펼치는 것이 아닌가. 이러한 서술이 오타나 편집의 실수가 아니고 실옹의 진솔한 생각을 보여주는 것이라면, 실옹이 동류상동이라는 상관적 인식체계를 지닌 유가 학인임을 드러낸 대목이라고 할 수 있다.

---

7 한나라 무제(武帝) 때 동중서(董仲舒)가 『동중서(董仲舒)』에서 개념화한 것으로 음양의 구도에서 같은 범주에 속하는 것끼리 서로 감응하는 것을 말한다. 음택풍수에서 말하는 '동기감응' 도 같은 원리라고 할 수 있다.

07

지구의 모두가 정계(正界)

且曰, '河海之水 人物之類 萃居一面也. 是夷夏數萬里 遠近均平. 夫泰山巨嶽 海外國土 升高測望 可以一覽而盡之.' 其果然乎."

虛子曰, "竊常聞之. 此人視有限也 理或如是."

實翁曰, "人視固有限也. 雖然 海行則日月出於海而入於海, 野望則日月出於野而入於野. 天接於海野 無所障礙. 視限之說 不可行矣.

量地準於測天 測天本於兩極. 測天之術 有經有緯. 是以垂線而仰測其直線之度 命之曰天頂. 距極近遠 命之曰幾何緯度.

今中國舟車之通 北有鄂羅 南有眞臘. 鄂羅之天頂 北距北極爲二十度. 眞臘之天頂 南距南極爲六十度. 兩頂相距爲九十度 兩地相距爲二,萬二千五百里. 是以鄂羅之人 以鄂羅爲正界 以眞臘爲橫界, 眞臘之人 以眞臘爲正界 以鄂羅爲橫界. 且中國之於西洋 經度之差 至于一百八十. 中國之人 以中國爲正界 以西洋

爲倒界. 西洋之人 以西洋爲正界 以中國爲倒界. 其實戴天履地, 隨界皆然 無橫
無倒 均是正界.

世之人 安於故常 習而不察, 理在目前 不曾推索, 終身戴履 昧其情狀. 惟西
洋一域 慧術精詳 測量該悉. 地球之說 更無餘疑.”

또한 '강물과 바닷물, 그리고 사람과 사물이 모두 한 면에 모여 있다.
오랑캐와 중화의 땅 수만 리(즉 모든 땅의 영역)가 먼 데나 가까운 데나
모두 평평해서, 무릇 태산과 같이 높은 산악, 그리고 해외의 여러 나라
를 높이 올라 측망하면 한 번에 다 볼 수 있다'고 (사람들은) 말한다. 과
연 그러하겠는가?"

허자가 말했다. "일찍이 들어보았습니다. 이는 사람의 시력에 한계가
있어서일 뿐입니다. 이치가 혹 이와 같을 수 있습니다."

실옹이 말했다. "사람의 시력은 정말로 한계가 있다. 그러나 바다에
가보면 해와 달이 바다에서 나와서 바다로 들어가고, 평야에서 보면 해
와 달이 들에서 나와서 들로 들어간다. 하늘은 바다와 평야에 접해서
가리는 바가 없다. 시력에 한계가 있다는 설은 틀렸다.

땅의 측량은 하늘의 측정을 기준으로 하고,[1] 하늘의 측정은 남북극을
근본으로 한다. 측천술에는 경도와 위도가 있다. 선을 내려뜨려 곧바로
수선 위를 올려다본 것을 일러 '천정(天頂)'이라 한다. (천정이) 북극으로
부터 떨어진 각거리를 '위도 몇 도'라 한다.[2]

---

1 천지의 기하학적 상응을 전제로 하는 말이다. 이는 '지구설'하에서 가능한 것이다.

지금 중국은 북으로는 악라(鄂羅)[3]와, 남으로는 진랍(眞臘)[4]까지 수로와 육로로 통한다. 악라의 천정은 북극에서 20도 떨어져 있고, 진랍의 천정은 남극에서 60도 떨어져 있다. 두 천정 사이의 각거리가 90도로 두 곳의 거리는 2만 2500리 떨어져 있다.[5] 이 때문에 악라 사람들은 악라를 '정계(正界, 똑바른 세계)'로 여기고 진랍을 '횡계(橫界, 옆으로 누운 세계)'로 여기며, 진랍 사람들은 진랍을 '정계'로 악라를 '횡계'로 여긴다. 또한 중국과 서양의 경도의 차는 180도에 이른다. 중국 사람들은 중국을 '정계'로 서양을 '도계(倒界, 뒤집어진 세계)'로 여기며, 서양 사람들은 서양을 '정계'로 중국을 '도계'로 여긴다. 그 실상은 '하늘을 이고 땅을 밟고 있는 것'으로 계에 따라서 모두 그러할 뿐, '옆으로 누운' 것도 '뒤집어진 것'도 아닌 모두 고르게 '똑바른 세계'일 뿐이다.

세상 사람들이 낡은 상식에 안주해서 공부하고 고찰하지 않아, 이치가 눈앞에 있어도 일찍이 미루어 찾아보지 않고, 평생토록 '하늘을 이고 땅을 밟고' 있으면서도 그 실정에 어두웠다. 오로지 서양에서만 지혜와

---

2 현재의 위도는 북극고도의 값이기 때문에 이 위도는 현재의 위도 정의로는 '90-위도'의 값이다.

3 현재의 러시아를 말한다.

4 현재의 캄보디아를 말한다.

5 현재 캄보디아의 위도는 북위 10~15° 사이에 걸쳐 있고, 러시아의 위도는 북위 40~90° 사이에 걸쳐 있다. 실제로 캄보디아와 러시아의 각거리 차이는 약 25~80°가 된다. 그런데 여기서 제시된 악라와 진랍의 위도 차이를 계산해보면 90도가 아니라 100도 차이가 난다. 계산이 틀렸다. 편찬 과정에서의 실수가 아닐까 싶다. 홍대용이 이 정도 간단한 계산을 실수할 리는 없지 않겠는가. 또한 위도 1도당 지면 위에서 250리 차이 난다는 이론에 따라 90도×250리=2만 2500리가 된다.

술법이 정밀하고 상세해서 측량술이 모두 갖추어졌다. '지구설'은 다시 의심의 여지가 없다.”

✿

지구설을 '무상하'와 '상하의 형세'로 살펴본 다음, 땅이 구형이기에 얻는 결과에 대해서 논하는 대목이다.

먼저 실옹은 지평론자들이 주장하는 시력의 한계에 대한 논의를 거론한다. 이는 땅이 평평하다면 높은 산에 올라가면 천하가 모두 보여야 하지만 그렇지 않은데, 이에 대한 지평론자들의 변론 중 하나였다. 사람의 시력이 한계가 있어 먼 지역이 보이지 않는다는 것이다. 앞서 실옹에 설득당해 지구설을 수용했던 허자 또한 그러한 시력의 한계 때문에 그럴 수 있다고 인정할 정도였다. 그러나 실옹은 시력의 한계 때문에 먼 지역을 볼 수 없는 것은 아니라고 바로잡는다. 가릴 것이 없는 바다와 평야에 나가보면 해와 달이 바다와 들 너머로 떠오르고 들어가는 것을 볼 수 있다. 이는 비교적 가까운, 즉 시력이 닿는 거리에서 해와 달이 사라지고, 그 너머의 지역이 안 보이는 것을 말해준다. 결국 시력의 한계 때문에 먼 지역이 안 보이는 것이 아니라는 말이다. 그것은 땅이 구형이기 때문에 한정된 거리의 지역만 눈에 보이는 현상이었다.

실옹은 이어서 땅의 외형을 기하학적으로 설명한다. 구형의 하늘(천구) 가운데에 구형의 땅(지구)이 남극과 북극을 잇는 축을 공유하며 위치해 있다. 천구와 지구는 경도와 위도로 각각 동서와 남북의 위치를 설정한다. 단 위도는 북극고도 값인 현재와 달리 관측지의 천정이 북극에서 떨어진 각거리다. 따라서 당시의 위도 값은 '90도-북극고도 (현재의 위도 값)'이다. 천구와 지구는 기하학적으로 상응하기 때문에 측천 값으로 지구 위의 거리 계산이 가능하다. 즉 경도와 위도 1도 차이 나는 지역 사이의 거리는 당시의 도량형으로 250리 떨어졌다.[6] 이와 같이 천구와 지구의 기하학적 상응 원리에 따라 측천을 통해 땅의 거리를 계산하는 것은 지구설이 지닌 큰 장점이었다. 때문에 지구설 주창자들은 하늘의 도수 차이에 상응하는 지역 간의 거리 계산에 대한 논의를 지구설을 설명할 때 빼놓지 않고 거론하곤 했다. 실옹 역시 예외가 아니었는데, 특히 이 때문에 측량술이 완벽해졌다며 서양의 지혜와 기술을 찬탄했다.

그런데 지구설을 통해 서양의 과학기술을 찬탄하는 언급보다 더 우리의 주목을 끄는 논의가 이 대목에서 펼쳐져 흥미롭다. 둥그런 지구 위의 사람들은 자신들의 지역을 '똑바른 세계', 즉 정계라 여기고, 90도 떨어진 지역을 '옆으로 누운 세계', 즉 횡계라 여기며, 180도 떨어진 지역을 '뒤집어진 세계', 즉 도계라 여긴다는 것이다. 정계, 횡계, 도계라 함은 앞서 주희가 언급한 바의 관념에 따르면 우열의 차별적 가치가 부여된 용어들이다. 즉 정상의 우등한 세계인 정계를 기준으로 볼 때 90도

---

6 마테오 리치의 『건곤체의』와 『숭정역서』에서 사용한 수치는 경도와 위도 1도당 250리였다. 이 도량형 수치는 강희제(康熙帝, 1661~1722년 재위)의 도량형 개혁으로 1721년 이후 1도당 200리로 바뀌었다. 조선에서도 마찬가지여서 1760년 편찬한 『동국문헌비고(東國文獻備考)』 「상위고(象緯考)」는 1도 200리를 따르고 있다.

떨어지고, 180도 떨어진 횡계와 도계의 저 세계들은 열등한 세계가 된다. 기하학적 구형의 전 지구적 관점에서 보면 모두 '하늘을 이고 땅을 밟고' 있다는 점에서 동일할 뿐인데 말이다. 실옹은 이와 같은 지구설의 실상을 모르고 낡은 상식에 안주하는 어리석음을 질타하며, 지구 면위의 모든 지역은 옆으로 누운 것도, 뒤집어진 것도 아니며 모두 '똑바른 세계'라고 주장한다. 이 같은 사실을 똑바로 알아야 할 사람은 중국인들만이 아니었다. 실옹은 서양 사람들도 서양을 '정계'로 중국을 '도계'로 여긴다고 했다. 오래전부터 지구설을 믿어왔던 서양인들도 그들의 지역을 우등한 세계로, 지구 정반대의 지역을 열등한 세계로 여기는 편견을 지니고 있음을 실옹은 간과하지 않았다.

08

지전이 어떻게 가능한가

虛子曰, "地球之體 上下之勢 謹聞命矣. 敢問地體旋轉 如是飆疾 虛氣激薄 其力必猛 人物之不靡仆 何也."

實翁曰, "萬物之生 各有氣以包之. 體有小大 包有厚薄, 有如鳥卵 黃白相附. 地體旣大 包氣亦厚, 籠絡經持 摶成一丸 旋轉于空. 磨盪虛氣, 兩氣之際 激薄 飆疾. 術士測之 認以罡風. 過此以外 渾渾淸靜. 兩氣相薄 內湊於地 如江河之 涯 激作匯洑. 上下之勢所由成也. 若飛鳥之廻翔 雲氣之舒卷, 如魚龍在水 如 土鼠行地, 涵泳於湊氣 無慮其靡仆. 況人物之附於地面乎.

허자가 말했다. "'지구'의 형체와 '상하의 형세'에 대한 가르침은 삼가 받아들이겠습니다. 감히 묻겠습니다. 지구의 회전운동이 이와 같이 폭풍 처럼 급하다면 허공중의 기가 격렬하게 쏠림에 그 힘이 반드시 맹렬할 것인데 사람과 사물이 쓰러지고 엎어지지 않음은 왜 그러합니까?"

실옹이 말했다. "만물은 생겨나면서 각각의 기가 있어 둘러싼다. 만물의 크기에 따라 (기의 둘러쌈도) 두텁고 얇은 (차이가) 있는데, 새알의 노른자와 흰자가 서로 붙어 있는 것과 같다. 지구가 이미 크다면 '둘러싼 기(包氣)'도 역시 두터워 대나무 바구니처럼 얽혀 하나의 공을 이루어 허공중에서 회전운동한다. (이 공이) '허기(虛氣)'와 맷돌처럼 갈며 돌아가는데, 두 기(包氣와 虛氣)가 만나는 경계에서 격렬하게 쏠리는 것이 폭풍과 같이 급하다. 술사들이 헤아리길 '강풍'이라고 인식했다.[1] 이곳을 지나면 넓고 넓어 맑고 고요하다. 두 기가 서로 쏠리며 안의 땅 쪽으로 모여드는데, 강가에서 격렬하게 회보(匯洑)가 만들어지는 것과 같다. '상하의 형세'가 이렇게 만들어진다. 새가 멀리 날고 구름의 기운이 퍼졌다 뭉쳐지듯이, 물고기와 용이 물에서 놀고 쥐가 땅에서 가듯이, (상하지세로 인해) 안으로 모여드는 기 안에서 잠겨 헤엄치는 것들은 쓰러지고 엎어질 것을 걱정할 필요가 없다. 하물며 사람과 사물처럼 지면에 붙어 있는 것들이야 말해 무엇 하겠는가?

✦

---

1 도가(道家)의 '만리강풍설'을 말한다. 수만 리 높이의 하늘 위에서는 서 있을 수도 없는 강풍이 분다는 것이다. 『주자어류』에서 주희가 소개했고(『朱子語類』 권2, 「沈僩錄」), 『포박자내편』「잡응」에서도 자세한 설명이 나온다. 그 내용은 40리 상승한 곳은 기가 매우 강해서 사람을 태울 수 있을 정도라고 했다. 야마다 케이지(山田慶兒), 『朱子의 自然學』(통나무, 1991), 55쪽을 보라.

허자는 지구설 이론과 그것이 어떻게 가능한지에 대한 실옹의 주장들을 겸허히 받아들인다. 그러나 실옹의 지구는 회전운동하는 천체였다. 고정된 채 우주 공간에 떠 있다고 생각했던 지구가 회전한다면 그때 생기는 문제 또한 해명되어야 했다. 허자는 지구의 회전 속도가 폭풍처럼 빠르고 강력할 것인데, 지면 위의 사람과 사물이 어떻게 그대로 버티고 서 있을 수 있겠냐며 의문을 제기한다. 지구의 회전을 가정했을 때 상식적으로 추론할 수 있는 당연한 현상일 것이다. 이에 대한 실옹의 답변은 『의산문답』 전체를 통해 가장 흥미롭고 홍대용의 기발한 상상의 사색을 보여주는 내용이다. 실옹이 상상하는 원리와 논리를 잘 따라가 보자.

지구의 회전에도 불구하고 사람과 사물이 쓰러지고 엎어지고 하지 않는 것은 결론적으로 말해서 앞서 논한 바 있는 지면 위의 '상하의 형세' 때문이다. 즉 지구의 회전 때문에 지면 위에 가득 찬 기가 지면으로 향하는 세력이 형성되었고, 이 세력, 즉 '상하의 형세' 안에서는 지구의 상하 사방 어느 곳에서도 날아가는 새들이 지구의 운동을 전혀 느끼지 않고 물고기가 물에서 헤엄치듯이 자연스럽게 날아다닐 수 있다는 것이다. 지면 위에 발을 딛고 있는 사람들이 엎어지지 않고 지면에 붙어 있을 수 있는 것 또한 마찬가지다. 그런데 지구를 둘러싼 지면 위의 한정된 공간에서 '상하의 형세'가 어떻게 형성되는지가 문제다. 앞서 실옹은 지구와 함께 도는 기가 격하게 부딪혀 공중에서 갈무리하면서 지구로 향하는 세력이 생긴다고 간략하게만 언급하고 넘어갔다. 그 생성 과정과 메커니즘을 여기서 구체적으로 설명한다.

천지 만물이 기로부터 생성된다는 것은 홍대용이 기대고 있는 기론적 우주론의 대전제다. 그런데 만물이 생겨나면서 각각의 기가 있어 둘러싸이는데, 만물의 크기에 따라 둘러싼 규모도 다를 것이다. 엄청나게 큰 지구는 그 둘러싼 기—실옹은 포기(包氣)라 부른다—도 두터워 대나무 바구니처럼 하나의 큰 구형을 이룬다고 했다. 이 포기가 흰자가 노른자를 둘러싸고 하나의 큰 공을 이루듯이 지구를 둘러싸고 지구와 함께 회전을 하는 형상인 것이다. 결과적으로 요즘의 천문기상학적 관점에서 보면 지구를 대기가 둘러싸고 있는 대기권의 형상이 되었다. 그러나 포기는 공기(air)를 주성분으로 하는 대기가 아니다. 장재의『정몽』「태화편」에 나오는 '유기(游氣)'와 같은 것이다.[2]

'유기'란 유가 지식 전통하에서 사람과 사물이 생성되기 이전 그 질을 이루게 될 것으로 우주 공간에 퍼져 있어 요동치는 기(氣)를 말한다. 그런데 서양 역법 유입 이후에 중국의 흠천감(欽天監)을 책임졌던 예수회 선교사들이 대기권의 굴절 현상을 설명하면서 '청몽기(淸蒙氣)'라고 명명하고 '유기'로 인해 생겨나는 현상으로 설명했다. '청몽기'란 예전에 모르던 것인데 명나라 만력(萬曆) 연간(재위 1572~1620)에 제곡(第谷, 티코 브라헤)이 처음 제기했으며, 지중(地中)의 '유기'가 때때로 위로 올라가 해와 달이 낮은 것을 높게, 작은 것을 크게 보이게 한다는 것이다. 일월과 별들이 지면 위에 있을 때가 중천보다 크게 보이고, 보름 때 해와 달

---

2 『正蒙』「太和篇」, "유기(游氣)가 요동치면서 합하여 질을 이루는데, 다양한 사람과 사물을 생성한다."(游氣紛擾, 合而成質者, 生人物之萬殊.)

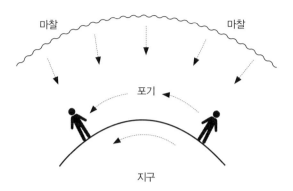

그림 7 지면 위의 '상하의 형세' 생성의 매커니즘

을 둘 다 볼 수 있는 것도 이 허공 중의 청몽기 때문이라고 설명했다.[3] 그러나 중국과 조선의 유가 사대부 중에 '청몽기차'를 '공기로 가득 찬 대기의 굴절 현상'으로 이해한 이는 거의 없었으며, '유기'로 불리던 지면 위의 기의 작용으로 이해하는 것은 너무나 자연스러웠다.

서구 천문학 지식이 해박한 유가 사대부로서 홍대용은 장재의『정몽』에 나오는 '유기'는 물론이고, 지구를 둘러싸고 있다고 알려진 서구 천문학의 '청몽기'도 알고 있었을 것이다. 그런데 홍대용은 천체를 포함해서 모든 만물이 이 '유기'와 같은 기로 둘러싸여 있다고 이해했다. 거대한 지구를 청몽기가 둘러싸고 있듯이 유기와 같은 기가 지구를 둘러싸고 있다는 것이다.[4] 지면 위의 '상하의 형세'는 지구를 둘러싼 이러

---

3 『曆象考成』권4, 「淸蒙氣差」, 122쪽.

한 기의 작용에 의해서 다음과 같이 생겨났다. '포기'는 지구를 둘러싸고 지구와 함께 하나의 공처럼 같이 회전운동을 한다. 지구를 둘러싼 유기로서 '포기'는 그 영역이 무한정 우주 공간에 퍼져 있는 것은 아니고 지면 위 한정된 높이까지만 걸쳐 있다. 포기 바깥의 기는 지구와 같이 돌지 않을 텐데 이를 '허기'라 불렀다. 회전하는 '포기'와 그 바깥의 '허기'는 맷돌처럼 갈며 돌아가는데, 두 기가 만나는 곳은 폭풍과 같이 격렬하게 쏠리지만, 이 경계를 벗어나면 허기의 구역으로 맑고 고요한 상태였다. 바로 포기 안의 기들이 지면으로 향하는 세력은 이 포기와 허기의 맷돌처럼 갈마도는 작용에서 생겨났다.

중국의 고전적 우주론 논의에서 원초적 기의 상태에서 기가 운동하면서 우주 만물을 생성할 때 맷돌은 큰 역할을 하곤 했다. 예컨대『주자어류』에 나오는 천지의 생성 과정에 대한 주희의 설명을 보면 분화되기 이전의 음양의 두 기가 맷돌 돌아가듯이 요동치며 운동하는 과정에서 찌끼(渣滓)가 생겼고, 이 찌끼가 중앙에서 뭉쳐 이룬 것이 땅이라고 했다.[5] 또 다른 곳에서 주희는 조화의 운행은 맷돌과 같아서 윗면은 항상 돌고

---

4 천체가 이와 같이 기로 둘러싸여 있다는 생각은 후대에 최한기의 '기륜(氣輪)'과 동일한 사유라고 볼 수 있다. 그 기들이 만물과 천체에 고유한 기인지는 분명하지 않다. 어쨌든 천체들을 둘러싼 이 기들이 천체와 함께 회전하면서 우주 공간에서의 다양한 천문 현상을 일으킨다고 생각한 것이다. 케플러의 법칙과 만유인력의 원리적 설명이었던 최한기의 '기륜설'은 이와 같은 사고의 결과물이었다. 문중양,「崔漢綺의 기론적 서양과학 읽기와 기륜설」,『大同文化研究』(성균관대학교 대동문화연구원) 43집(2003), 273~312쪽을 참조할 것.

5『朱子語類』권1,「理氣上」, "천지가 처음 생겼을 때에는 단지 음기와 양기뿐이었다. 이 기들이 운행하면서 (맷돌처럼) 갈고 가는데, 점점 빨리 갈수록 허다한 찌끼들이 생겨나는데, 안쪽에서 밖으로 나갈 수 없는 것들이 뭉쳐서 땅을 이루어 중앙에 위치했다."

멈추지 않는데, 만물의 생성은 마치 맷돌에서 새어 나오는 것과 유사하다고 했다.[6] 즉 맷돌이 돌며 갈듯이 서로 다른 두 기가 마찰 작용에 의해 만물이 만들어진다고 보았던 것이다. '포기'와 '허기'가 만나는 경계에서 맷돌처럼 격렬한 작용이 일어난다는 홍대용의 사유는 유가적 우주론의 테두리 안에서 매우 자연스러운 사색이었다고 할 수 있다.

문제는 맷돌처럼 갈마도는 포기와 허기의 마찰에 의해서 생겨난 작용이 왜 기가 지면으로 향하는 세력으로 나타나는가다. 실옹은 강가의 물살이 몰아쳐 돌아 나가듯이 기가 지면으로 향한다고 했다. 이 문구가 의미하는 바가 명확히 해독되는 것은 아니다. 다만 강가에서 강물이 흘러가는 모습을 관찰하면서 강물이 휘몰아치면서 돌아 나간 곳에서 물살이 강변으로 물결치는 모양을 의미하지 않나 싶다. 바다에서 심한 파도가 칠 때 해변에 수직으로 파도가 몰아치듯이, 강물이 몰아칠 때 강가로 물살이 물결치는 모양을 강변에서 어렵지 않게 관찰할 수 있다. 해변과 강변에서 물살이 항상 땅으로 향하는 이러한 경험적 고찰을 통해 홍대용은 포기와 허기의 마찰로 생겨난 기의 세력이 지면으로 향한다고 상상한 듯하다. 물론 지면으로 향하는 기의 세력을 먼저 설정하고 그럴 수 있는 근거를 비유를 통해서 설명한 것이지만, 당대인들에게는 꽤 설득력 있는 문제의 해결이었을 것이다.

---

6 『朱子語類』 권1, 「理氣上」, "조화의 운행은 맷돌과 같다. 윗면은 항상 돌고 멈추지 않으니, 만물의 생성은 마치 맷돌에서 스며 나오는 것과 유사하게 이루어진다. 거친 것도 있고, 세밀한 것도 있어, 본래 가지런하지 않다."

09

서양의 지동설 부정에 대하여

且爾不思甚矣. 地轉天運 其勢一也. 若積氣驅走 猛於飆颶 人物靡仆 必將倍甚. 譬如蟻附磨輪 疾轉而不悟 遇風而靡. 無怪於天運 而疑之於地轉 不思甚矣."

虛子曰, "雖然 西洋之精詳 旣云 '天運而地靜', 孔子中國之聖人也 亦曰 '天行健.' 然則彼皆非歟."

實翁曰, "善哉問. 民可使由之 不可使知之. 君子從俗而設敎 智者從宜而立言. 地靜天運 人之常見也. 無害於民義 無乖於授時 因以制治 不亦可乎. 在宋張子厚 微發此義, 洋人亦有以舟行岸行 推說甚辨. 及其測候 專主天運 便於推步也.

其天運地轉 其勢一也 無用分說. 惟九萬里之一周 飆疾如此, 彼星辰之去地 纔爲半徑 猶不知爲幾千萬億. 況星辰之外 又有星辰 空界無盡 星亦無盡 語其一周 遠已無量 一日之間 想其行疾 震電炮丸 擬議不及. 此巧曆之所不能計 至辯之所不能說. 天運之無理 不足多辨."

또한 너의 사려 깊지 못함이 심하구나. 지구가 도는 것과 하늘이 도는 것은 그 형세가 하나다. 만약 (지면 위의) 쌓여 있는 기(積氣, 앞의 '포기'와 같은 것)가 폭풍보다 맹렬하게 달려간다면 사람과 사물이 엎어지고 쓰러지는 것은 반드시 배는 심할 것이다. 비유컨대 맷돌에 붙은 개미가 빠르게 돌아도 깨닫지 못하는 것과 같다. 바람을 만나 쓰러지면서 하늘이 도는 것을 괴이하게 여기지 않고 지구가 도는 것을 의심하는 것은 생각 없음이 심한 것이다."

허자가 말했다. "비록 그러하나 정밀하고 상세한 서양인들도 이미 '하늘은 돌고 땅은 정지해 있다'고 했고,[1] 중국의 성인 공자도 역시 '하늘의 운행은 강건하다'[2]고 했습니다. 그렇다면 저들 모두 틀렸습니까?"

실옹이 말했다. "좋은 질문이도다. 백성을 따르게 할 수는 있어도 알게 할 수는 없다. 군자는 세속의 눈높이에 맞추어 교화를 펼치고, 지혜로운 자는 시의(時宜)를 따라서 주장을 세운다. '지구가 정지해 있고 하늘이 도는 것'은 사람들이 가진 일반적 상식으로, 백성의 뜻에도 무해하고 역법 계산에도 어긋나지 않으니, 그러한 제도로 다스리는 것 또한 가하지 않겠는가? 송나라의 장재도 은밀하게 이런 의미로 추론한 바 있고, 서양인들도 역시 배가 움직이는지 연안(沿岸)이 움직이는지의 비유로 분명하게 추론했다. (그렇지만) 측후에 미쳐서는 '천운설(천동설)'을

---

1 시기적으로 서양에서는 이미 코페르니쿠스의 지동설이 천문학의 정설이 된 지 오래였지만, 로마 가톨릭의 교리를 준수해야 했던 예수회 선교사들이 전해준 서양 천문학 이론에서 지동설은 부정되었다.
2 『주역』 건괘(乾卦)의 상전(象傳)에서 "象曰: 天行健, 君子以自强不息"이라 했다.

오로지했으니 추보에 간편했기 때문이었다.

하늘이 도는 것과 지구가 도는 것은 그 형세가 하나여서 분리해 설명할 필요가 없다. 단지 9만 리의 일주운동으로도 이와 같이 폭풍처럼 급한데, 저 별들은 땅으로부터 겨우 반경만으로도 몇 천만억 리 떨어졌는지 알 수 없다. 하물며 그 별들의 바깥에 또 별들이 무한한 우주 공간에 무한히 있다. 그것들의 일주 거리를 말하면 멀기가 이미 헤아릴 수 없으며, 하루 동안에 그 급한 속도를 생각하면 번개 포탄으로도 그 미침에 견줄 수 없다. 이는 뛰어난 역법으로도 계산할 수 없으며, 지극한 변론으로도 설명할 수 없다. 하늘의 운행이 일리가 없음은 여러 말이 필요 없다."

❄

지면 위의 상하의 형세가 만들어지는 원리와 형상을 설명한 후 천동과 지동을 비교하면서 지동일 수밖에 없는 이유를 설명하는 대목이다.

먼저 실옹은 지구의 회전운동에 대해서만 걱정하는 허자를 사려 깊지 못하다며 비판한다. 지구가 운동하는 것과 하늘이 운동하는 것은 형세가 마찬가지라면서 만약 하늘이 회전한다면 사람과 사물이 엎어지고 쓰러지는 것이 몇 배는 더 심하지 않겠느냐는 것이다. 하늘의 회전에도 지면 위의 사람들이 전혀 영향을 받지 않는다면, 지구가 회전해도 마찬가지 아니겠느냐는 논리일 것이다. 그런데도 하늘의 회전은 걱정하지 않고 지구의 회전만 걱정하니 어리석지 않을 수 없다. 실옹은 맷돌 위에 붙어 도는 개미를 비유로 든다. 맷돌의 운동이 아무리 빨라도 자각하지 못하는 개미처럼 사람들이 지구의 회전운동을 전혀 자각하지 못하는 것은 당연하다는 설명이다.

지구설을 인정한 허자지만 지구가 회전한다는 설에는 쉽게 의심을 버리지 못한다. 허자는 두 가지를 더 확인하고자 했다. 공자께서 『주역』에서 "하늘의 운행은 강건하다"고 했던 말이 하나고, 서양인들도 "하늘이 운행하고 땅이 정지해 있다"고 주장하고 있는 것이 또 하나다. 『주역』 건괘의 의미에 대한 기록인 '하늘의 운행이 강건하다'는 말은 유가 사대부라면 모를 리 없는 익숙한 내용으로 오래전부터 땅이 움직이는지 하늘이 움직이는지 논의를 벌일 때마다 항상 거론되던 기록이다. 따라서 모범적 유학자인 허자에게 지구의 회전운동은 『주역』에 적힌 공자의 가르침과 충돌하는 것이기에 해결해야 할 큰 문제였다. 아울러 당시 중국에 들어와 있던 서양 선교사들이 전해준 서양 천문학 이론이 여전히 지동설을 인정하지 않았던 것도 허자에게는 의심거리였다. 실제로 앞서 살펴보았듯이 중국에 코페르니쿠스의 지동설이 알려진 것은 1767년 『지구도설』에 간략히 소개된 것이 처음이었으며, 조선에는 더 늦은 19세기에 들어서였다. 특히 서양 천문학은 실옹이 매우 우수한 지식이라고 평한 것이 아닌가. 그런 천문학 이론에서도 지구는 정지해 있다고 하는데, 실옹이 그와 다른 지구의 회전을 주장하고 있으니 어찌 그것을 믿을 수 있겠는가.

실옹이 펼친 설득의 논리는 두 가지다. 먼저 실옹은 공자와 서양인들이 '하늘이 움직이고 땅이 정지해 있다'고 말한 것은 실재하는 천지

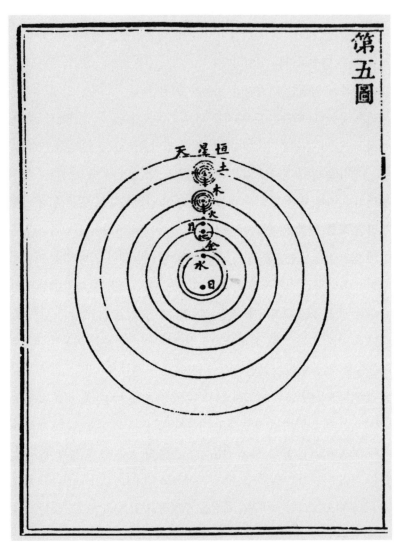

그림 8 장우인의 『지구도설』(1767)에 실린 태양 중심 우주 모델. 코페르니쿠스의 태양 중심 지동설 우주 모델이 중국인에게 처음으로 명확하게 전해진 것은 18세기 후반에 와서였다.

의 이론이 아니었으며, 단지 계산의 편리를 위해 별도로 설정한 가설적 모델에 불과했다고 주장한다. 사실 이러한 천문학적 설명의 전통은 동서양을 막론하고 오래되었다. 현재 우리가 배우는 천문학 교과서에서도 실재하는 태양계는 태양이 중심이고 지구가 그 둘레를 돌지만, 계산법에서는 중앙에 정지해 있는 지구를 상정하고 천구와 태양이 이동하는 속도를 계산하고 있다. 천구가 회전하든 지구가 회전하든 그 형세는 같으며 수학적 계산의 결과는 동일하기 때문이다. 아울러 실옹은 세속의 눈높이에 맞추어 교화를 펼치는 군자의 올바른 정치를 거론한다. 하늘이 움직이고 땅이 정지해 있는 것이 일반인들의 상식에 더 부합한다면 그리고 역법 계산에도 틀리지 않다면 그들이 이해하는 제도에 맞추어 다스리는 것이 군자와 지혜로운 자의 통치 방식이라는 것이다. 이것이 공자와 서양인들이 여전히 '하늘이 운행하고 땅이 정지해 있다'고 주장하는 연유다.

그렇지만 실재하는 우주 공간에서 지구의 회전운동은 의심의 여지 없는 사실이다. 실옹은 지구가 회전하지 않고 하늘이 회전했을 때의 상황을 주지시킨다. 지구 둘레가 9만 리에 불과한데도 지구가 일주운동하는 속도가 폭풍처럼 급한데, 지구보다 비교할 수 없이 거대한 하늘이 돈다면 어떠하겠는가. 하늘의 일주 거리는 헤아릴 수 없이 클 것이며, 하루 동안에 달리는 어마어마한 속도를 어찌 계산하겠는가. 무한대에 가까운 일주 거리와 일주 운동의 속도를 계산할 수 있는 역법은 아마도 없을 것이라고 실옹은 주장한다. 결국 천운설은 그러할 이치가 없다고 결론 내린다.

10

티코 모델에서
무중심의 우주 모델로의 전환

"且吾問爾 世人談天地 豈不以地界爲空界之正中 三光之所包歟."

虛子曰, "七政包地 測候有據 地之正中 宜若無疑然."

實翁曰, "不然. 滿天星宿 無非界也. 自星界觀之 地界亦星也. 無量之界 散
處空界. 惟此地界 巧居正中 無有是理. 是以無非界也 無非轉也. 衆界之觀 同
於地觀 各自謂中 各星衆界. 若七政包地 地測固然, 以地謂七政之中則可 謂之
衆星之正中 則坐井之見也.

是以七政之體 自轉如車輪 周包如磨驢. 自地界觀之 近地而人見大者 謂之
日月, 遠地而人見小者 謂之五星. 其實俱星界也. 盖五緯包日而以日爲心 日月
包地而以地爲心. 金水近於日 故地月在包圈之外. 三緯遠於日 故地月在包圈
之內. 金水之內 數十小星 並心於日. 三緯之旁 四五小星 並心於各緯. 地觀如
是 各界之觀 可類而推. 是以地爲兩曜之中 而不得爲五緯之中, 日爲五緯之中

而不得爲衆星之正中. 日且不得爲正中 況於地乎.”

"또 그대에게 묻겠다. 세상 사람들의 천지론에 '지계(지구의 세계)'[1]가 '공계(우주)'의 정가운데이고 삼광(일월성)이 둘러싸고 있다고 하지 않더냐?"

허자가 말했다. "칠정(일월과 오성)이 땅을 둘러싸고 있음은 측후의 근거가 있으니 지구가 한가운데임은 마땅히 의심할 바 없는 것 같습니다."

실옹이 말했다. "그렇지 않다. 하늘에 가득 찬 별자리들은 계(독자의 세계)를 이루지 않은 것이 없다. '성계(별의 세계)'로부터 보면 '지계' 역시 하나의 별이다. 셀 수 없이 많은 (별의) 세계가 '공계'에 퍼져 있다. 오로지 이 '지계'만이 공교롭게 한가운데 있다는 이치는 없다. 이 때문에 독자의 세계 아닌 것이 없고, 회전하지 않는 것이 없다. 뭇 세계로부터 보면 지구에서 보는 것과 같아, 각자가 가운데라고 여겨 (다른) 각각의 별들을 '뭇 세계'라고 할 것이다. 만약 칠정이 지구를 둘러쌌음이 지구에서 측정해서 진실로 그러하다면, 지구가 칠정의 가운데라고는 할 수 있으나, 뭇 별의 한가운데라는 것은 우물 안에 앉아서 얻은 견식이다.

이 때문에 칠정은 수레바퀴처럼 자전하면서, 연자방아의 나귀처럼 (지구를) 공전한다. '지계'에서 보면 지구에서 가까워 사람이 보기에 큰 것은 일월이라 하고, 지구에서 멀어 사람이 보기에 작은 것은 오성이

---

1 지구가 아니라 인간이 살고 있는 지구의 세계다.

라 부르지만, 그 실상은 모두 '성계'다. 무릇 다섯 위성은 태양을 중심으로 둘러싸고, 태양과 달은 지구를 중심으로 둘러쌌다. 금성과 수성은 태양에 가깝기 때문에 지구와 달이 (수성과 금성의) 궤도의 바깥에 있으며, 세 '위성(화성·목성·토성)'은 태양에서 멀기 때문에 지구와 달이 (화성·목성·토성의) 궤도 안쪽에 있게 된다. 금성과 수성의 안에는 수십 개의 '소성'이 태양을 중심에 두고 있다. 세 위성의 옆에는 4~5개의 소성이 각각의 위성을 중심에 두고 있다. 지구에서 보는 것이 이와 같다면 각각의 세계에서 보는 것도 이로 미루어 알 수 있다. 이 때문에 지구가 일·월의 중심이지 오위의 중심이 될 수 없고, 태양이 오위의 중심이지 뭇 별의 한가운데일 수는 없는 까닭이다. 태양이 한가운데일 수 없는데, 하물며 지구가 그럴 수 있겠는가?"

❖

지구가 우주의 중심이 아니라는 주장을 견지하면서 티코 브라헤(Tycho Brahe, 1546~1601)의 태양계 모델을 설명하는 대목이다.

티코 브라헤의 우주 모델은 1543년 코페르니쿠스의 태양 중심 우주 모델이 처음 제시된 이후, 유럽의 과학자들에게 널리 수용되기 이전에 큰 권위를 가지고 정설로 여겨졌던 우주 모델이다. 우주의 중심에 지구를 여전히 위치시킴으로써 고대 이래 믿어오던 프톨레마이오스의 지구 중심 우주 모델을 계승했지만, 달을 제외한 오행성이 태양을 중심으로 공전하게 하고, 태양이 오행성을 대동하고 지구를 돌게 함으로써 코페

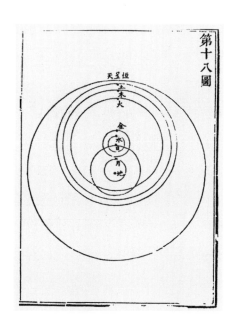

그림 9
『지구도설』에 실린 티코 우주 모델

르니쿠스의 우주 모델과 동일한 수학적 효과를 얻을 수 있는 꽤 합리적
이고 설득력 있는 우주 모델이었다. 명말의 『숭정역서』와 청초의 시헌력
(時憲曆)이 근거하고 있는 천문학 모델은 바로 이 티코 브라헤의 우주
모델이었다. 실옹은 이러한 티코의 우주 모델로 태양계의 구조를 자세
히 설명하고 있다.

　그런데 실옹은 티코의 우주 모델에 기대 태양계의 구조를 자세히 설
명하면서 지구가 우주의 중심이 아니라는 사실을 강조해서 주장하고
있다. 지구가 일월오성의 가운데라고 할 수는 있지만 뭇 별의 한가운데
에 있지는 않다고 했다. 전체 우주에서 볼 때 지구가 중심이 아니라는
말이다. 아울러 모든 천체는 각자의 독립된 계를 이루고 있으며, 각자

의 계에서 볼 때 지구에서 볼 때와 같이 자신의 계를 가운데라고 여기며, 다른 계들을 '뭇 별'이라 일컬을 것이라고 했다. 무중심(無中心)의 우주 공간에서 각자의 세계를 중심으로 여기는 상대적 관점을 말한 것이다. 이와 같은 무중심의 우주와 상대적 관점은 실옹이 티코의 우주 모델을 이용해서 태양계의 구조를 설명하고 있지만 그것과는 판이한 우주관을 드러낸 것이라고 할 수 있다. 티코의 모델은 여전히 유한한 우주를 상정하고 있으며, 지구가 우주의 중심이었기 때문이다. 결국 홍대용의 우주 논의는 유한하고 지구 중심이었던 티코 모델을 해체해서 그것을 무중심의 무한한 우주로 전환시킨 것이었다고 할 수 있다.

한편 실옹이 하는 말을 잘 따라가 보면 코페르니쿠스의 태양 중심설을 접하지 않았나 싶은 추론이 가능하기도 하다. 실옹이 설명하는 우주의 모델을 이름 붙여 보면 어떻게 될까? 실옹은 티코(중국명은 제곡)를 언급하지 않았다. 중국의 고전적 우주 모델 중에는 유사한 예를 찾을 수 없다. 실옹의 설명을 내용으로 따라가 보면 '지구가 중심이 아닌 모델'이 아닐까 싶다. 티코 모델은 지구 중심설을 계승하는 우주 모델이었지만 실옹이 설명하는 우주 모델은 지구가 중심이 아닌 모델이었던 것이다. 비슷한 시기에 북경에서 간행된 부노아의 『지구도설』에 전통적인 프톨레마이오스의 지구 중심 모델과 티코의 모델뿐 아니라 코페르니쿠스의 태양 중심 모델이 나란히 가설로 소개된 사실을 주목해보자. 지구 중심이 아닌 모델은 코페르니쿠스의 태양 중심 모델이다. 아울러 실옹의 마지막 멘트를 보자. 지구가 일월의 중심일 뿐 오행성의 중심일 수 없듯이 태양은 오행성의 중심일 뿐 뭇 별의 중심일 수 없다고 했다.

태양이 우주의 중심이 아닌데 지구가 우주의 중심일 수 있겠냐고 했다. 이러한 논의를 펼치는 실옹이 태양 중심설과 지구 중심설 사이의 논쟁을 이미 들어서 알고 있는 게 아닐까 의심하게 하는 대목이라고 필자는 독해했다. 지나친 비약일까?

고리 모양의 수많은 은하계를 상상하다
또 다른 세계의 공간

虛子曰, "地之非中 謹聞命矣. 敢問銀河何界也."

實翁曰, "銀河者 叢衆界以爲界. 旋規於空界 成一大環. 環中多界 千萬其數
日地諸界 居其一爾. 是爲太虛之一大界也. 雖然 地觀如是 地觀之外如河界者
不知爲幾千萬億. 不可憑我渺眼 遽以河爲第一大界也. 是以有明界有暗界有溫
界有冷界. 近明界者 受明以爲明. 近溫界者 受溫以爲溫. 明溫者日界也. 暗冷
者地月也. 暗冷而爲明溫者 地月之近日而受之者也."

허자가 말했다. "지구가 (우주의) 중심이 아니라는 가르침은 삼가 받
아들입니다. '은하'는 어떤 세계인지 감히 묻습니다."

실옹이 말했다. "은하라는 것은 수많은 세계가 모여서 하나의 세계를
이룬 것이다. 우주 공간에서 둥글게 돌며 큰 고리를 이루었는데, 고리

안에 천만 개나 되는 많은 세계가 있다. 태양계와 지계 등 여러 세계는 그 하나를 점한 것이다. 은하는 '태허(즉 우주 전체)' 안에서 가장 큰 세계다. 그러하나 지구에서 보아서 이와 같을 뿐, 지구에서 보이는 것 바깥에도 '은하계'와 같은 것이 몇 천·만·억 개일지 모른다. 나의 아득한 눈에 의지해서 경솔하게 은하가 '가장 큰 세계'라고 하는 것은 불가하다. 이 때문에 명계, 암계, 온계, 냉계 같은 것들이 있다. 명계에 가까운 것은 밝음을 받아서 밝고, 온계에 가까운 것은 온기를 받아서 따뜻하다. 밝고 따뜻한 세계로는 태양계를 들 수 있다. 어둡고 차가운 것은 지계와 월계다. 어둡고 차가웠는데 밝고 따뜻해진 것은 지구와 달이 태양에 가까워서 밝음과 따뜻함을 받았기 때문이다."

　무중심의 태양계 모델 설명을 들은 허자가 은하에 대해 물었다. 지구나 태양조차도 전체 우주의 중심이 아니라는 우주 공간을 상대화시킨 실옹의 논의를 듣고 자연스럽게 태양계를 넘어선 전체 우주에 대한 궁금증이 은하에 대한 질문으로 표출되었다고 할 수 있다. 그런데 실옹의 은하 설명은 얼핏 보아 현재 우리가 알고 있는 은하계와 상당히 유사해 놀라지 않을 수 없다. 수많은 계가 모여서 은하를 이루었다는 것, 둥글게 돌며 큰 고리의 형상을 하고 있다는 것, 태양과 지구의 세계가 그러한 은하계에 속한다는 것, 그리고 우리 은하계와 같은 것이 전체 우주에 얼마나 많이 있을지 모르며, 우리 은하계가 가장 크다고 할 수 없다는 것이다.

홍대용이 이와 같은 사실을 당대의 천문학 이론을 통해 습득했을 가능성은 없다. 당대 알려진 천문학 정보는 1610년 즈음 갈릴레이(Galileo Galilei, 1564~1642)가 천체 망원경을 통해 작은 별들이 모여 있다는 사실을 밝힌 정도였다. 이후 많은 별이 모여 고리 모양으로 회전하고 있으며, 지구가 그 내부에 위치해 있어 하늘에서 띠 모양으로 보인다는 사실이 밝혀진 것은 1750년 무렵 토머스 라이트(Thomas Wright, 1711~1786)에 의해서였다. 1788년에는 천왕성을 발견해 유명해진 윌리엄 허셜(Frederick William Herschel, 1738~1822)이 솥단지 뚜껑처럼 가운데가 두꺼운 모양이라고 추론하기도 했다. 중국에서는 고대 이래 구름의 기운과 같은 것으로 이해하던 은하가 서구 천문학이 유입되면서 무수히 많은 별들이 쌓인 시체와 같이 모여 있는 것으로 이해되었다.[1] 중국과 조선의 은하에 대한 이러한 초보적 이해는 『담천(談天)』[2]이 1859년에 중국에서 번역 간행되기 이전까지는 큰 변동이 없었던 듯하다. 실제로 『신법산서』(1645)에 망원경으로 살펴보니 작은 별이 모여 쌓인 시체와 같이 보이는 것이라는 소개 이후 실옹이 설명하는 것과 같은 내용의 은하 기록은 전혀 찾을 수 없다. 서구 천문학 지식에 비교적 해박하다고 평가

---

1 예컨대 『新法算書』 권100, 新法表異 卷下, "天漢 … 昔稱雲漢 疑爲白氣者 非也. 新法 測以遠鏡始 知是 無算小星 攢聚成形 卽積尸氣等亦然 足破從前謬解."

2 『담천』은 조선에서 처음으로 공전하는 태양계와 뉴턴 역학 내용을 전한 최한기의 『성기운화(星氣運化)』의 저본이 된 책이다. 허셜의 천문학 개론서 *Outlines of Astronomy*가 1849년에 번역되었고, 중국에서는 1859년에 『담천』으로 간행되었다.

받는 이익도 『성호사설』 '운한(雲漢)'에서 은하에 대해 별의 기운이 모인 것이라는 고전적 이해와 점성학적 설명에 그치고 있다.

그렇기에 은하에 대한 홍대용의 상상이 놀랍지 않을 수 없다. 지구의 회전운동과 무중심의 무한한 상대적 우주 공간 속에서 상상해낸 은하의 형상이 놀랍게도 근대 천문학이 얻어낸 은하 이론과 유사했으니 말이다. 더욱 주목할 것은 그러한 은하계가 몇 억 개가 될지 모르겠다는 상상이다. 이는 지구에 살고 있는 현 인류의 세계가 유일하지 않다는 것을 뜻한다. 공간적 또 '다른 세계'의 상상인 것이다.

12

소옹의 원회운세설을 부정하다

虛子曰, "衆星皆界也. 各界之形色情狀 可得悉聞歟."

實翁笑曰, "邵堯夫謂天地有開闢也. 以一元十二萬九千六百年 爲開闢之限 自以爲大觀也. 世人亦期之以大觀也. 爾爲何哉."

虛子曰, "開闢之限 聞其說而不能信其理也."

實翁曰, "然. 物之有體質者 終必有壞. 凝以成質 瀜[1]以反氣. 地之有閉闢 其理固也. 惟天者虛氣 蕩蕩瀛瀛 無形無朕[2], 開成何物 閉成何物, 不思甚矣.

夫吾之出世 計以一元 不知其爲幾千萬億. 周遊各界 閱其凝融 又不知其爲幾千萬億. 前乎吾者 又不知其爲幾千萬億. 後乎吾者 又不知其爲幾千萬億.

---

1 瀜은 물이 깊고 넓다는 뜻으로, 문맥이 통하지 않는다. 아마도 融(녹을 융)의 오자가 아닐까?
2 朕(진)의 뜻은 '눈동자'이지만 朕(조짐)과 같은 의미로도 쓰인다.

是以各界之形色情狀 爾所不能知 亦所不必知, 吾所不能言 亦所不必言. 設或
言之 爾必驚疑 無所徵信.

허자가 말했다. "뭇 별은 모두 (하나의) 세계입니다. 각각 세계의 형색과 정상에 대해서 모두 들어볼 수 있겠습니까?"

실옹이 웃으면서 말했다. "소옹은 천지가 개벽한다고 말했는데 일원(一元) 12만 9600년을 개벽의 주기라고 하고 스스로 크게 통찰했다고 여겼다. 속세의 사람들도 대단하다 여겼는데 그대는 어떻게 생각하는가?"

허자가 말했다. "개벽의 주기설은 들어보았지만 그 이치는 믿지 못하겠습니다."

실옹이 말했다. "그렇다. 사물 중에 형체와 질(質)이 있는 것은 종국엔 반드시 붕괴한다. 엉겨져 질을 이루고 녹아서 기로 돌아간다. (그래서) 땅이 '폐벽(닫히고 열림)'한다 함은 그 이치가 분명하다. (그러나) 오직 하늘이라는 것은 허기가 넓고 크게 퍼져 있어 형체도 없고 조짐도 없으니 어떻게 열리고 어떻게 닫힐 것인가. 생각 없음이 심한 것이다.

무릇 우리 (인간이) 세상에 나온 것을 일원으로 계산하면 몇 천·만·억 년인지 알 수 없다.[3] (우주 안의) 각각의 세계들을 돌아다니며 그 엉김과 녹음(즉 생성과 소멸, 개벽과 폐색)을 살펴보면 또 몇 천·만·억 년이 될지 모른다. 우리들 (세계) 앞에도 또 몇 천·만·억 년이었을지 모르고, 우리들 (세계) 후에도 또 몇 천·만·억 년일지 모른다. 이 때문에

---

3 인간 세상의 주기가 몇 억만 년도 넘을 것이라는 주장.

각 세계의 형색과 정상을 그대는 알 수 없는 바이고 또한 알 필요도 없고, 내가 말할 수 있는 바가 아니고 또한 말할 필요도 없다. 설혹 말하더라도 그대가 틀림없이 놀라 의심할 만큼 확실히 믿을 바가 없다.

❋

뭇 별의 형색과 정상에 대해 묻는 허자에게 소옹의 '원회운세설'이라는 상수학적 우주 주기론을 부정하며 설명하는 대목이다.

앞서 살펴본 바와 같이 실옹은 소옹을 자기를 기만하고 세상을 속인 인물로 낙인찍었다. 이는 홍대용이 보기에 전혀 신뢰할 수 없는 상수학적 우주론을 펼쳤기 때문이었다. 소옹의 '원회운세설'이란 우주는 탄생(개벽)에서 소멸(폐색)에 이르기까지 12만 9600년을 주기로 반복한다는 우주론이다. 왜 12만 9600년인가? 이는 하루는 12시간, 한 달은 30일이듯이, 1세는 30년, 1운은 30×12=360년, 1회는 360×30=1만 800년이기 때문에 1원은 1만 800×12=12만 9600년이 된다. 즉 하루 12시, 한 달 30일과 같은 자연의 수로부터 연역적으로 계산된 운명적인 우주의 주기였다. 1회에서 천(天)이 열리고(開), 2회에서 지(地)가 열리며(闢), 3회에서 인물(人物)이 생겨나며, 마지막 12회에서 천지가 닫혔다(閉塞).

성리학자 소옹이 제창하고 세상의 모든 사람이 칭송하는 소옹의 원회운세설에 대해 묻자 허자는 예상과 달리 이치가 신뢰할 만하지 못하다고 답변한다. 쉽게 정답을 얻은 실옹은 왜 그러한지 설명한다. 먼저 우주 공간의 생성과 소멸에 대해서 논한다. 형과 질을 갖춘 모든 사물은 기로부터 생겨나 소멸하게 되어 있는 이치가 당연하다고 했다. 그러나 하늘과 같이 형체와 조짐이 없는 무한한 공간은 허기가 널리 퍼져 있을 뿐으로 열리고 닫힐 것이 없다. 이에 비해 시간적, 공간적으로 무한한 우주 공간 안에서 생멸하는 수많은 세계를 상정하고, 그 주기는 몇 억만 년이 될지 모른다고 했다. 우리가 사는 이 세계의 생멸 주기는 거의 무한대이며, 공간적으로 또 다른 세계들도 마찬가지였다. 나아가 실옹은 그 생멸의 주기가 거의 무한대에 가깝기 때문에 각 세계의 형색과 정상을 알 수 없고, 알 필요도 없다고 했다. 설혹 그 정상을 자세히 말하는 자가 있다면 반드시 의심하고 믿지 말아야 한다고 했다. 이는 공간적 또 다른 세계의 존재에 비해 시간적 또 다른 세계의 존재에 대해서는 불가지론적 입장을 견지하는 것이라고 볼 수 있다. 현 세계의 생멸이 몇 억만 년이 될지 모르기 때문에 현 세계 생성 이전에 또 다른 세계의 존재나 현 세계 소멸 이후에 또 다른 세계의 생성을 단언하기 어렵기 때문일 것이다.

공자의 후예로서 현재 우리의 지적 수준으로는 도저히 알 수 없는 무한대에 가까운 모든 세계의 생멸을 자세히 설명한다는 것은 불가능하다는 지적 정직성의 모습을 실옹에게서 본다. 그러나 소옹의 원회운세설을 진리로 받아들이는 조선의 유학자들에게 실옹의 비판이 설득력 있었을지는 의문이다.

13

다른 세계를 유력(遊歷)하고픈
허자의 욕망을 질타하다

今此據爾之所視 語爾之所知.

日者體大於地 其數多倍. 其質火 其色赤. 質火故其性溫 色赤故其光明. 焰
煇四發 漸遠而漸微 極於數千萬里. 生於本界者 禀受純火. 其體晃朗 其性剛烈
其知燗透 其氣飛揚. 無晝夜之分 無冬夏之候. 終古居火而不覺其溫也.

月者體小於地 三十居一. 其質氷 其色淸. 質氷故其性冷 色淸故暎日發光.
遠日則凝 空明如鏡, 近日則融 汪洋如海. 生於本界者 禀受純氷 其體瀅澈 其
性潔淨 其知澄明 其氣輕浮. 晝夜之分 冬夏之候 與地界同. 終古居氷而不覺
其冷也.

地者七政之滓穢. 其質氷土 其色晦濁. 質氷土故其性寒 色晦濁故映日少.
光近而受溫 土潤氷解. 生於本界者 其體厖駁 其性粗雜 其知昏惑 其氣鈍滯.
日照而爲晝 日隱而爲夜. 日近而爲夏 日遠而爲冬. 日火蒸炙 滋産衆生, 形交胎

産 人物繁衆. 神智日閉 小慧日長 利慾淫熬 生減芒忽. 此地界之情狀而爾之所
知也."

虛子曰, "居日界者 如火鼠之居火. 居月界者 如水族之居水. 其理然也. 敢問
兩界之生 可通其遊歷歟."

實翁曰, "何言之愚也. 陸居者入水則窒死 水居者出陸則喘死. 南人不耐寒
北人不耐暑. 一界之中 尙不能通 各界之生 形氣絶異 有如水火. 水火之同器 豈
有其理乎."

虛子曰, "虛子濁界之物也. 聞夫子之言 始知太虛之間有此衆界. 願賴神力 陞
彼九霄 遊歷太虛. 今日月之界 尙不相通 將小子終不免芒忽於濁界也."

實翁笑曰, "爾果欲陞彼九霄 不患無術. 盖池魚成龍 溟鯤化鵬 壤蟲蟬蛻 野
蠶蝶幻. 人之靈巧 何患無術. 十年胎息 丹成脫殼 法身靈變 超越雲霄. 不焦於
火 不濡於水. 遊歷衆界 永享淸快. 爾欲爲之乎."

虛子曰, "此世俗所謂仙人之術也. 小子聞其說而不敢信也. 果有此術 棄妻子
如弊屣也."

實翁廣聲曰, "吾以汝爲可敎也. 乃愚滯之難啓 利慾之難淸 有如是乎. 彼胎丹
之術 實有其理 亦有其人. 雖然 久則萬年 少則千年 終歸消減 亦何益哉.

人之生世也 願慾無極. 華美之奉 靡曼之色 崇高之位 煇赫之權 珍怪之物 詭
異之觀 人皆慕之. 其巧且黠者 念其憂危 苦其詆議 患其芒忽. 又知其不可必得
則乃反身淸修 逞慾於象外 以圖萬千年淸快.

及其仙昇 神思窈冥 遊歷衆界, 七情永閼 耳如無聞 目如無見. 參以俗情 無
一樂事. 衆生見其飛昇度世 以世情妄意 仙人乘龍御風 招呼仙侶 遊戱異境
備諸快樂 不亦愚乎. 夫仙人之術 要在無爲 恬恬漠漠 淨靜不撓. 艶樂俗情

一萌于中 眞元渙散 法身墮落. 苟令世人之慕仙者 置之此境 必將厭其寥廓 苦其簡泊 不欲斯須居也. 且世人或有爲幻妄之術者 托以眞仙 閃忽詭奇 以弄愚俗 愚俗之妄慕 實由於此.

夫眞仙 飄飄遺世 忘親戚之恩 絶舊鄕之戀. 况濁界臭穢 不可嚮邇. 豈其辱身降志 挾術驚世 透露光景 自作罪過. 甚矣 地界之愚昏也.

是以仙昇之徒 無營無欲 以葆眞精 萬千年間 終歸消滅. 畢竟就盡 久速無分 石火泡幻 實同殤子. 原其發願 實由利心 而卒無其利, 巧而實拙 黠而實愚. 爾欲學道 而乃有是願, 不亦悞乎."

이제 그대가 본 바(경험해서 아는 바)에 근거해서 그대가 알고 있는 바를 말해보겠다.

태양은 지구보다 몇 배나 크다.[1] 그 질(質)은 불(火)이고, 색깔은 적색이다. 질이 불이기 때문에 성질이 따뜻하고, 적색이기 때문에 빛나고 밝다. 불꽃이 사방으로 퍼지는데 멀어질수록 작아지지만 수천만 리까지 이른다. 태양계에서 생겨난 것들은 순수한 불을 선천적으로 타고나서 몸체가 밝고 밝으며, 성질은 강렬하고, 지혜는 빛나고 환하며, 기는 날아오른다. 밤낮의 구분이 없으며 겨울과 여름의 절후 변화도 없다. 오래전부터 불에서 살아서 그 따뜻함을 지각하지 못한다.

달은 지구의 1/30 크기만큼 작다.[2] 그 질은 얼음(氷)이고 색깔은 맑다.

1 『건곤체의』의 수치로는 태양은 지구의 165와 3/8배다.

2 『건곤체의』의 수치로는 지구는 달의 38과 1/31배이다.

질이 얼음이기 때문에 성질이 차갑고(冷), 색깔이 맑기 때문에 햇빛을 반사해서 빛을 낸다. 태양에서 멀어지면 응결해서 거울과 같이 텅 비고 밝으며, 태양에서 가까우면 녹아서 바다와 같이 넓다. 달의 세계에서 생겨난 것들은 순수한 얼음을 선천적으로 타고나서, 몸체가 물 맑듯이 하며 성질은 깨끗하고, 지혜가 맑고 밝으며 기가 가볍게 뜬다. 밤낮의 구분이 있으며 겨울과 여름의 절후 변화는 지구의 세계와 같다. 오래전부터 얼음에서 살아서 그 차가움(冷)을 지각하지 못한다.

지구는 칠정의 찌꺼다. 그 질은 얼음과 흙이고 그 색깔은 어둡고 탁하다. 질이 얼음과 흙이기에 성질이 차가우며(寒), 색깔이 어둡고 탁하기에 햇빛을 반사해서 비춤도 적다. 빛이 가까우면(태양에 가까우면) 따뜻함(溫)을 받아서 흙이 윤택해지고 얼음이 녹는다. 지구의 세계에서 생겨난 것들은 몸체가 난잡하고 성질이 조잡하며, 지혜가 어리석고 우매하며, 기가 둔하고 막혔다. 해가 비치면 낮이 되고 해가 숨으면 밤이 된다. 해가 가까우면 여름이 되고 해가 멀어지면 겨울이 된다. 태양의 불(火)이 찌고 구워서 뭇 생명체를 낳고 기르며, 형체가 교접하여 태아가 태어나 인물이 번성한다. 신령스러운 지혜는 날로 막히고 작은 지혜(잔꾀)는 날로 자라나며, 이익을 탐하는 욕심이 넘쳐나 삶과 죽음이 찰나에 불과해졌다. 이것이 지구 세계의 정상으로 그대가 아는 바일 것이다.”

허자가 말했다. “태양의 세계에 사는 것은 ‘화서(火鼠, 불쥐)’[3]가 불에

---

3 상상 속의 동물. 남방의 화산 속에 살며, 그 털은 화취를 만드는 데 쓰인다고 한다.

서 사는 것과 같고, 달의 세계에 사는 것은 '수족(水族)'[4]이 물에서 사는 것과 같아서, 그 이치가 그럴 것입니다. 두 세계의 생물들이 왕래하며 돌아다닐 수 있는지 감히 묻고자 합니다."

실옹이 말했다. "어찌 어리석은 말을 하는가? 육지에 사는 것들은 물에 들어가면 질식해 죽고, 물에 사는 것들은 육지로 나오면 숨차서 죽는다. 남쪽 사람들은 추위를 견디지 못하고 북쪽 사람들은 더위를 견디지 못한다. 하나의 세계 안에서도 오히려 통하지 못하는데, 각 세계의 생물로 형체와 기가 물과 불처럼 완전히 다른 것들에서이랴. 물과 불이 같은 그릇에 담기는 이치가 어찌 있겠는가?"

허자가 말했다. "허자는 '탁한 세계(즉 지구계)'에 사는 생물로서 선생의 말을 듣고 태허 안에 이러한 뭇 세계가 존재함을 처음 알았습니다. 신통한 힘에 의지해 저 구천(九霄)에 올라 태허를 두루두루 돌아다니고 싶습니다. 지금 태양과 달의 세계와도 서로 통하지 못하니 소자는 '탁한 세계'에서의 찰나의 생을 끝까지 면하지 못하겠습니다."

실옹이 웃으며 말했다. "그대가 과연 저 구천에 오르고 싶다면 술법이 없음을 걱정하지 말라. 무릇 연못의 물고기도 용이 되고, 명곤(溟鯤, 바다 곤어)이 붕새(鵬, 하루에 9만 리를 나는 봉황과 비슷한 새)가 되고,[5] 땅속 벌레가 허물을 벗고 매미가 되며, 들의 누에가 나비가 된다. 사람의 영험한 기교로 어찌 술법이 없음을 걱정하랴. 10년을 태식(연단법의 일종)

---

4 물속에서 사는 동물이다.
5 바다의 곤이 붕으로 변하는 이야기는 『장자』 「소요유」 첫머리에 나오는 이야기다.

하면 단(丹)이 만들어지고 껍데기가 벗겨져, 법신으로 영험하게 변해 구름 위 하늘로 올라간다. 불에 타지 않고 물에도 젖지 않는다. 뭇 세계를 유력하며 영원히 맑고 청쾌함을 누릴 수 있다. 그대가 그렇게 되기를 원하는가?"

허자가 말했다. "이것은 세속에서 말하는 신선술로 소자가 들어봤지만 감히 믿지 않았습니다. 과연 이러한 술법이 있다면 헌신짝 버리듯이 처자를 버리겠습니다."

실옹이 언성을 높여 말했다. "나는 너를 가르칠 만하다고 여겼는데, 어리석고 막힌 자는 깨우쳐주기가 어렵고 이욕에 물든 자는 맑게 해주기가 어려움이 이와 같구나. 저 태식과 연단의 술법은 사실 이치가 있고, (그에) 달성한 사람도 있다. 비록 그러하나 길어야 만 년 짧으면 천년이고 결국에는 소멸하니 역시 무엇이 유익하겠는가.

사람이 세상 살면서 욕망하는 것은 끝이 없다. 영화로운 봉양, 아름다운 여색, 숭고한 지위, 혁혁한 권세, 진귀한 물건, 괴이한 볼거리 등은 사람들이 모두 원하는 바다. 영리하고 간교한 자들은 근심과 위기를 걱정하고, 비난당할까 괴로워하며, 찰나의 생을 걱정한다. 그리고 반드시 얻지 못할 것을 알고는 이내 자신의 몸을 맑게 수련하는 것으로 돌아와 속세 바깥에서 목적을 이루려고 하며 천년만년의 맑고 상쾌함을 도모한다.

신선으로 승천함에 이르러 신령스러운 생각이 깊고 그윽하며 뭇 세계를 유력하는 경지에 도달하면, 사람의 일곱 감정[6]이 영원히 닫히고 귀가 있어도 안 들은 것 같고 눈이 있어도 안 본 것 같다. 속세의 감정으로는 하나도 즐거운 일이 없다. 중생들은 하늘로 오르고 속세를 초월하는 것을 보고 세속의 정으로 망령되이 생각하길 신선이 용을 타고 바람을 일으키며 신선들을 불러 모아 다른 세계에서 유희하며 뭇 쾌락을 갖추었다고 여기니, 역시 어리석지 아니한가? 무릇 신선술의 요지는 무위(無爲)에 있어 편안하되 막막하고 깨끗하고 고요해서 흔들림이 없다. 쾌락을 탐하는 속정이 하나라도 싹이 돋아나면 진실한 원기(元氣)가 흩어지고 법신(法身)이 추락한다. 만약 속세의 사람들 중에 신선을 사모하는 자로 하여금 이와 같은 경지에 두면 필히 그 적막하고 고요함을 싫어하며 간단하고 담백함을 괴로워하며 잠시라도 여기에 머무르려 하지 않을 것이다. 또한 세인들 중에는 혹 어지럽게 속이는 술법을 가진 자가 있는데 번쩍이며 괴이하게 속여 우매한 속인들을 농락하니 우매한 속인들이 망령되게 원함이 사실 이에서 비롯되었다.

무릇 참된 신선은 표표히 세상을 등지고 친척의 은혜를 잊으며 옛 고향의 향수를 끊는다. 더구나 탁한 세계(지구계)의 냄새나고 더러운 것들을 누리고 가까이하는 것은 불가하다. 어찌 몸을 욕되게 하고 뜻을 굽히며 술법을 끼고 세상을 놀라게 하며 빛과 그림자(자기의 신분)를 드러내 노출해서 스스로 죄과를 짓겠는가? 심하도다, 지구계 (사람)의 어리석음이여.

이 때문에 신선의 경지에 오르려는 무리는 미혹되지도 욕심내지도

---

6 사람의 일곱 가지 감정. 기쁨(喜)·노여움(怒)·슬픔(哀)·즐거움(樂)·사랑(愛)·미움(惡)·욕심(欲), 또는 기쁨(喜)·노여움(怒)·근심(憂)·생각(思)·슬픔(悲)·놀람(驚)·두려움(恐)을 이른다.

않고 참다운 정기를 보전하지만 만·천 년 사이에 결국엔 소멸하고 만다. 결국에는 다 없어지니 길고 빠른 차이도 없이 부싯돌 불과 물거품 환상과 같으니 실상은 요절하는 자와 같다. 그 발원하는 바의 근원은 실은 이득을 취하려는 욕심에서 비롯되었으나 결국엔 이득이 없고, 기교(영악함)에서 비롯되었으나 실은 졸렬했다. 그대가 도를 배우고자 하면서 이와 같이 발원하니 또한 그르지 아니한가?"

✿

공간적으로 무수히 많은 다른 세계가 존재함을 논했지만 우리 은하계 바깥의 세계에 대해서는 우리의 지식 수준으로 그 정상을 알 수 없음을 실토한 실옹은 그나마 우리가 알고 있는 지식 정보에 근거해 해와 달, 그리고 지구의 세계에 대해서 설명한다. 실옹은 허자가 아는 지식, 즉 중국의 고전적 자연 지식에 근거해 설명하겠다고 했지만 전적으로 그렇지는 않았다. 태양과 달, 지구의 크기 비교는 서구 천문학 이론에 근거한 논의였다. 마테오 리치의 『건곤체의』에 적힌 크기를 보면 태양은 지구의 165와 3/8배였고, 지구는 달의 38과 1/31배였다. 이를 실옹은 태양이 지구보다 몇 배 크고, 달이 지구의 1/30만큼 작다며 근사치로 설명했을 뿐이다.

그 밖의 대부분의 설명은 유가 학인들의 고전적 이해와 크게 다르지 않았다. 모범적 유가 학인들이 해와 달, 땅을 어떻게 이해했는지 오히려 잘 정리 요약해놓은 답안과도 같았다. 그렇지만 태양과 달, 지구의 세계를 마치 각각의 생명체가 살고 있는 독자적 세계로서 그 구체적 정상에 대해서 논하고 있다는 점에서 독특한 내용이라고 할 수 있다. 태양은 질이 불이기 때문에 성질이 따뜻하다는 것은 다 아는 사실일 테지만, 태양계에서 생겨난 것들은 순수한 불을 타고나고 그에 상응하는 성질들을 지니며, 오래도록 불에서 살기 때문에 그 따뜻함을 자각하지 못한다는 설명은 새롭다. 허자가 부연 설명했던 '화서(불쥐)'와 같은 것이 그러한 태양계에서 사는 것들일 테다. 마찬가지로 달은 질이 얼음이어서 성질이 차갑고, 순수한 얼음을 타고나서 그에 상응하는 성질을 지녔다. 태양에서 사는 것들과 마찬가지로 달에서 오래 산 '수족'과 같은 것들은 차가움을 자각하지 못한다.

이에 비해 지구는 칠정의 찌끼로서 질이 얼음과 흙이어서 탁하고 어두우며 차갑다. 지구계에서 생겨난 것들은 대체로 성질이 조잡하거나 어리석고 우매하고 둔하다며 상당히 열등한 생명체로 묘사했다. 심지어 시간이 흐를수록 지혜가 사라지고, 욕망만 넘쳐나 삶과 죽음이 찰나에 불과할 정도가 되었다고 했다. 사물과 금수를 사람에 비해 열등한 존재로 여기고, 사람만이 우수하다는 편견을 가지고 있는 허자와 같은 조선의 유가 학인들에게 사람 사는 현 세계의 참모습을 똑바로 바라보라는 따끔한 지적과도 같다.

세 세계의 정상에 대해 설명을 들은 허자는 상상 속의 생명체인 '화서'와 '수족'을 떠올렸다. 사람이 '지구 세계'에 살듯이, '화서'와 같은 생물이 '태양의 세계'에 살고, '수족'과 같은 생물이 '달의 세계'에 살 수 있겠다는 것이다. 허자는 그렇다면 각각의 세계에 사는 생물들이 세계를 넘나들며 유력할 수 있겠는가 묻는다. 실옹은 단호히 그 가능성을 부정한다. 어쩌면 사람이 사는 세계를 넘어 또 다른 세계에 가고 싶은 것은 오히려 실옹이 가지고 있을 법한 욕망이 아닐까 싶다. 그러나 그러한 욕망은 허자의 입에서 나왔다. 지구 세계와 사람에 대한 부정적인 설명을 들은 허자는 지구라는 '탁한 세계'에서 태어난 자신의 열등함을 아쉬워한다. 비교적 가까운 태양과 달의 세계에도 가지 못하고 '탁한 세계'에서 생을 마감할 수밖에 없느냐며, 신통한 힘으로 구천에 올라 태허를 두루두루 유력하고 싶다는 욕망을 여과 없이 드러낸다. 우주에 존재하는 여러 세계를 유력하고자 하는 욕망을 드러내는 허자와 현실적 한계를 직시하고 그러한 욕망을 차분히 질타하는 실옹의 모습은 서두에서 밝힌 허자와 실옹의 이미지와는 정반대다. 허자는 모범적 유학자였고, 실옹은 도인의 분위기를 풍기는 거인이 아니던가. 신통력을 얻어서 구천에 올라 태허를 유력하고 싶다는 유학자 허자의 욕망을 도인적 이미지의 실옹이 헛된 꿈을 버리라며 가라앉히고 있다. 이렇게 홍대용은 때로는 허자의 입을 빌리고, 때로는 실옹의 입을 빌려 현실의 벽을 넘나들며 자유롭게 사색을 즐겼다.

실옹이 허자의 욕망을 가라앉히는 모습은 내실 있는 유학자의 모범적 실천에서 벗어나지 않는다. 실옹은 태식과 연단 같은 신선술로 저 구천에 오를 수 있고, 뭇 세계를 유력하며 이 탁한 세계를 벗어나 영원히 맑고 청쾌한 신선과도 같은 삶을 살 수는 있다고 알려준다. 기다렸다는 듯이 허자는 그런 술법이 실제로 가능하다면 처자식도 버리겠다고 한다. 역시 예상했던 대로 허자는 겉으로만 유학자였을 뿐 속으로는 도가적 신선술 같은 헛된 꿈을 꾸는 가짜 유학자였다. 유학자가 처자식을 버리다니? 겉과 속이 다른 조선 유학자들의 위선이 그대로 드러나는 대목이다. 실옹은 두 가지 사실을 거론하며 허자를 꾸짖는다.

실옹은 태식과 연단의 술법은 사실 이치가 있고, 그것을 달성한 사람도 있다고 인정한다. 연단술 같은 도가적 전통의 신선술을 전면적으로 부정하지는 않는 것을 알 수 있다. 다만 그러한 술법의 존재를 인정한다 해도 길어야 만 년 정도에 불과해 영원히 신선이 될 수는 없다는 사실을 주지시킨다. 결국은 유한한 삶이니 욕망을 추구하지 말라는 것이 하나다. 또 다른 하나는 신선의 삶과 범인의 삶의 즐거움이 전혀 다르다는 사실을 주지시키는 것이다. 범인들이 영원한 쾌락을 추구하고자 하는 욕망을 이루어 설사 신선이 되었다고 치자. 신선의 삶은 범인과 다르다는 것이다. 신선들이 즐기는 유희는 무위에서 나오는 것으로 막막하고 고요함 그 자체. 범인처럼 조금이라도 육신과 정신의 쾌락을 추구하면 그 순간 나락으로 떨어지고 말 것이다. 그러니 우매한 속세인들이 천년만년 고요하고 적막한 삶을 살 수 있겠냐는 것이다. 참된 신선은 세상을 등지고 친척과 고향을 떠나야 한다. 범인들의 세속적 욕망을 모두 버려야 가능한 실현이라고 할 수 있다.

14

지구는 왜 자전만 하나

무겁고 둔하기 때문이다

虛子霍然而悟 啐然而笑曰, "小子過矣. 敢問各界俱轉 亦能周包他界, 獨此
地界 只能自轉 不能周行. 何也."

實翁曰, "衆界之成 體有輕重 性有鈍疾. 輕而疾者 轉而能周. 重而鈍者 轉而
不周. 輕疾之極 周圈極濶 三緯之類也. 重鈍之極 周圈切面 地界之類也. 輕界
之生 虛而靈 重界之生 實而滯."

허자가 확연히 깨달아 동의하는 듯이 웃으며 말했다. "소자가 잘못
했습니다. 감히 묻습니다. 각 세계는 모두 회전하면서 역시 다른 세계
들을 둘러싸고 돕니다(즉 공전). 오직 이 지구계만이 단지 자전할 뿐 공
전하지 않는 것은 왜입니까?"

실옹이 말했다. "뭇 세계는 생성되면서 몸체가 가볍고 무겁거나 성질

이 둔하거나 급하게 되었다. 가볍고 급한 것은 자전하면서 공전할 수 있다. 무겁고 둔한 것은 자전하지만 공전하지 못한다. 가볍고 급함이 지극하면 공전궤도가 지극히 크니 세 위성(화성·목성·토성)의 무리다. 무겁고 둔함이 지극하면 공전궤도가 표면으로 수렴하니 지구계와 같은 무리다. 가벼운 세계의 생명체들은 허하면서 신령스럽고, 무거운 세계의 생명체들은 실하면서 정체되어 있다."

❀

무한한 우주에 지구 세계와 같은 또 다른 세계가 무수히 많다는 이야기를 듣고 잠시 유학자의 처신을 벗어나 신선술을 익혀 여러 세계를 유력하고자 욕망했던 자신의 일탈을 깨닫고 정신을 차린 허자는 다시 본론으로 돌아와 흥미로운 질문을 던진다. 모든 천체가 자전하면서 다른 천체를 공전하는데, 왜 유독 지구만 공전하지 않고 자전만 하는가?

허자의 질문은 어찌 보면 정곡을 찌르는 것으로 볼 여지가 있다. 앞서 홍대용이 코페르니쿠스의 태양 중심 모델 가설을 들었을 가능성이 전혀 없지는 않다는 사실을 거론한 바 있다. 지구만이 왜 공전을 하지 않느냐는 허자의 질문은 태양 중심 모델을 포함해 여러 우주 모델을 접한 홍대용이 왜 지구 중심 모델이 정설인지, 즉 지구 공전설은 왜 사실이 아닌지 궁금하게 여겼을 것이기 때문이다. 그러나 실옹의 답변은 지금까지 보여줬던 실옹다운 기대에서 크게 벗어났다.

실옹은 가벼운 천체는 급해서 자전과 공전을 하지만, 무거운 천체는 둔해서 자전만 할 뿐 공전하지 못한다고 했다. 무엇을 근거로 이러한 판단을 했는지 알 수 없다. 거대한 하늘인 천구 대신 상대적으로 가벼운 지구를 회전시킨 것과 같은 상상이었을까? 가벼워서 급한 것이 지극하면 공전궤도도 매우 커진다며 화성, 목성, 토성이 그러한 위성들이라고 했다. 무거워서 둔한 것이 지극하면 공전궤도가 점점 작아지는데, 지구와 같은 것들이 그러하다고 했다. 아마도 상대적으로 공전궤도가 작은 수성과 금성을 말한 것이 아닐까 싶다. 논리대로라면 토성이 가장 작고 그다음으로 목성이 작으며, 수성과 금성이 그것들보다 커야 한다. 즉 외행성인 목성과 토성이, 내행성인 수성과 금성보다 훨씬 작아야 한다. 그런데 과연 그러한가? 당시 알려진 천체들의 크기는 『건곤체의』에서는 목성이 가장 크고, 토성-지구-화성-금성-달-수성의 순으로 작았다.[1] 오히려 실옹의 논리대로 추론하는 크기와는 정반대다.

홍대용의 천문학 지식이 칠정의 크기를 이와 같이 정반대로 알고 있었을 정도로 무지하다는 것은 상상할 수 없다. 『담헌서』에 실려 있는 『주해수용』(1772년 전후)을 보라. 『수리정온』과 『역상고성』의 핵심 내용을 발췌해서 천체를 측량하는 방식을 정리·소개한 책이다. 그런데 홍대용은 전문적인 천문학서에 수록된 천체들의 구체적인 크기에 근거해 논의를 펼치지 않는다. 오히려 그 크기를 무시하고 공전궤도와 공전

---

1 노론계 학인들 사이에서 어느 정도 회람되었을 것으로 추정되는 김석문의 『역학도해』(1697)는 『건곤체의』의 수치를 그대로 따르고 있다. 이에 비해 『동국문헌비고』(1770) 「상위고」에 적힌 칠정의 크기는 금성이 가장 크고, 목성-수성-토성-화성의 순으로 작은 것으로 기록되어 오히려 신뢰도가 더 떨어진다.

속도에 비례해서 작을수록 무겁고 둔하다는 논리를 구사하고 있다. 이러한 논리는 앞서 논한 바 있던 지구는 칠정의 찌끼로서 지구의 세계는 어둡고 탁하며 지혜가 날로 사라지고 욕망이 넘쳐나는 열등한 세계라는 인식의 연장이 아닐까 싶다. 어둡고 탁한 세계이기에 날렵하게 공전하지 못한다는 논리다.

『의산문답』에서 펼쳐진 홍대용의 우주론적 논의가 정합적인 사색이었을 것으로 기대하는 이들에게는 이해하기 어려운 대목이다.

3부

천체와 기상 현상을
살펴보다

15

고전적 천문관을 비판하고
분야설을 수정하다

虛子曰, "然則五緯五行之精也 恒星衆物之象也 下應地界 妖祥有徵, 何也."

實翁曰, "五星之體 各有其德, 五行之分屬 術家之陋也.

且自地界觀之 繁星連絡, 如昴宿之叢萃 類居羣聚, 其實十數點之中 高下遠近 不啻千萬其里. 自彼界觀之 日月地三點 耿耿如連珠, 今以日月地 舍爲一物而命之以三星 可乎.

惟曆象推步 資於宮度, 星之有名 曆家之權定也. 乃若繁衍牽合 參以俗事 轉作術家之橢柄 支離乖妄 極於分野. 夫地界之於太虛 不啻微塵爾, 中國之於地界 十數分之一爾. 以周地之界 分屬宿度 猶或有說, 以九州之偏 硬配衆界 分合傅會 窺覘灾瑞 妄而又妄 不足道也."

虛子曰, "然則分野之說 流傳已久 或有明徵, 好風好雨 熒惑守心, 凡乾象之符應 皆不足信乎."

實翁曰, "衆口鑠金 積毁銷骨. 口不可鑠金 毁不可銷骨, 猶致銷鑠者 人衆而
勝天也. 技術雖妄 人心有感 依信之極 或致徵應. 此撮空之虛影也 眩於虛影
不察情實 惑之甚矣. 且箕風畢雨 因其俗諺 借明民情 非謂兩星眞有是好. 若熒
惑之行 時有包旋 留守進退 緣於地觀. 天高聽卑 司星之謬也."

허자가 말했다. "그러면 다섯 위성은 오행의 정수이고 항성은 뭇 사
물의 표상으로서, 아래로 지구계와 감응해서 요사스럽고 상서로운 징
조를 드러내는 것은 왜 그렇습니까?"

실옹이 말했다. "다섯 위성에는 각각의 덕성이 있다. 오행에 분속시
킴은 술가들의 비루함이다.

또 지구계에서 보면 많은 별들이 서로 이어져 있다. 떼를 지어 모
여 있는 묘수(昴宿)처럼 무리 지어 모여 있지만 실상은 수십 개의 점 중
에 높고 낮음, 멀고 가까움이 천만 리에 그치지 않는다. 저 세계들로부
터 보면 일·월·지구 세 점은 연이은 구슬처럼 빛날 것이다. 지금 일·
월·지구가 한집으로 모여 하나를 이루었다고 여겨 삼성이라 이름 붙이
는 것이 가능하겠는가?

오로지 역상(曆象, 천문학)의 추보는 궁도(천구상에서 별자리의 도수)에
바탕했으나, 별 이름은 역산가들이 편의상 정한 것이다. 이에 견강부회
해서 세속의 일에 비유하며 술가들의 칼자루로 전용한 것이라면, 지리
멸렬하고 괴망한 것이 '분야설(分野說)'에서 극에 달했다. 무릇 지구계는
태허에서 보면 작은 티끌에 불과하고, 중국은 지구계에서 보면 수십 분
의 일에 불과하다. 지구계를 둘러싼 전체 지역을 나누어 별자리에 배당

하는 것은 이론으로는 혹 가능하나, 구주(九州)의 구역만으로 뭇 별의
세계에 억지로 배당하고 견강부회해서 재화(災禍)와 상서(祥瑞)를 점침
은 망령되고 또 망령됨이 말할 것도 없다."

허자가 말했다. "그렇다면 분야설이 전해진 지 오래되었고 간혹 명
징한 바가 있으니, 때에 맞추어 부는 바람과 비, 그리고 '형혹(화성)'이
'심수(心宿)'를 지키는 것[1] 등이 그러합니다. 무릇 천문 현상이 (지상계의
사건들과) 부응함은 모두 믿을 바가 못 됩니까?"

실옹이 말했다. "입이 많으면 쇠를 녹이고, 비방이 쌓이면 뼈를 녹
인다.[2] 입이 쇠를 녹일 수 없고 비방이 뼈를 녹일 수 없지만, 쇠를 녹이
고 뼈를 녹이는 것은 사람이 많으면 하늘을 이기기 때문이다. 기술이
비록 망령되나 인심이 감응하고 지극한 믿음에 의지하면 간혹 징험을
부르기도 한다. (그러나) 이것은 허공중의 헛된 환상을 취한 것이므로,
환상에 현혹되어 정실을 살피지 못함은 미혹됨이 심한 것이다. '기수
(箕宿)는 바람을 부르고, 필수(畢宿)는 비를 부른다'[3] 함은 민간에 떠도는
말을 빌려 민심을 밝힌 것이지, 두 별이 진실로 이와 같은 기호(嗜好)가

---

1 『天文類抄』 '心宿'에 "금성이나 화성이 (심삼성을) 범하면 난리로 인해 온 나라가 피를 보게 되
  고, 토성이 목성을 범하면 길하며, 일식 또는 월식이 일어나면 길하고, 달무리가 생기면 병란
  이 일어나며, 화성이 머무르면 나라에 임금이 없게 되고, 객성이나 패성이 범하면 병란으로
  인해 황폐해진다"고 했다. 김수길 외 옮김, 『(국역)천문류초』(대유학당, 2006), 77쪽을 볼 것.
2 사마천의 『사기(史記)』에 나오는 '衆口鑠金 積毁銷骨'을 해석한 말이다. 여러 사람이 입을 모아
  서 말을 하면 쇠도 녹이며, 숱한 사람이 입을 모아서 욕을 하면 뼈도 삭게 한다는 뜻이다.
3 『天文類抄』 '箕宿'조에 "팔풍을 주관해서 일·월이 머무는 곳에 바람이 일어남을 주관한다"고
  했다(『(국역)천문류초』 85쪽 참조). 또 '畢宿'조에 보면 "구름 끼고 비 오는 것을 주관하니 하늘
  의 비를 맡은 관리(雨師)다"라고 했다(『(국역)천문류초』 170쪽 참조).

있음을 말한 것이 아니다. '형혹'의 운행이 때때로 둘러싸고 돌고 머물다가 진퇴하는 것과 같은 것은 지구에서의 관찰에 기인한 것이다. '하늘이 높아도 낮은 것(땅 위의 말)을 듣는다'[4]는 것은 '별을 맡은 관리(司星, 천문가)'의 오류다."

✿

고대 이래 오랜 믿음이던 천문관과 분야설에 대한 비판적 논의를 펼치는 대목이다.

고전적 '천문'에 의하면 하늘의 세계와 지상의 세계가 감응한다는 상관적 믿음하에 오행성과 뭇 별자리가 상징하는 바를 지상의 사물과 사건에 대응시켜, 천문 현상을 지상에서 일어날 일의 조짐으로 해석했다. 이러한 천문관과 이론은 『사기』 「천관서(天官書)」에서 처음 그 전범이 확립된 이후 2000년 동안 동아시아인이 의심 없이 믿어오던 지식 체계였다. 「천관서」에서는 하늘을 오궁으로 나누고, 90여 개의 별자리에 총 500여 개의 별을 이름하여, 각각이 상징하는 바를 지상계의 것들과 연관 지어 체계화했다. 이것을 3세기 후반 서진(西晉)의 진탁(陳卓)이 전체 하늘을 3원(垣)과 28수(宿)로 나누고, 118개의 별자리(宿)에 총 1464개

---

4 『사기』 권38, 「송미자세가(宋微子世家)」에 나오는 내용으로, 하늘(天帝)이 아무리 높은 곳에 있어도 아래로 인간 세상의 말들을 들을 수 있어 그 선악을 다 알 수 있다고 했다. 이때의 하늘은 '천제'로서 의인화된 존재로 하늘과 땅의 세계의 상호 감응 관념을 반영하는 우주론적 사유를 보여준다.

의 별로 확장 정리했다. 세종 때 편찬한 『천문류초(天文類抄)』는 이러한 중국의 천문 지식을 담은 전문 서적이다. 분야설이란 이러한 천문 이론 중에서 하늘의 구역과 땅 세계의 구역을 일대일 대응시켜 이해하는 믿음과 이론을 일컫는 것이었다. 예컨대 하늘의 28수의 구역을 중국 천하의 지역들에 배당하는 것이 그러했다.[5] 이렇게 분야설은 고전적 천문관에 토대를 두었지만 그 내용은 약간 달랐다. 그런데 실옹은 이를 구분하지 않고 '분야설'이라 통칭한다.

허자는 오행성은 오행의 정수이고 항성들은 사물의 표상으로 이해되는데, 어떻게 지상계의 것들과 감응해서 조짐을 드러내는지 묻는다. 고전적 천문관이 타당한가 물은 것이다. 이에 실옹은 오행성을 오행에 나누어 배당하고 그 의미를 따지는 술법이야말로 비루하다며 크게 세 가지 관점에서 고전적 천문관과 분야설의 부조리함을 비판한다. 첫 번째는 3차원 우주 공간에 멀리 떨어져 있는 별자리들의 실상을 통해서다. 천문서에 나오는 별자리들은 선으로 이어져 가까운 거리에 모여 있는 것처럼 묘사되어 있다. 이를 실옹은 묘수(昴宿)[6]를 예로 들어 바로잡는다. 천문서에 나오는 묘수의 '묘칠'은 일곱 개의 별이 아주 가까운 거리에 모여 있는 것 같지만 지구에서 볼 때 그렇게 보일 뿐이며, 실상은 높고 낮으며 가깝고 먼 수십 개의 별이 천만 리 이상 떨어져 있다. 이같이

---

5 중국의 고전적 천문 이론과 분야설에 대한 자세한 내용은 이문규, 『고대 중국인이 바라본 하늘의 세계』(문학과지성사, 2000), 제1부 "천문의 원리와 실제 적용"을 참조할 것.
6 실옹이 설명하는 '묘수'는 실제로는 묘수라는 28수에 속하는 영역의 대표 별자리인 '묘칠(昴七)'을 가리키는 것이다.

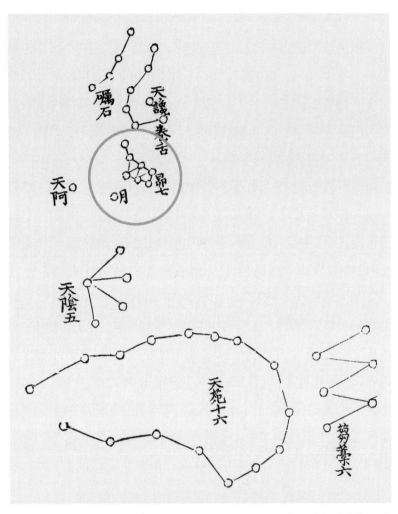

그림 10 『보천가』의 묘수도. '묘칠(昴七)'이라는 별자리를 보라. 아담 샬(湯若望)의 『원경설(遠鏡說)』
(1626)에 7개에 불과한 묘수를 망원경으로 보면 30개나 많다고 적혀 있다.

멀리 떨어져 있어 도저히 한집에 있는 별자리라고 할 수 없는 별들을 지구에서 그렇게 보인다 하여 하나의 별자리로 이름 붙인 것은 부조리하다는 지적이다.

두 번째는 천문서의 별자리 이름은 역산가들이 편의상 붙인 것에 불과하다는 지적이다. 세속에서는 편의상 인위적으로 이름을 지은 후, 그 이름으로부터 심오한 의미를 부여하는 견강부회하는 술가들의 괴망한 짓들이 많은데, 그중에 가장 심한 것이 바로 별자리에 의미를 부여하는 이러한 '분야설'이라는 비난이다. 물론 여기서 '분야설'이라 했지만 내용을 보면 천문 이론이라 부르는 것이 정확하다. 어쨌든 이러한 두 가지 관점에서의 비판은 천문관과 이론을 근본적으로 부정하는 근거일 수 있다.

세 번째 논의는 '분야설'에 대한 수정주의적 비판이다. 고전적 분야설은 전체 하늘의 구역을 '천하'의 지역들에 배당하는 것이다. 그런데 지구설을 인정하는 이들에게 이러한 분야설은 문제적이다. 분야설에서의 '천하'란 중국과 주변의 이적을 포함하는 땅의 일부 세계만을 의미했기 때문이다. 유가 전통의 고전적 세계관하에서 '천하'를 벗어나는 지역은 가치 없고 의미 없는 곳이었고, 그래서 없는 것과 다름없는 지역이었다. 비록 땅의 일부 지역이었지만 유가 지식인들에게 '천하'는 세계 전체와 같았다. 그러나 실재하는 땅의 형상이 '지구'라고 여기는 사람들에게 세계 전체는 지구 면 전체로 확장되었고, 중국과 부근 이적의 구역은 전체 지구 면에서 일부에 불과했던 것이다. 실옹이 지적하는 것이 이러한 문제다. 중국이 지구 면 위의 전체 세계에서 수십 분의 일에 불과한데

온 하늘의 별자리들을 천하 구주(九州)의 구역에만 배당하는 것은 불가하다는 지적이다. 그러면서 실옹은 지구 면 위 전체 세계를 나누어 별자리에 배당하면 혹시 가능할지 모르겠다고 말한다.[7] 분야설을 근본적으로 부정하지는 않는다는 말인가. 이어지는 논의를 보자.

허자는 분야설(정확하게는 천문 이론) 중에 간혹 믿을 만한 것들이 있지 않냐면서 전적으로 분야설(천문 이론)이 틀렸는지 묻는다. 허자가 믿을 만한 사례라고 한 것은 화성이 심수 별자리를 침범하면 나라에 환란이 온다거나, 기수와 필수 별자리가 바람과 비를 주관한다는 것들이었다. 이것들은 경험적으로 검증된 사례가 아니냐는 질문이다. 실옹은 그러한 사례가 간혹 징험된 것이라는 사실을 인정한다. 다만 이론적으로 맞아서가 아니라 수많은 사람들의 지극한 마음에 하늘이 감응해서 간혹 그러한 예가 발생하기도 했다는 것이다. 이론적으로는 불가하지만 인심에 감응해서 하늘에 그러한 징조가 간혹 드러날 수 있다는 말이다. 고전적 천문관과 이론이 근거하고 있는 상관적 사유를 근본적으로 부정하지는 못한 것이다. 그러면서도 실옹은 징험으로 발생한 천문 현상은 허공중의 헛된 환상을 취한 것에 불과하다며, 드러난 현상에 얽매여 미혹되지 말고 정실을 제대로 살펴야 한다고 했다. 기수와 필수가 바람과 비를 부르는 것도 간혹 징험된 바는 있지만 민심을 반영한 것일 뿐

---

7 지구 전체를 나누어 분속하는 분야설은 가능하다는 수정주의적 분야설이다. 이러한 주장은 지구설 이후에 분야설 비판자들이 흔히 했다. 임종태, 「17·18세기 서양 과학의 유입과 분야설의 변화: 『星湖僿說』「分野」의 사상사적 위치」, 『韓國思想史學』 제21집(2003), 391~416쪽을 참조.

두 별이 바람과 비를 특별히 좋아하는 것은 아니라고 주장한다. 실옹이 말하는 바는 무엇인가? 징험으로 드러나기도 하지만 그러한 사례는 예외적인 것에 불과하다는 말인가?

어쨌든 이러한 실옹의 논변을 통해 그가 고전적 천문 이론을 전면적으로 부정했다고 볼 수는 없을 것이다. 단지 천문 이론 중에서 '분야설'만 부분적으로 수정했을 뿐이다. 그런데 분야설 비판은 유래가 오래되었다. 이미 주희도 『주자어류』에서 분야설은 춘추시대에 처음 확립되었는데 후대에 들어 점성술가들이 견강부회하니 도저히 이해할 수 없다고 비판한 바 있다.[8] 뿐만 아니라 지구설 유입 이후에는 실옹이 비판한 바와 같이 분야설을 수정해서 이해하고자 하는 시도가 많았다. 홍대용 이전에 이익의 분야설 비판이 그러했다.

---

8 『朱子語類』 권2, 「理氣下」 '德明'조, "月中黑影 ⋯ 看來理或有之. 然非地影 乃是地形倒去遮了他光耳."

16

달 가운데 명암의 형상을 묻다

虛子曰, "月中明暗 或謂水土 或爲地影 願聞其說."

實翁曰, "吾語其實 爾信吾口 不若據爾所見 開爾實見.

夫鄙諺所謂桂兎 東昇之望形也. 苟其水土也 月之中天 其形必橫. 月之西落
其形必倒. 今乃隨行而隨變 不橫不倒 化成各形 三停之形 終古如一. 且觀弦月
宜見其半而全形備焉 特其蹙而狹爾. 水土之說 似是而實非.

盖月體如鏡 地界半面 隨明透影. 東昇之影 東界之半面也. 中天之影 中界之
半面也. 西落之影 西界之半面也. 謂之地影 不亦可乎."

허자가 말했다. "달 가운데 명암(어두운 부분)이 있는데 혹자는 물과
흙이라 말하고(수토설) 혹자는 '땅 그림자'라 하는데(지영설), 그 설을 듣
고 싶습니다."

실옹이 말했다. "내가 실상을 말해주고 그대가 내 말을 믿는 것은 그대가 본 바에 근거함보다 못하니, 그대의 실제 보는 것(실제의 견문)을 열어주겠다.

무릇 항간에서 말하는 '계수나무와 토끼' 이야기는 (달이) 동쪽에 올랐을 때 바라본 형상이다. 만약 그것이 물과 흙이라면 달이 중천에 있을 때는 그 형상이 반드시 눕고, 달이 서쪽에 떨어졌을 때는 형상이 반드시 뒤집어져야 한다. 지금 운행에 따라서 변하되 눕지도 뒤집어지지도 않으며, 각각의 형상으로 변화하되 세 곳(동—중천—서)에서 머문 형상은 옛날부터 한결같다. 또한 반달을 보면 (명암의 형상이) 마땅히 반만 보여야 하나, 단지 줄어들어 좁아졌을 뿐 전체의 형상이 갖추어진다. 수토설은 맞는 듯 보여도 사실은 틀렸다.

무릇 달의 몸은 거울과 같아서 지구계의 반쪽 면의 밝은 빛을 투영한다. 동쪽에 올랐을 때의 영상(影像)은 (지구) 동쪽의 반면이고, 중천에 있을 때의 영상은 가운데 반면이고, 서쪽에 떨어질 때의 영상은 서쪽 반면이다. 이른바 '지영설'이 옳지 않겠는가?"

❀

달 가운데가 검게 보이는 현상, 소위 월중흑영(月中黑影)의 정체가 무엇인가에 대한 논의다. 오래전부터 달 가운데가 검게 보이는 현상에 대한 논의는 줄곧 있었다. 세속에서 회자되는 '계수나무와 토끼' 이야기는 달 가운데에 나타난 형상에서 비롯된 전설이다. 실옹은 그에 대한 해석으로 두 가지를 거론한다. '수토설'은 달의 지형지세 때문에 밝고 검은 차이가 드러난다는 것이다. 실옹은 수토설을 '계수나무와 토끼' 이야기와 맥락이 같은 가설로 이해한다. 이에 비해 '지영설'은 달에 비친 땅의 영상이라는 것이다.

결론적으로 말해서 실옹은 수토설이 틀리고 지영설이 맞는다고 판단한다. 달은 거울과 같아서 지구의 반쪽 면의 빛을 받아 투영하는 지구의 영상이라는 것이다. 물론 실옹이 이해하는 지영설은 고전적 지영설과는 달리 지구설을 반영한 수정된 지영설이기는 하다. 즉 달이 동쪽에 있을 때는 지구의 동쪽 반면의 영상이고, 서쪽에 있을 때는 서쪽 반면의 영상이라는 것이다. 그러나 달에 비친 땅의 영상이라는 핵심 내용을 고집한다는 점에서 지영설의 전통적 이해와 다르지 않다. 이를『주자어류』에 나오는 주희의 견해와 비교해보자. 주희는 오래전부터 학인들이 지영설을 주장해왔는데, 어느 정도 일리가 있기는 하지만 결국 땅의 영상은 아닐 것이라는 견해를 표명했다. 오히려 달에 비치는 햇빛을 땅이 가려 생기는 검은 그림자(黑暈)라고 이해했다.[1] 실옹이 이해하는 수정된 지영설보다 우주 공간의 구조적 이해라는 점에서 현대의 우리가 보기에 지영설보다는 훨씬 합리적인 설명이 아닌가 싶다. 그러나 홍대용은 이러한 주희의 설득력 있는 이해를 따르지 않고 전통적 지영설을 지지했다.

---

1 『朱子語類』 권2, 「理氣下」 '德明'조, "月中黑影 … 看來理或有之. 然非地影 乃是地形倒去遮了他光耳."

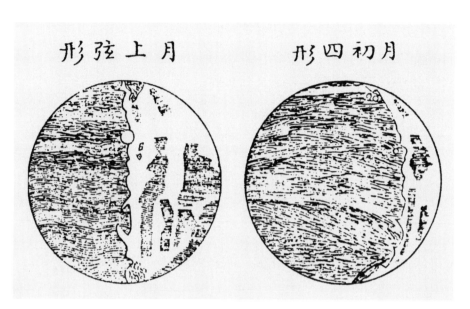

그림 11 『원경설』의 달 그림

　한편 실옹이 틀렸다고 판단한 '수토설' 이해를 보자. 달의 지형지세 때문이라면 달이 움직이면서 그 형상도 눕거나 뒤집어지는 등 변해야 하는데 그렇지 않다는 이유를 들어 실옹은 수토설을 부정했다. 사실 현대의 우리가 보기에 수토설이 사실에 가장 가깝다. 1626년에 북경에서 간행되고, 1631년 정두원(鄭斗源)이 북경에서 돌아오면서 조정에 바쳐 국내에 널리 알려진 『원경설』(아담 샬, 중국명은 湯若望)의 설명에도 부합하는 설이라고 할 수 있다. 『원경설』에 의하면 망원경을 통해 달을 관찰해보면 달의 표면은 요철이 있는데, 언덕 부분이 햇빛을 받아서 밝게 보이고 계곡 부분이 어둡게 보인다고 했다.[2] 홍대용이 『원경설』을 읽지 않았을까? 물론 이익과 같은 이도 우리의 기대와 달리『원경설』을 읽지 않았으니,[3] 홍대용이 읽지 않았을 가능성이 없지는 않다. 읽었다면 따르지 않은 셈이다. 이해가 안 되는 대목이다.

2 『遠鏡說』利用 一利用於仰觀, "用以觀太陰 則絹本體 有凸而明者 有凹而暗者 蓋如山之高處 先得日光而明也."
3 전용훈, 「조선후기 서양천문학과 전통천문학의 갈등과 융화」(서울대 박사논문, 2004), 68쪽.

하늘의 구조와 별들의 운행에 대하여

虛子曰, "敢問天之有兩極 何也."

實翁曰, "地界之人 不知地轉 故謂天有兩極, 其實非天之極也 乃地之極也.
凡物之轉動 由於虛實而身外有界耳. 今夫天者 其體至虛 其性至靜 其大無量
其塞無間, 雖欲轉動 得乎. 惟星宿衆界 各有轉動 歲次之論 所由起也. 其轉動
之勢 各有遲速, 南北東西 遊移無定, 特以距地絶遠 視差甚微, 圖象隨時 稽古
無憑 人自不覺爾."

허자가 말했다. "하늘에 두 개의 극이 있다는데, 무엇인지 감히 묻습
니다."

실옹이 말했다. "지구계의 사람들은 지구가 도는 것을 모르고 하늘
에 두 개의 극이 있다고 말하지만 사실은 하늘에 극이 있는 것이 아니라

지구에 극이 있는 것이다. 무릇 사물이 도는 운동은 허와 실이 있어 몸체 이외에 (빈) 세계가 있기 때문에 가능한 것이다. 지금 저 하늘은 몸체가 지극히 허(虛)하고 성질이 고요하며(靜) 크기가 무한하고 꽉 차서 빈틈이 없으니, 비록 도는 운동을 하려 해도 할 수 있겠는가. 오로지 별자리들의 뭇 세계가 각자의 회전운동을 하며, 세차(歲次) 이론도 이에서 비롯되었다.[1] (별들의) 도는 운동의 기세는 각기 느리고 빠름이 (다르며) 남북과 동서로의 움직임이 정해진 바가 없다. 다만 지구로부터 거리가 너무 멀어 시차(視差)가 매우 작을 뿐이다. 수시로 그린 그 도상들은 옛것을 상고해도 근거가 없는데 사람들이 스스로 깨닫지 못했을 뿐이다."

❋

하늘에 남북극이 있는 것이 무엇인지 허자가 물었다. 허자가 궁금해하는 것은 무엇일까. 고전적 역법과 부합하는 혼천설과 같은 모델하에서 하늘의 구조와 운행에 대한 구체적인 설명을 구하는 것일 수 있다. 또한 서구 천문학 모델에 근거한 고정된 지구 둘레를 겹겹이 에워싸고 회전운동하는 여러 천구로 구성된 하늘의 구조와 운동에 대해 알고자 하는 질문일 수 있다. 그렇지만 아마도 후자의 하늘에 대한 구체적인

---

1   세차(歲次)는 목성이 12년 주기로 한 바퀴 공전 운동을 하는 것을 말한다. 그러나 이어지는 서술의 내용을 감안하면 여기서 세차는 매년 천구상에서의 항성의 위치가 바뀌는 현상인 '세차(歲差)'여야 한다. 『의산문답』 이본들에는 '歲差'로 되어 있다. 『의산문답』 이본에 대해서는 채송화, 「『의산문답』 이본 연구」, 『민족문학사연구』 69호(2019), 107~138쪽을 참조.

설명을 구하는 것이 아닌가 싶다.

당시 서구 천문학에서의 우주 모델에 의하면 천구와 지구는 남북극을 잇는 축을 공유하면서 기하학적으로 상응한다. 또한 우주 중심에서 정지해 있는 지구를 둘러싸고 일월오성은 물론이고 항성들도 각자의 궤도인 천구와 함께 회전운동을 하는 구조였다. 천구들 중에는 별의 세차(歲差)운동을 설명하기 위한 항성천, 동서세차천, 남북세차천들이 설정되어 있었다. 세부적으로 살펴보면 프톨레마이오스의 고도(古圖)와 티코 브라헤의 신도(新圖)의 차이가 있지만 큰 관점에서 보면 이상에서 서술한 내용에서 벗어나지 않았다. 하늘에 왜 남북극이 있는지 물었지만 사실은 이상과 같이 지구를 에워싸고 복잡하게 회전하는 하늘의 구조에 대해서 허자가 알고자 했을 것이다.

실옹이 상상한 우주의 구조와 운동이 서구 천문학의 우주 모델을 벗어났음은 이미 앞서 살펴보았다. 여기서도 실옹은 서구 모델 중에서 인정하기 어려운 부분을 명확히 지적한다. 먼저 하늘 전체를 꿰뚫는 남북극의 축을 부정하고, 하늘(아마도 맨 바깥의 천구)의 회전운동을 부정한다. 남북극의 축은 회전운동을 하는 지구에만 있으며 하늘에는 없다는 것이다. 운동이란 빈 곳이 있어야 발생이 가능한데, 하늘이란 우주 공간은 (기로) 꽉 차서 빈틈이 없으니 도는 운동을 하려 해도 불가능하다는 논리였다. 물론 하늘의 회전운동이 불가능하다는 이러한 논리는 좀 궁색하다. 우주 공간이 꽉 차서 빈 곳이 없기 때문에 회전운동이 불가능하다면 지구를 비롯해 회전운동을 하는 여러 천체의 경우도 마찬가지일 것이기 때문이다.

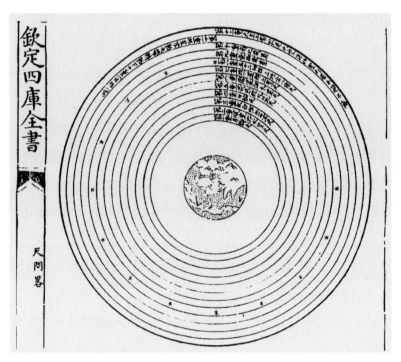

어쨌든 하늘에 축이 없고, 회전운동을 하지 않는다는 주장은 일·
월·오성만이 지구 둘레를 돌 뿐 그 바깥에서 지구를 도는 천구들은 부
정하는 것이 아닐까 싶다. 예컨대 항성의 일주운동과 세차운동 등을 설
명해주던 항성천(12중천 중에 8중천)의 회전운동을 부정하는 것 말이다.
실제로 실옹은 뭇 별자리는 지구를 둘러싸고 도는 것이 아니라 각자의
(구역에서) 회전운동(자전과 공전 모두)을 할 뿐이며, 이러한 운동에서 세차
(歲差)가 발생한다고 이해했다. 별들의 기세가 각기 다르고 남북과 동서

의 움직임도 정해진 바가 없다는 서술은 남북세차천(10중천)과 동서세차천(9중천)이 각각 설명해주던 지축의 남북과 동서 방향의 진동이 정해진 상수가 없다는 의미 같다. 결국 서구 천문학에서 설정한 토성천 바깥의 천구들이 지구를 도는 구조를 부정했다고 볼 수 있다. 지구를 돌지 않고 각자의 구역에서 회전한다면 시차(視差)가 관측되어야 하는데, 그러지 못한 것이 문제다. 실옹은 지구로부터의 거리가 너무 멀기 때문에 시차가 매우 미미할 뿐이라고 해명했다.

18

요사한 별과 오행성의 밝기에 대하여

虛子曰, "敢問流妖彗孛 何氣致然."

實翁曰, "此不一端. 有凝合於空界而成者, 有各界之氣相盪而成者, 有融界之餘氣 流走而成者, 此皆所以然而致也. 惟人地之氣 極其和而成者 慶星之類也. 人地之氣 失其常而成者 彗孛之類也."

虛子曰, "太白午見 芒氣之盛也. 敢問衆界之氣 時有衰旺歟."

實翁曰, "太白包日 其圍半在日外 半在日內. 在外者遠於地 在內者近於地. 且太白無光 受明於日 晦望如月. 近於地而明滿於下者 光盛於地而日不能掩也 非體有衰旺而然也."

허자가 말했다. "유성(流星), 요성(妖星), 혜성(彗星), 패성(孛星)은 어떤 기가 만든 것인지 감히 묻습니다."

실옹이 말했다. "이는 한가지(동일한) 원인이 아니다. 허공중에서 엉기어 합해져 형성된 것, 각기 세계들의 기가 서로 갈마들어(盪, 무언가의 작용) 형성된 것, 어떤 세계가 녹고 남은 기가 떠돌아다니며 형성된 것 등이 있다. 이와 같이 모두 각기 그 소이연이 있어서 만들어진 것이다. 그런데 사람과 땅의 기가 조화가 지극하여 형성된 것이 상서로운 별들(慶星)이며, 사람과 땅의 기가 항상됨을 잃어서 형성된 것이 혜성과 패성의 무리다."

허자가 말했다. "태백(금성)이 정오에 보이는 것은 황홀한 기운이 성해서입니다. (이와 같이) 뭇 세계의 기가 쇠하고 왕성할 때가 있는지 감히 묻습니다."

실옹이 말했다. "태백은 해를 둘러싸고 도는데 궤도의 반은 해(궤도) 바깥에 있고, 반은 해 안쪽에 있다. 바깥에 있는 것은 땅에서 멀고, 안쪽에 있는 것은 땅에서 가깝다. 또한 태백은 (본래) 빛이 없기 때문에 해의 밝음을 받아서 달처럼 그믐과 보름이 있다. 지구에 가까워져 아래쪽에 밝음이 가득 차는 것은 빛이 지구보다 성해서 해가 그것을 가리지 못해서 그런 것이지 (태백) 몸체 (기가) 쇠하고 왕성해서 그런 것이 아니다."

유성과 비성(飛星)은 천체의 잔해물이 대기권에 들어와 빛을 내며 떨어지는 별똥별이다. 그런데 고전 천문학에서는 위에서 아래로 떨어지는 것과 아래에서 위로 떨어지는 것을 구분해서 전자를 유성, 후자를 비성이라 불렀다. 요성은 오행성이 어긋나서 생기는 별이고, 패성은 꼬리가 사방으로 난 것으로 혜성의 일종이다. 모두 불규칙적으로 나타나는 천문 현상이기에 예전에는 무언가 예사롭지 않은 사건의 조짐으로 해석했다. 허자는 이와 같은 천체들이 어떤 기에서 만들어진 것이기에 이변을 일으키는지 물었다.

실옹은 네 가지 천문 현상 발생의 정확한 원인을 구분해서 설명하지는 않고 있다. 다만 기가 엉기어 생겼다거나, 녹고 남은 기가 떠돌다 생겨났다는 식으로 모두 기의 변화와 작용에 의해서 생겨난 것들이라는 사실을 언급하는 정도다. 다만 사람과 땅의 두 기에 크게 영향을 받는 듯한데, 두 기의 조화가 지극하여 형성되면 상서로운 별이 되며, 두 기가 항상됨을 잃어 형성되면 혜성과 패성같이 요사스러운 별이 된다고 강조하고 있다. 천변 현상으로 믿었던 전통적 천문관에서 벗어난 이해는 아니라고 할 수 있다.

기의 조화와 작용으로 상서롭거나 요사스러운 별들이 생겨난다는 설명을 들은 허자는 정오에 보이는 금성도 그와 같은지 묻는다. 정오에 보일 정도면 망기(芒氣, 황홀한 기운)가 성한 것일 텐데, 이와 같이 뭇 천체의 기가 성하고 쇠하냐는 것이다. 물론 금성이 정오 무렵까지 보이는 경우는 거의 없다. 밝을 때에는 늦은 아침 무렵 또는 이른 저녁 무렵까지 환하게 보일 때가 있을 뿐이다. 평소보다 아침 늦게까지 환한 금성을 보고 비정상적으로 기가 왕성하다고 여기고 다른 천체들도 그러한 경우가 가능한가 물은 것이다. 이에 실옹은 기의 지극한 조화와 항상성의 퇴락으로 상서롭거나 요사한 별의 출현을 논했던 것과 달리 금성의 밝기 변화는 전적으로 금성의 공전에 따른 지구에서 보이는 밝기의 차이로 설명한다. 그림 9의 티코의 우주 모델에서 보듯이 금성은 내행성으로 태양이 지구를 도는 공전궤도의 안팎으로 넘나든다. 금성이 태양 공전궤도 안쪽에 들어오면 지구에서 가깝기 때문에 밝게 보인다는 설명이었다.

일식과 재이론에 대하여

虛子曰, "日蝕者陰抗陽也 月蝕者陽抗陰也. 至治之世 當食而不食. 果有其理歟."

實翁曰, "拘於陰陽 泥於理義 不察天道 先儒之過也. 夫月掩日而日爲之蝕, 地掩月而月爲之蝕. 經緯同度 三界參直 互掩爲蝕 其行之常也. 且日食於地界 而地食於月界, 月食於地界 而日食於月界, 此三界之常度 不係於地界之治亂. 雖然 日沒而爲夜 亦日之變也, 以處晝之道 處夜則亂矣. 日食之爲變 亦猶是也. 處變修省 人事之當然也."

허자가 말했다. "일식은 음이 양을 저지한 것이고, 월식은 양이 음을 저지한 것입니다. 지극한 정치가 펼쳐지던 시대에는 마땅히 식이 일어나야 하는데 일어나지 않았습니다. 과연 그러한 이치가 있습니까?"

실옹이 말했다. "음양론에 구애되고 '의리학'에 얽매여 천도를 살피지 못함은 선유(先儒)들의 과오다. 무릇 달이 해를 가려 일식이 일어나고, 땅이 달을 가려 월식이 일어난다. 경도와 위도가 같은 도수이고(즉 황도와 백도가 일치하는 것), 지구·일·월이 서로 일직선에 위치해서 서로 가리면 식이 됨은 운행의 항상된 이치다. 또한 해가 지구에게 먹히고 지구가 달에게 먹히며,[1] 달이 지구에게 먹히며(월식) 해가 달에게 먹히는 것(일식), 이것들은 지구·일·월의 상도(常道)이지 지구 세계에서의 치란(治亂)과는 관계없다. 비록 그러하나 해가 지면 밤이 되는 것 역시 해의 재변(災變)일 수 있다. 낮에 처할 도로서 밤에 처하면 난(亂)이다. 일식이 재변이라 함은 역시 이와 같다. 재변에 대처해서 수양하고 반성함은 인사(人事)의 당연한 바다."

✿

일식과 월식에 대한 허자와 실옹의 이해 차이를 잘 보여주는 대목이다. 허자의 일월식 이해는 일반적인 유학자들의 이해와 다르지 않다. 즉 음이 양을 저지한 것이 일식이고, 양이 음을 저지한 것이 월식이며, 일월식과 같이 양의 해와 음의 달이 서로 침범하는 천문 현상을 천변 재이로 인식해왔다. 허자는 일월식이 천변 재이라는 전제하에, 지극한

---

1 해가 지구로 인해 식이 일어나고 지구가 달로 인해 식이 일어난다는 의미일 것이다. 그러나 뒤 문장이 의미하는 월식·일식과 달리 어떠한 현상을 말하는지 이해가 안 된다.

정치가 펼쳐지면 일월식이 일어나지 않을 수 있는지 물었다.

일월식에 대한 이해를 허자처럼 음양의 부조화로만 파악하는 것은 아니었다. 물론 주희를 비롯해 성리학자들은 월식의 경우에는 음이 양을 이겨서 생겨난다는 이해가 일반적이었다. 그러나 한편으로는 해와 달이 서로 가려서 식이 일어난다고 이해하기도 했다. 특히 일식의 경우에는 달이 해를 가려서 일어난다는 비교적 공간구조적 이해가 널리 퍼져 있었다. 이에 비해 지구가 햇빛을 가려 지구의 그림자로 인해 달이 가려지는 월식 현상은 조금 더 복잡한 공간구조적 이해가 필요했다. 그렇기에 서구 천문학 유입 이전에 월식에 대한 공간구조적 이해는 가능하지 않았다. 주희는 여전히 월식은 보름 때 햇빛이 달빛을 빼앗아 일어난다거나, 달이 해와 적대적으로 다투어서 일어난다는 식으로 이해했다.[2] 그러나 일식과 월식이 정해진 도수에 따라 발생한다는 이해가 점점 이루어졌고, 그에 따라 일월식을 '재이'로 여기지 않는 경향이 두드러졌다. 예컨대 송나라 휘종대(1101~1125)에 일월식을 재이에서 제외하는 조서가 내려진 것이 그러한 추이를 보여주는 사례다.[3]

실옹은 음양론과 의리학에 얽매여 일월식을 재이 현상으로만 여기는 유학자들의 인식은 잘못되었다며, 일월식을 재이로 파악하는 이해를 전면 부정한다. 달이 해를 가려 일식이 일어나고, 땅이 달을 가려 월식이 일어난다고 주장했다. 경도와 위도가 같아서, 즉 황도와 백도가 일치

---

2 『朱子語類』 권2, 「理氣下」, 李閎祖錄 참조.
3 『朱子語類』 권2, 「理氣下」, 包楊錄 참조.

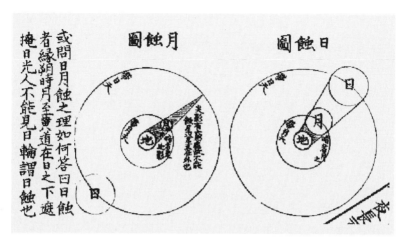

그림 13 「곤여만국전도(坤與萬國全圖)」에 삽입된 일식도와 월식도. 공간구조적으로 해와 달이 가려지는 원리를 잘 보여준다.

해서 지구와 해, 그리고 달이 일직선으로 위치할 때 서로 가려서 식이 일어난다는 설명이었다. 물론『건곤체의』와 같은 서구 천문학의 개론적 소개서만 읽어보아도 잘 알 수 있는 기초 지식에 불과한 이해다. 실옹은 그와 같은 공간구조적 원리를 설명하며 일월식의 발생은 상도(常道)이지 인간 세계에서의 치란(治亂)과 감응하는 천변 현상이 아님을 분명히 했다.

그러면서도 재변에 수성(修省)해야 한다는 주장을 덧붙이고 있다. 치란과 상관없는 천변 현상이라면서도 말이다. 실옹은 해가 지면 밤이 되는 것도 해의 재변(災變)일 수 있다고 했다. 그런 차원에서라면 일식이 재변일 수 있다는 것이다. 재변에 수성하는 것은 인간의 당연한 도리이기 때문에 일월식이 발생했을 때 반성하고 경계함은 군자의 적절한 태도라고 보는 것이다. 실옹은 도인(道人)과는 거리가 멀었으며, 유가 사대부적 심성을 지닌 사람이었다.

20

기상 현상 1
바람 · 구름 · 비 · 눈 · 서리 · 우박 ·
천둥 · 번개 · 무지개 · 무리

虛子曰, "風雲雨雪霜雹雷霆虹暈 凡天道之變. 可得悉聞歟."

實翁曰, "虛者天也. 是以井坎之空 瓶罌之空 亦天也. 凡風雲之屬 皆出於虛 故謂之道, 其實地氣之蒸成 不專於天也.

嘗試言之. 風者 生於地角, 地之轉也 不能無掀搖, 山嶺之高 隧壑之深 不能無激盪. 故虛氣籖渼 四出而爲風. 激之急者其風猛 激之徐者其風緩. 近於激者 其勢大 遠於激者其勢微. 一激之後互相衝撞 東西南北 任其驅射. 且蛟龍之騰化 雷雨之翻注 亦能煽呼. 皆出於地面. 是以離地數百里 未嘗有風焉.

雲者 山川之氣 騰結而成形, 其色本淡 借日光以成雜采. 日午多白 正受光也, 其黑者 積厚而陰也. 朝夕多紅紫 地氣之盪日也.

雨者 甀露之勢也. 水土之氣 蒸騰于空 鬱于密雲 無所泄而凝成. 氣蒸而雲不密則不成雨. 雲密而氣不蒸則亦不成雨.

171

雪者 冷氣之蒸也. 霜者 溫冷之褁也. 雹者 溫冷相薄 急雨之凍也. 皆成於蒸氣 雨之類也.

雷者 蒸氣隔鬱 相撞發火, 電者其光也. 雷者其聲也. 火之所觸 物必靡爛. 先電而後雷者 發於遠也, 電雷並作者 發於近也. 遠於地者 散於空界, 近於地者 觸而震物. 不雷而電者 百里以遠也, 不電而雷者 積雲之隔也.

鐵鎌扣石 火鈴布地 違避堅濕 必就燥絨. 蓋堅濕者 火之所畏, 燥絨者 火之所嗜. 夫雷者 其性剛烈 其氣奮猛 違避正直 必就邪沴. 蓋正直者 雷之所畏, 邪沴者 雷之所嗜. 夫人之靈覺 乃一身之火精. 況雷者 天地之正火, 剛烈奮猛 好生嫉惡 夏時暴霆 靈覺如神. 凡人物被震 時顯奇跡 曲施機巧. 是雷神之有情也. 火精靈覺 實同人心.

虹者 水氣也. 朝東夕西 借日以成. 日之斜射 必成半規. 日午無虹 水氣不厚也. 日月之暈 虹之類也 成於空 故必成全規. 虹暈之成規 日月之圓也."

허자가 말했다. "바람[風], 구름[雲], 비[雨], 눈[雪], 서리[霜], 우박[雹], 천둥[雷], 번개[霆], 무지개[虹], 무리[暈] 등 무릇 천도의 변화에 대하여 모두 들을 수 있겠습니까?"

실옹이 말했다. "빈 것은 (모두) 하늘이다. 이 때문에 우물과 구덩이의 빈 곳, 단지와 항아리의 빈 것 역시 하늘이다. 무릇 바람과 구름의 무리는 모두 빈 것에서 나왔기에 도(道)라 일컫는데, 실은 땅의 기가 증발해서 이룬 것이지 오로지 하늘에서만 비롯된 것은 아니다.

시험 삼아 말해보겠다.

바람은 땅의 모서리에서 생겨나는데, 땅이 돌면서 번쩍 들리고 흔들리지 않을 수 없고, 산봉우리 높은 곳과 계곡 깊은 곳에서는 부딪쳐 오르거나(激) 심하게 흔들리지(盪) 않을 수 없다. 그렇기에 허기가 까불고 출렁거려 사방에서 나와 바람이 된다. 급하게 부딪쳐 오르면 바람이 사납고, 서서히 부딪쳐 오르면 바람이 느슨하다. 부딪침에 가까우면 바람의 세력이 크고, 멀면 미세하다. 한번 부딪쳐 오른 후에는 서로 충돌해 동서남북으로 아무렇게나 몰아친다. 또한 교룡[1]이 날아오르면 쏟아붓는 뇌우를 부채질할 수도 있다. 이러한 것들이 모두 지면에서 일어난다. 이것이 지면에서 수백 리 떨어지면 일찍이 바람이 없는 까닭이다.

구름은 산천의 기가 올라가 응결해 형체를 이룬 것이다. 색은 본디 맑은데, 햇빛을 빌려서 여러 색을 띤다. 한낮에 흰색을 많이 띠는 것은 똑바로 빛을 받아서이며, 흑색인 것은 두껍게 쌓여서 음인 것이다. 아침저녁으로 많이 붉고 보랏빛인 것은 지기가 해와 요동쳐서(盪) 그렇다.

비는 시루 속 이슬과 같은 형세다. (지면 위) 물과 흙의 기가 증발해 공중으로 올라가 빽빽한 구름에 갇혀 답답해 새어나갈 곳이 없으면 응취해서 (비를) 이룬다. 기가 증발해도 구름이 빽빽하지 않으면 비를 못 이룬다. 구름이 빽빽해도 기가 증발하지 않으면 역시 비가 형성되지 않는다.

눈은 냉기가 증발한 것이고, 서리는 온기와 냉기가 섞인 것이고, 우박

---

1 교룡(蛟龍)은 전설적인 용의 한 종류다. 모양은 뱀과 같으며 길이가 한 길이 넘고, 네 발이 넓적하고 머리가 작으며, 가슴이 붉고 등에는 푸른 무늬가 있으며, 옆구리와 배는 비단(緋緞)처럼 부드럽고 눈썹으로 흘레하여 알을 낳는다고 한다.

은 온기와 냉기가 서로 얇게 만나 생긴 급한 비가 언 것이다. 모두 증발한 기로부터 만들어진 비의 일종이다.

증발한 기가 막혀 답답해 서로 부딪혀 발화할 때 번개는 그 빛이고 천둥은 그 소리다. 불에 사물이 닿으면 사물은 반드시 헐어 문드러진다. 번개가 먼저 친 후 천둥이 치면 먼 곳에서 발생한 것이고, 번개와 천둥이 동시에 치면 가까이서 발생한 것이다. 땅에서 먼 곳에서 발생하면 허공중에 흩어지고, 땅에서 가까운 곳에서 발생하면 접촉해서 사물을 진동시킨다. 천둥 없이 번개가 치면 백 리나 먼 것이고, 번개 없이 천둥이 치면 쌓인 구름으로 막힌 것이다.

쇠낫으로 돌을 치면 불꽃이 땅에 퍼지는데 딱딱하고 습한 것을 피하고 반드시 건조하고 부드러운 것으로 나아간다. 대개 딱딱하고 습한 것은 불이 두려워하는 바이고, 건조하고 부드러운 것은 불이 좋아하는 바다. 무릇 천둥은 성질이 강렬하고 그 기가 맹렬히 성내서 바르고 곧은 것을 피하며 반드시 사악한 요기(妖氣)로 나아간다. 대개 바르고 곧은 것은 천둥이 두려워하는 바이고 사악한 요기는 천둥이 좋아하는 바다. 무릇 사람의 영험한 지각은 일신(一身)의 불의 정수인데 하물며 천둥은 천지의 바른 불로서, 강렬하고 성내고 사나우며 생명을 좋아하고 악을 싫어해, 삽시간에 사납게 천둥 치니, 그 영묘한 지각이 신과 같다. 무릇 사람과 사물이 벼락 맞으면 때로 기적을 드러내며 삿되게 기교를 행한다. 이는 뇌신(雷神)에 정(情)이 있음이다. 불의 정수와 영묘한 지각은 실은 인심(人心)과 같다.

무지개는 물의 기다. 아침에는 동쪽, 저녁에는 서쪽에서 해를 빌려 생긴다. 해가 비스듬히 비추어 반드시 반쪽 고리를 이룬다. 한낮에는 무지개가 없는데, 물의 기가 두텁지 않아서다. 해무리와 달무리는 무지개의 종류로 공중에서 만들어지기 때문에 완전한 고리를 이룬다. 무지개와 해·달무리 고리를 만듦은 일월의 원이다."

❀

　바람과 번개 등의 여러 기상 현상에 대해 설명하는 내용이다.

　동아시아에서 기상 현상에 대한 설명은 다양한 편이었다. 시대마다 사람마다 조금씩 다르게 설명해서 정설이 부재한다고 할 수 있다. 예컨대 한대의 고전『대대례기』에 나오는「증자천원」편에서는 음양의 기가 마땅한 바에 따르면 고요하지만, 한쪽으로 쏠리면 바람이 되고, 섞이면 번개가 되며, 화합하면 비가 된다고 했다. 그런데 송대 성리학자 장재는 그의『정몽』「삼량편」에서 바람은 바깥에 있는 양기가 쌓여 있는 음기 안으로 들어가지 못하고 주위를 뱅뱅 돌아 발생하며, 번개는 음기가 엉긴 곳에서 안쪽에 있는 양기가 나오지 못하면서 분격하여 생긴다고 했으며, 비는 양기가 음기 위에 쌓여 서로 부딪혀서 발생한다고 했다. 사실 음기와 양기의 작용에 의해 생긴다는 공통점 이외에 발생의 메커니즘은 조금씩 다르다고 할 수 있다. 주희는 대체적으로 장재의 견해를 따랐지만 많은 부분을 수정해놓았다.[2] 중국과 조선의 유학자들이 이해한 기상 현상은 기본적으로 장재와 주희의 설명에 근거했지만 동일한 설명을 반복하지는 않았다. 예컨대 조선시대 유학자들에게 모범적인

그림 14 『건곤체의』의 사원행도   **그림 15** 『건곤체의』의 삼제도

자연 현상에 대한 체계적인 설명문으로 여겨지던 이이(李珥, 1536~1584)
의 「천도책(天道策)」(1558)이 그러했다. 그래도 음기와 양기의 작용으로
설명하는 점에서는 동일했다.

17세기 이후 유입된 서구 기상학의 기상 현상 설명은 소위 삼제설과
사원행설에 근거했다. 삼제설은 대기권이 제일 아래의 따뜻한 권역

---

2 중국의 고전적 기상 현상에 대한 자세한 내용은 야마다 케이지, 『朱子의 自然學』, 318~330쪽을
   참고할 것.

(煖際), 가운데의 차가운 권역(冷際), 그리고 가장 높은 뜨거운 권역(熱際)의 세 권역으로 나뉘어 있다는 이론을 말한다. 세 권역으로 나뉜 공기로 이루어진 대기권 바깥은 펄펄 끓는 불로 이루어진 화대(火帶)였다. 사원행설은 물질 구성의 가장 근원적 원소인 불, 공기, 물, 흙의 네 원소의 성질에 상응해서 건(乾)·습(濕)·냉(冷)·열(熱)의 상태를 상정하는 것을 말한다. 대기권의 공기들이 이와 같이 네 가지 상태로 변화하면서, 바깥으로부터는 화대로부터 받는 뜨거운 빛과 열기, 그리고 내부적으로는 난제·냉제·열제의 권역을 넘나들면서 여건의 변화에 따라서 다양한 기상 현상이 발생한다는 것이 서구 기상학의 원리였다. 예컨대 구름이 생기고 비가 오는 현상에 대한 설명을 보자. 땅에서 물기를 머금은 냉습한(차갑고 습한) 공기가 태양 빛을 받아 따뜻해지면 상승하는데, 차가운 냉제에 이르러 열기를 뺏기고 원래의 차갑고 습한 공기로 농밀해져서 구름이 된다고 설명했다. 구름은 두껍고 옅으며 희박하고 농밀한 차이가 있는데, 지나치게 옅고 희박하면 비가 되지 못하고 바람이 되어버리며, 두껍고 농밀한 구름이 더욱 물기를 머금으면 비가 된다는 식이었다.[3]

이와 같은 서구 중세의 기상학은 1633년 『공제격치(空際格致)』로 번역되어 중국의 학인들에게 알려졌다. 그러나 이러한 서구 기상학의 설명이 중국 학인들에게 얼마나 설득력이 있었는지는 의문이다. 특히 기(氣)로 번역된 공기를 서구인들처럼 '공기(air)'로 이해하는 이가 얼마나 될

---

3 『空際格致』 권하, 「雨雲」.

지 의문이기 때문이다. 아마도 중국 학인들은 냉습한 기는 음기로, 건열한 기는 양기로 이해하지 않았을까 싶다. 실제로 서구 천문학의 유용한 계산법들이 역법에 대거 활용된 것에 비하면『공제격치』의 기상 현상 설명을 그대로 수용하는 학인들은 찾아보기 어렵다. 그나마 조선에는 북경에서 간행된『공제격치』가 바로 전해지지 않았다.『공제격치』가 조선 학인들 사이에서 회람된 것은 18세기 말에 이르러서였다.[4] 홍대용은 서구 기상학 내용을 알고 있었을까?

실옹의 기상 현상 설명을 보면 먼저 유학자들의 고전적인 음양론에 입각한 기상 현상 이해를 전면적으로 따르지 않음을 알 수 있다. 어떠한 현상에 대해서도 음기와 양기의 작용으로 설명하지 않았다. 물론 비슷한 설명도 있다. 주희는 비라는 것이 음기가 성해서 빈틈없이 응결하고 촉촉해져서 비가 된다면서 밥그릇의 뚜껑을 닫으면 안에 가득 찬 습한 기가 바깥으로 나가지 못하고 이슬이 생기는 것과 같은 이치라고 했는데, 이와 유사하게 실옹은 비가 시루 속 이슬과 같은 형세라고 했던 것이다. 그러나 지면 위의 물과 흙의 기가 증발해서 공중으로 올라가 구름이 되고, 구름이 빽빽하면 비가 된다는 설명은 오히려 서구 기상학의 원리에 훨씬 가깝다고 할 수 있다. 그 외에도 실옹의 설명에는 얼핏 보면 서구 기상학의 설명과 매우 유사해 보이는 내용이 많다. 예컨대 이미 언급한 구름과 비의 생성이라든가, 눈과 서리, 우박이 증발한 기로

---

4 문중양, 「19세기 조선의 자연지식과 과학담론: 명말(明末)·청초(清初) 중국 우주론의 늦은 유입과 그 영향」, 『다산학』 13호(2008), 7~24쪽을 참조.

부터 만들어진 비가 얼어서 생기는 비의 일종이라는 설명이 그러했다.

그러나 많이 다르기도 했다. 특히 바람의 설명은 홍대용의 독특한 사색의 결과물임에 분명하다. 장재와 주희는 음기가 안쪽에서 응결해 있으면 양기가 들어가려 해도 들어갈 수 없어 그 주위를 뱅뱅 돌아 바람이 된다고 주장했다. 『공제격치』에 의하면 땅에서 발산된 건조하고 뜨거운 공기가 위로 올라가 차가운 냉제에 막혀 더 오르지 못하고 옆으로 날려 바람이 된다고 했다. 실옹은 이 둘과 전혀 다르게 바람의 발생을 지구의 회전에서 찾았다. 바람은 땅의 모서리 빈 곳에서 그 발단이 일어난다며, 지구가 돌면서 번쩍 들리고 흔들리지 않을 수 없는데, 산봉우리와 계곡 깊은 곳은 특히 심해 바람이 된다는 것이다. 결국 바람이 일어나려는 발단이 있어도 지구가 회전하지 않으면 바람으로 증폭되지 않는다고 본 듯하다. 이와 같이 바람의 생성이 지구의 회전에 기인하는 바가 크기 때문에 바람은 지면 위 한정된 구역에서만 일어나며 수백 리 떨어진 높은 허공에서는 바람이 없다고 보았다. 지구의 회전 때문에 생기는 현상이기에 홍대용의 아이디어가 분명할 것이다.

서구 기상학과의 친연성이 높고 음양론에 입각한 기상 현상 설명을 전면적으로 하지 않는다고 해서 실옹의 기상 현상 이해가 전통적 관점에서 완전히 발을 떼었다고 볼 수는 없다. 바람의 형성을 설명하면서 실옹은 교룡이 날아오르면 뇌우가 쏟아지는 것을 부채질할 수도 있다고 했다. 상상 속의 동물인 교룡이 비를 부른다는 속설은 오래전부터 민간에서 믿어온 전설이 아니던가. 또한 실옹은 천둥과 번개를 설명하는 대목에서는 천둥이 천지의 바른 불이라며 생명을 좋아하고 악을 싫어해서 사람이 벼락을 맞으면 때로 기적을 드러내 삿된 기교를 행하기도 한다고 했다. 이로 보아 뇌신(雷神)에 정(情)이 있음을 알 수 있다며 현대 인이 이해하기 어려운 현학적인 이야기를 늘어놓기도 했다.

21

기상 현상 2
청몽기차에 대하여

虛子曰, "人在地上 見天未半. 雖然 或日已東昇 而西見月食. 且日月之在地面 距人遠而圈徑必大, 其在中天 距人近而圈徑反小. 何也."

實翁曰, "此氣之所爲也. 試將銅錢置于浴盤. 退而窺之 纔見一點, 及灌注淸水 全形騰露. 此水之力也. 玻瓈籠眼 秋毫如指. 此玻瓈之力也.

今水土之氣 蒸包地面 外媚三光 內眩人目. 映發如水 震靂如玻瓈, 騰卑爲高 幼小爲大. 西洋之人 有見於此 命以淸蒙. 仰測見小 淸蒙之薄也, 橫望見大 淸蒙之厚也.

夫雷聲之壯而不過百里 銃丸之猛而不及千步 此遠近之勢也. 雖然 遠近之所以致然 必有其故. 盖遊氣充塞 穿撥有限. 聲馳丸走 力竭而止. 人之目力 亦猶是也. 夫日月眞徑 終不可測也.

月體初朏 明飽魄外. 是光燄成暈 非月本體. 弦望徑圍 靡所適從, 況太陽

純火 錽暈倍大 眞界深淺 竟無槼量. 且測望圜體 近則見小 遠則見大 彈丸之微 莫辨本形. 況於日月乎."

허자가 말했다. "사람은 지면 위에 있어 하늘의 반을 보지 못합니다. 그러나 간혹 해가 동쪽에 이미 떠올랐는데 서쪽에서 월식을 보기도 합니다. 게다가 일·월이 지면에 있을 때에는 사람으로부터 먼데도 둘레와 직경이 반드시 크고, (일월이) 중천에 있을 때에는 사람에게 가까운데도 둘레와 직경이 도리어 작습니다. 왜 그렇습니까?"

실옹이 말했다. "이는 기의 작용이다. 동전을 세숫대야에 담아 시험해보자. 물러나 보면 겨우 한 점이 보이는데, 맑은 물을 부우면 전체 형태가 드러나 보인다. 이것이 물의 힘이다. 유리 돋보기는 가을 터럭을 손가락처럼 보이게 한다. 이것이 유리의 힘이다.

지금 수기와 토기가 증발해서 지면에 퍼지면 바깥으로 삼광이 아른거리게 하고 안으로 사람의 시각을 어지럽게 한다. 물처럼 영상을 반사하고 유리처럼 자욱해져서 낮은 것을 높게 보이고 어리고 작은 것을 크게 보이게 한다. 서양인들이 이것을 발견하고 '청몽(淸蒙)'[1]이라 불렀다. 위로 올려다보아 작게 보임은 청몽이 얇은 것이고, 측면으로 보아 크게 보임은 청몽이 두텁기 때문이다.

무릇 천둥소리의 장대함으로도 백 리를 넘지 못하고, 총탄의 사나움으로도 천 보를 넘지 못하니, 이것이 원근의 형세다. 비록 그러나 원근

---

1 정확히는 '청몽기'다.

이 그렇게 되는 소이는 반드시 원인이 있다. 대개 유기가 가득 차 있어 뚫고 나아가는 데 한계가 있다. 소리가 퍼져나가고 총탄이 날아가도 힘이 다하면 정지한다. 사람의 시력도 역시 이와 같다. 무릇 일월의 참 직경은 궁극적으로 측량할 수 없다.

달이 처음 뜰 때는 밝은 기운이 몸체 바깥까지 가득 차 있다. 이는 빛의 기세가 달무리를 만든 것으로 달의 본체가 아니다. 반달과 보름달의 지름과 둘레는 정확하게 좇을 바가 없다. 하물며 태양은 순수한 불로 해무리가 배나 크니 진짜 태양계의 크기는 결국 측량할 수 없다. 또한 둥근 몸체를 측량할 때 가까우면 작아 보이고 멀면 커 보여서 탄환처럼 작은 것도 본래의 형체를 분간하기 어렵다. 하물며 일·월에 있어서랴."

❋

대기권에서 일어나는 빛의 굴절로 발생하는 현상인 서구 천문학의 '청몽기차'를 유학자인 홍대용이 어떻게 독해했는지 잘 보여주는 매우 흥미로운 대목이다.

고전 역법에는 없던 서구 천문학이 처음 알려준 청몽기차에 대해서 허자가 묻는다. 사람은 지면 위에서 천체를 관측하기 때문에 하늘의 반도 관측하지 못한다. 그렇기 때문에 동쪽에서 해가 뜨는 순간에 서쪽에서 월식을 보는 것이 불가능해야 한다. 그런데 관측이 된다. 일월이 처음 떠서 지면에 가까이 있을 때는 커 보이고, 중천에 뜨면 작아 보인다.

이와 같은 현상은 대기권에서 빛이 굴절되어 발생하는 현상들이다. 중국에서 구성된 한역(漢譯) 서구 천문학에서는 이를 '청몽기차'라 명명하고 '유기(游氣)'와 같은 지구를 둘러싸고 가득 찬 기 때문에 일어난다고 설명했다.[2]

조선의 유가 사대부 실옹은 이 청몽기차를 대기권에서의 빛의 굴절현상으로 잘 이해했을까? 결론적으로 말하면 전혀 그렇지 않았다. 그 단초는 '유기'와도 같은 성질의 '청몽기'라는 기 때문에 일어난다는 설명에 있다. '유기'는 우주 공간에 가득 찬 기로서 분화에 의해서 만물을 생성하게 될 미분화된 기다. 그것을 서구인들처럼 '공기'라고 이해할 유가 사대부는 거의 없었다. 실옹 역시 마찬가지였다. 실옹은 청몽기를 토기와 수기가 증발해서 지면에 퍼진 것이라고 했다. 틀린 말은 아니다. 서구 천문학서에서 지구는 토(土)와 수(水)의 두 원소로 구성된 것이기에 지면 위의 공기를 설명할 때 흔히 '수토의 기'라고 서술했다. 청몽기란 '수토의 기'가 증발해서 지면에 퍼진 대기와 다름없다. 따라서 실옹이 청몽기를 토기와 수기가 증발한 것이고, 나아가 '유기'와 같은 것으로 이해한 것은 지극히 자연스럽다고 할 수 있다.

허자의 질문을 받은 실옹의 대답 첫마디가 '기의 작용'이었다. 세숫대야 바닥에 놓은 동전을 비스듬히 보면 안 보이다가 물을 부으면 보이게 되는 것, 돋보기가 가을 터럭을 손가락처럼 크게 보이게 하는 것과 같은 현상이라고 이해했는데, 실옹은 그것을 '물의 힘'과 '유리의 힘' 때문

---

2 『曆象考成』 권4, 「淸蒙氣差」.

이라고 했다.[3] 그렇다면 '기의 힘' 때문에, 즉 청몽기의 힘 때문에 청몽기 차 현상이 생긴다는 것일 테다. 청몽기차를 빛의 굴절이 만든 현상이 아 닌 '기의 작용'으로 이해한 실옹은 이로 인해서 발생하는 다른 문제들을 거론한다. 천둥소리가 백 리를 못 가고, 총탄이 천 보를 넘지 못하듯이 멀리 보지 못하는 인간 시력의 한계가 이러한 '기의 힘' 때문이라는 것이 다. 지구 둘레에 유기가 가득 차 있으니 사람의 시력이 이를 뚫고 멀리 나아가기 어렵다는 이해다. 이 때문에 해와 달의 직경을 정확하게 측량 할 수 없다고 했다. 달이 떠오를 때 달 몸체 외곽을 달무리가 환하게 가 득 채워서 실제 크기를 정확하게 측정할 수 없다고 보았다. 달보다 더 큰 해무리를 갖는 해의 정확한 크기는 더욱더 측정할 수 없을 테다.

---

3 후대에 조선의 유학자 이규경은 『오주연문장전산고』에 실린 기사에서 이를 물과 유리가 '섭(攝)'하는 작용이라고 이해했다. 문중양, 「중국과 조선에서의 빛과 소리에 대한 기론적 논의 —17세기 방이지 학파와 19세기초 이규경을 중심으로—」, 『한국사상사학』 44집(2013.8), 321~360쪽을 참조할 것.

22

기상 현상 3

지구설과 햇빛의 경사각에 의한 기후의 차이

虛子曰, "地體之圓 分野之妄 旣得聞命矣. 敢問一日之間 朝晝異候, 一歲之中 冬夏異候, 一地之中 南北異候. 何也."

實翁曰, "冷者 地界之本氣也. 溫者 日火之熏炙也.

且以中國言之 北京北至之日 不及天頂十六度 日光微斜 溫候已减. 從此以北至于極下 則夏候如冬候. 若其冬候 土地凍坼 有氷無水.

南海北至之日 正當天頂 夏日直射 烈炎如焚 終古無氷. 從此以南至赤道南二十餘度 一歲溫候 互有消長. 惟赤道南北 冬夏易其候.

赤道南數十度 以南至爲夏 以北至爲冬. 其溫冷之候 畧同中國. 由此益南至極下 則夏候如冬. 若其冬候 土地凍坼 有氷無水 亦如北極之下.

由南極而南 由北極而北 其漸溫漸冷 極溫極冷幷同. 此地界惟南北易其候而已.

盖日由黃道 出入於赤道 內外各二十三度. 地界之近赤道而日光直射者 其
氣極溫. 稍遠於赤道而日光斜射者 其氣微溫. 絶遠於赤道而日光橫射者 其氣
極冷. 是以地之有溫 受於日也. 溫有微極 日之斜直也. 察乎此則朝晝之異候 明
矣. 朝晝之異候明 則冬夏之異候 明矣. 冬夏之異候旣明 則南北之異候亦明矣."

허자가 말했다. "땅의 몸체가 둥글다는 설과 분야설의 망령됨에 대한
가르침은 이미 받아들였습니다. 하루 사이에도 아침과 낮의 기후가 다
르고 한 해 동안에도 겨울과 여름의 기후가 다르고, 지구 안에서도 남
과 북이 기후가 다른 것은 왜 그러한지 감히 묻습니다."

실옹이 말했다. "지구계의 기는 본래 차갑다. 따뜻함은 태양 불을 쪼
인 것이다.

또 중국의 경우로 말하자면, 북경은 '해가 가장 북쪽에 이른 날(하짓
날)'에도 해가 천정으로부터 16도에도 못 미쳐 햇빛이 약간 경사져서 따
뜻한 기후가 이미 줄었다.[1] 이로부터 북쪽으로 북극 아래까지는 여름의
기후가 (중국의) 겨울과 같다. 겨울 기후와 같이 토지가 얼어 터져 얼음
만 있고 물이 없다.

남해[2]는 '해가 가장 북쪽에 이른 날'에 (해가) 천정에 위치해서 여름 해
가 직사하듯이 하기 때문에 태울 듯이 뜨거워 영원토록 얼음이 없다.
이곳으로부터 남쪽으로 적도 이남 20여 도에 이르기까지는 한 해 동안

---

1 더 남쪽 천정 바로 아래보다 따뜻한 기후가 줄어들었다는 의미다.
2 현재의 하이난성, 즉 중국 최남단에 위치한 해남도를 말하는 듯하다.

따뜻한 기후가 줄었다 늘었다 할 뿐이다. 적도의 남북은 겨울과 여름에 기후가 바뀐다.

적도의 남쪽 수십 도 지역은 해가 남쪽에 이르면 여름이고 북쪽에 이르면 겨울이다. 그 따뜻하고 차가운 기후는 중국과 대략 동일하다. 여기로부터 더욱 남쪽으로 남극 아래까지는 여름 기후가 (중국의) 겨울과 같다. 겨울 기후와 같이 토지가 얼어 터져 얼음만 있고 물이 없음이 또한 북극 아래 지역과 같다.

남극 이남과 북극 이북은 점점 따뜻해지고 점점 추워짐, 그리고 극도로 따뜻함과 극도로 추움이 모두 동일하다.[3] 이는 지구계가 남북으로 그 기후가 바뀔 뿐이다.

무릇 태양은 황도를 따라서 적도를 안팎으로 23도까지 출입한다.[4] 지구계가 적도 가까울 때는 햇빛이 똑바로 비쳐서 그 기가 극도로 따뜻하다. 적도에서 조금 멀어지면 햇빛이 경사지게 비쳐서 기가 약간 따뜻하다. 적도로부터 아주 멀어지면 햇빛이 횡으로 쏘여서 그 기가 극도로 차갑다. 이 때문에 지구의 따뜻함은 태양 빛을 받아서이며, 따뜻함에 차이가 있는 것은 햇빛이 비치는 경사각에 따른 것이다. 이와 같이 관찰

---

3 남극 이남과 북극 이북이라는 서술이 의미하는 바를 이해하기 어렵다. 남극의 남쪽 지역과 북극의 북쪽 지역이 어디를 말하는지? 아마도 동방을 기준으로 보았을 때 남극과 북극 너머의 지구 반대쪽 서방을 뜻하는 것이 아닐까 추측해본다. 그렇다면 서방에서도 남극과 북극 사이에서 점점 따뜻해지고 추워지며, 적도 부근에서 극도로 덥고 극 아래 지역에서 극도로 추운 것이 동방에서와 동일하다고 해석할 수 있을 것이다.

4 태양이 황도를 따라서 천구를 도는데, 적도를 남북으로 가로지르며 남북으로 23도까지 올라갔다 내려갔다 한다는 뜻이다.

하면 아침과 낮의 기후 차이가 명확해진다. 아침과 낮의 기후 차이가 명확해지면 겨울과 여름의 기후 차이가 명확해진다. 겨울과 여름의 기후 차이가 명확해지면 남과 북의 기후 차이가 역시 명확해진다."

❋

지구설에 입각해 위도에 따른 기후 차를 설명하는 대목이다. 하루 동안 또는 계절마다 기후가 다른 원리와 남북의 지역에 따라 기후가 달라지는 원리를 묻는 허자의 질문에 비교적 정확하게 설명하고 있다. 사실 서구 천문학과 지리학 개론서만 읽어도 알 수 있는 기초적인 내용이었기에 어려울 것은 없다.

실옹은 지구는 본래 차가워서 태양 빛을 받아야 따뜻하다는 말로 답변을 시작한다. 그간 유학자들이 기후가 달라지는 것을 음기와 양기의 소장(消長) 또는 오행의 기운[5]으로 믿어왔던 오랜 전통을 고려하면 태양 빛 때문에 차가운 땅이 따뜻할 수 있다는 사실을 맨 먼저 강조해야 했음은 당연하다. 이와 함께 실옹은 지역별 따뜻함은 햇빛을 받는 경사각의 차이에 따라 다르다는 원리를 제시한다. 구형의 자전하는 지구를 태양이 도는데, 그 궤도가 황도를 따라서 적도를 비스듬히 가로지르며 23도 남북까지 오르고 내리기 때문에 지역마다 햇빛의 경사각이 다를

---

5 예컨대 『예기』 「월령」에 의하면 오행 중에 나무(木)의 기운이 봄에 해당하고, 불(火)의 기운은 여름, 쇠(金)의 기운은 가을, 물(水)의 기운이 겨울에 해당한다고 했다.

수밖에 없다. 즉 적도 근처는 햇빛이 직사해서 뜨거우며, 적도로부터 멀어질수록 햇빛이 비스듬히 비치면서 추워진다.

한편 태양이 적도를 오르내리기 때문에 적도를 기준으로 남북은 여름과 겨울이 반대가 된다. 즉 태양이 적도 북쪽으로 올라오면 적도 이북 지역은 여름이고 적도 이남 지역은 겨울인 것이다. 태양이 가장 북쪽에 이르렀을 때, 즉 하지 때에 적도에서 20여 도 떨어진 중국의 해남도 지역과 같은 곳은 햇빛이 직사하기 때문에 태울 듯이 뜨겁다. 이보다 북쪽 지역일수록 경사가 더해져 따뜻함이 감소하는데, 북경 지역을 넘어 북극 아래 지역에 이르면 추워져 여름인데도 겨울처럼 춥다. 이런 기후 변화는 적도 이남 지역도 마찬가지다.

23

음양오행설과 인물의 근원으로서 태양 불의 역할

虛子曰, "日南至而一陽生 日北至而一陰生. 陰陽交而爲春夏 天地閉而爲秋冬. 南陽而北陰 地勢之定局也. 夏溫而冬冷 陰陽之交閉也. 今夫子舍陰陽之定局 去交閉之眞機, 率之以日火之遠近斜直, 無乃不可乎."

實翁曰, "然, 有是言也. 雖然 陽之類有萬而皆本於火 陰之類有萬而皆本於地, 古之人有見於此而有陰陽之說. 萬物化生於春夏則謂之交, 萬物收藏於秋冬則謂之閉. 古人立言 各有爲也. 究其本則實屬於日火之淺深, 非謂天地之間別有陰陽二氣, 隨時生伏 主張造化 如後人之說也."

虛子曰, "地界生物 統屬於日火, 假令日界一朝融滅 卽此地界將無一物."

實翁曰, "水土相結 物不生成 暗冷混沌 成一死界. 虛空之中 絶遠日火 徒成死界 奚啻千萬."

虛子曰, "天者五行之氣也 地者五行之質也. 天有其氣 地有其質, 物之生成

自有其具 豈其專屬於日乎."

實翁曰, "虞夏言六府 水火金木土穀是也. 易言八象 天地火水雷風山澤是也. 洪範言五行 水火金木土是也. 佛言四大 地水火風是也. 古人隨時立言 以作萬物之總名 非謂 "不可加一 不可減一 天地萬物 適有此數也." 故五行之數 原非定論, 術家祖之 河洛以傅會之 易象以穿鑿之 生克飛伏 支離繚繞 張皇衆技 卒無其理.

夫火者日也, 水土者地也, 若木金者 日地之所生成 不當與三者並立爲行也.

且天者 清虛之氣 彌滿無際 其可以蕞爾地界之噓吸 擬議於至淸至虛之中乎. 是知天者氣而已 日者火而已 地者水土而已. 萬物者 氣之粕糟 火之陶鎔 地之尤贅 三者闕其一 不成造化 復何疑乎."

虛子曰, "人物之生 胎卵根子 各有其本 何待於日火乎."

實翁曰, "人物之生動 本於日火. 使一朝無日 冷界凌兢 萬品融消 胎卵根子 將安所本. 故曰地者萬物之母 日者萬物之父 天者萬物之祖也."

허자가 말했다. "태양이 가장 남쪽에 이르면(즉 동짓날에) 하나의 양(陽)이 생겨나고, 태양이 가장 북쪽에 이르면(즉 하짓날에) 하나의 음(陰)이 생겨납니다. 음양이 교차하면서 봄과 여름이 오고, 천지가 닫히면서 가을과 겨울이 옵니다. 남쪽의 양과 북쪽의 음은 지세의 정해진 형국입니다. 여름에 따뜻하고 겨울에 추운 것은 음양의 교차와 폐색에 기인합니다. 지금 선생께서 음양의 일정한 형국을 버리고, 교차와 폐색의 참기틀을 버리고, 태양 빛의 원근과 쪼이는 각도로 이끄시니 불가하지 않겠습니까?"

실옹이 말했다. "그렇구나, 그런 말이 있다. 비록 그러하나 양의 부류가 매우 많으나 모두 불(火)에 근본을 두고 있고, 음의 부류도 매우 많으나 모두 땅(地)에 근본을 두고 있어, 옛사람들이 이것을 보고 음양설을 만들었다. 만물이 봄과 여름에 생겨나기 때문에 교차라 일컫고, 만물이 가을과 겨울에 거두어 모아두기 때문에 폐색이라 일컫는다. 옛사람들이 가설을 세움에 각기 까닭이 있다. 그 근본을 추구해보면 사실은 태양 빛의 얕고 깊음에 있지 천지 사이에 별도로 음양의 두 기가 있다고 하지 않았다. (음양의 두 기가) 때에 따라서 생겨나고 사라지며 만물의 생성과 변화를 주재한다는 것은 후세 사람들의 주장일 뿐이다."

허자가 말했다. "지구계의 생명체들이 모조리 태양 빛에 의존한다면, 태양계가 하루아침에 녹아 없어진다면 이 지구계에는 생명체가 하나도 없게 될 것입니다."

실옹이 말했다. "(태양 빛이 없어지면) 얼음과 흙이 서로 엉겨 사물이 생성되지 않는 어둡고 차가운 혼돈의 죽음의 세계가 될 것이다. 우주 안에 태양 빛으로부터 아득히 멀어 한낱 죽음의 세계를 이룬 곳이 천만에 이를 뿐이겠는가?"

허자가 말했다. "하늘은 오행의 기(氣)이고 땅은 오행의 재질입니다. 하늘에 (오행의) 기가 있고 땅에 (오행의) 재질이 있어 사물이 생겨남에 각자 갖추어지는 바가 있으니, 어찌 (사물의 생성이) 태양에만 오로지 의존하겠습니까?"

실옹이 말했다. "우대(虞代)와 하대(夏代)에는 수(水)·화(火)·금(金)·목(木)·토(土)·곡(穀)의 육부설(六府說)[1]이 있었고, 『주역』에는 천(天)·

지(地)·화(火)·수(水)·우레(雷)·바람(風)·산(山)·못(澤)의 팔상설(八象說)²이 있다. 『서경』의 「홍범(洪範)」편에는 수(水)·화(火)·금(金)·목(木)·토(土)의 오행설이 있으며, 불교에서는 지(地)·수(水)·화(火)·풍(風)의 사대설(四大說)이 있다. 옛사람들이 때에 따라 가설을 세우길 모든 만물의 이름을 든다면서 '하나를 보태거나 빼는 것은 불가하며 천지 만물에는 적확한 그 수가 있다'고 하지는 않았다. 그렇기에 오행의 수는 원래 정론이 아니었는데, 술수가들이 모범으로 삼아 하도(河圖)와 낙서(洛書)로 견강부회하고 『주역』의 괘상으로 깊게 천착하며, 상생(相生)·상극(相剋)이라거나, 비(飛)·복(伏)³이라거나 하는 등, 지리하게 둘러대고 장황하게 많은 재주를 부리나 결국에는 이치가 없는 것이다.

무릇 화(火)가 태양이고 수(水)와 토(土)가 땅(地)이라고 하는데,⁴ 만약 목(木)과 금(金)이 태양과 땅에서 생성되는 것이라면, 목과 금을 화·수·토의 삼자와 병립해서 하나의 행(行)이라고 할 수 있겠는가?

---

1 수(水)·화(火)·금(金)·목(木)·토(土)·곡(穀)의 여섯 자연물을 지칭하는 것인데, 나아가 우하 시대에 사토(司土)·사목(司木)·사수(司水)·사초(司草)·사기(司器)·사화(司貨)의 토목사업 이나 기구 제작을 관장하던 정부 내 여섯 기관을 말한다.

2 『주역』에서는 자연계의 일반적인 현상을 천(天)·지(地)·화(火)·수(水)·우레(雷)·바람(風)·산(山)·못(澤)의 여덟 가지로 분류하고, 그것을 각각의 이미지로 상징화하였는데 팔괘가 그 것이다. 자연현상을 상징화한 8괘, 나아가 더 세분화한 64괘로 자연계는 물론이고 인간사회 에 이르기까지 모든 현상을 이에 근거해서 설명했다.

3 주역 점을 칠 때 비(飛)는 볼 수 있게 드러난 것, 복(伏)은 볼 수 없게 숨어 있는 것을 의미 한다.

4 이 서술은 두 가지 상이한 전통의 자연 지식이 복합된 내용이다. 즉 화가 태양이라는 것은 중국의 음양오행론에 입각한 내용이며, 수와 토가 땅이라는 것은 서구 우주론에 입각한 내용 이다.

또한 하늘이란 맑고 허한 기가 무한히 가득 차 있는 것인데 자그마한 지구계의 호흡과 같은 것으로 지극히 맑고 지극히 허한 우주 가운데에서 시비를 논할 수 있겠는가? 하늘은 기(氣)일 뿐이고, 태양은 불(火)일 뿐이고, 땅은 물(水)과 흙(土)일 뿐임을 아는 것으로 족하다. 만물이라는 것은 기(氣)의 찌끼(糟粕), 불(火)의 거푸집, 땅(地)의 군더더기, 이 세 개가 하나라도 없으면 생성과 변화를 이룰 수 없으니, 다시 무엇을 의심하겠는가?"

허자가 말했다. "사람과 사물이 태와 알, 그리고 뿌리와 씨앗으로부터 생겨남에 각기 근본이 있으니 어찌 태양의 불을 기다리겠습니까?"

실옹이 말했다. "사람과 사물의 생성과 운동은 태양 불에 근본을 둔다. 하루아침에 태양이 없어지면 냉계가 벌벌 떨며 만물이 녹아 없어질 것인데, 태와 알 그리고 뿌리와 씨앗이 어디에 근본을 둘 수 있겠는가? 그렇기에 땅(地)은 만물의 어머니요, 태양(日)은 만물의 아버지요, 하늘(天)은 만물의 조상이라고 말하는 것이다."

지구상의 기후 변화를 오로지 햇빛을 받는 경사각으로 설명하는 실옹의 논의를 허자가 끈질기게 반박하며 의문을 제기하는 대목이다.

허자는 먼저 음양론으로 의문을 제기한다. 태양이 가장 남쪽에 이른 동짓날에 양이 생겨나기 시작해 점점 증가해서 하짓날에 가장 번성하고, 태양이 가장 북쪽에 이른 하짓날에 음이 생겨나기 시작해 점점 증가

해서 동짓날에 가장 번성한다. 이와 같이 남쪽의 양이 번성해서 여름이 오고, 북쪽의 음이 번성해서 겨울이 오니, 계절의 변화가 음양의 교차와 폐색에 기인함을 알 수 있다는 것이다. 그러니 계절의 변화와 기후의 변화를 음양 형국의 이치를 버리고 태양 빛의 원근과 경사각으로 설명함은 불가하다는 항변이었다.

이에 실옹은 음양론의 본래 뜻을 상기시킨다. 본래 불(火)에 근본하는 양의 무리와 땅(地)에 근본하는 음의 무리로 구분했고, 이러한 양의 무리와 음의 무리가 교차하면서 계절의 변화가 이루어지는 것으로 이해했다는 것이다. 이에 따르면 음기와 양기가 존재하는 것은 아니며 태양 빛의 많고 적음에 따라 양의 무리와 음의 무리로 구분했을 뿐이었다. 그런데 후대 사람들이 이러한 고인(古人)들의 뜻에서 벗어나 음기와 양기라는 두 기가 있어 만물의 생성과 변화를 주재한다는 음양설로 변질시켰다는 것이다. 음양론의 전면적인 부정은 아니었으며, 고인들의 음양론 본뜻을 새기면 태양 빛이 관건이라는 변론이었다.

음양론의 본래 뜻을 상기시키며 여전히 태양 빛이 중요하다는 실옹의 변론에 허자는 태양이 없어질 경우를 상정한다. 지구는 본래 차가운 것인데 태양 빛을 받아 비로소 따뜻하다는 앞서의 실옹의 주장대로라면 지구상의 생명체들은 모두 태양 빛에 의존해 생명을 유지하는 신세가 된다. 그렇다면 태양이 없어질 경우에 우리 인간 세상은 소멸할 것인데 어쩔 것인가? 모범적 유학자 허자에게는 자연스러운 의문이고, 심각한 문제다. 원회운세설이라는 우주 주기론을 주창했던 소옹과 주희조차도 우리의 인간 세계가 소멸하는 상황을 주저하지 않았던가. 하지만 그들의 걱정은 인간 중심, 지구 중심의 세계관에서 비롯된 것이라고 할 수 있다. 이미 인간 중심적 사고에서 벗어나 하늘을 기준으로 사물을 바라보라는 주장을 편 바 있던 실옹의 대답은 막힘이 없다. 실옹에게 무엇이 문제가 되겠는가. 태양이 사라지면 사물의 생성이 멈추는 어둡고 차가운 죽음의 세계가 된다고 했다. 우주 안에 태양 빛과 같은 것으로부터 멀어 죽음의 세계를 이룬 것이 무수히 많은데 지구뿐이겠는가라면서 말이다.

예기치 않은 큰 반론을 받은 허자는 다시 오행설을 펼친다. 하늘의 오행의 기와 땅의 오행의 재질을 통해서 사물의 생성과 변화를 구체적으로 설명할 수 있었는데 태양 빛만으로 설명이 가능하겠는가라는 의미의 문제 제기였다. 사실 그간 음양과 오행의 인식론적 이론 체계로 수많은 자연 현상에 대한 사람들의 궁금증을 해소해왔던 전통을 고려하면 오행설은 꽤 합리적인 존재론적이고 인식론적인 이론 체계라고 여길 만했을 것이다.

그러나 실옹은 두 가지 관점에서 오행설이 불합리하다는 사실을 제기한다. 먼저 오행의 수는 본래 정론이 없이 다양했다는 것이다. 예컨대 우하(虞夏) 시대의 육부설은 여섯, 주역의 팔상설은 여덟, 불교의 사대설에서는 넷의 수로 각각 자연 현상을 설명하고 있듯이 오행설의 다섯도 그러한 수 중 하나였다. 다시 말해서 실옹이 보기에 오행의 수는 작위적인 분류 체계에 불과하다. 그런데 술가들이 오행의 수를 모범으로 여겨 하도·낙서와 연결해 견강부회하거나, 주역의 괘상으로 깊게 천착하는 등 지리하게 둘러대고 장황하게 늘어놓는 복잡한 이론 체계를 갖춘 것처럼 보이나 결국엔 이치가 없다고 결론 내렸다.

또 다른 비판은 오행설의 수·화·금·목·토의 다섯 행이 설정된 것 자체를 문제 삼는 것이었다. 예컨대 목과 금을 화·수·토와 병립해서 같은 층위의 행(行)으로 설정하는 것을 동의할 수 없다는 것이다. 왜 그 러한가? 화가 태양이고 수와 토가 땅이라면서, 목과 금이 태양과 땅에 서 생성되는 것이기 때문에, 어떻게 화·수·토 삼자와 함께 같은 층위 의 행이 될 수 있겠는가라는 지적이었다.

이 대목에서 우리는 실옹의 흥미로운 사색을 본다. 목·금이 화· 수·토와 같은 층위의 행일 수 없다는 논리를 서구 천문학과 기상학 개 론서 등에서 볼 수 있기 때문이다. 『건곤체의』「사원행론」에 의하면 오행 을 원소와 같이 물질을 구성하는 근본 요소라고 이해한다면, 수·화· 토는 근본 요소일 수 있지만 목·금은 근본 요소이기에는 부족했다. 당 연히 기·수·화·토의 사원소와 비교해서 목·금은 물질을 구성하는 근본 요소일 수 없었다. 결론은 『건곤체의』「사원행론」과 실옹의 주장이 같았다. 그러나 결론에 이르는 과정과 논리는 달랐다. 화가 태양이라는 실옹의 서술은 유가적 전통의 인식이지만, 수와 토가 땅이라는 실옹의 서술은 사원소설에 입각한 서구 우주론의 내용이다. 실옹은 이질적인 우주론 전통의 정보를 각각 끌어다 당연한 듯이 '화가 태양이고 수와 토가 땅이다'라면서, 그렇기 때문에 태양과 땅에서 생겨나는 목과 금은 화·수·토와 같은 층위의 행이 될 수 없다고 결론 내렸던 것이다.

이어지는 실옹의 논의에서는 사원소설의 흔적이 더욱 드러난다. 실 옹은 '하늘은 기(氣)일 뿐이고, 태양은 화일 뿐이며, 땅은 수와 토일 뿐이다'라고 했다. '화가 태양이고, 수와 토가 땅이다'는 내용에 '하늘은 기다'는 유가적 전통의 명제를 추가했다. 그런데 '하늘은 기일 뿐이고, 태양은 화일 뿐이며, 땅은 수와 토일 뿐이다'라는 서술은 결국 '천지 만물은 기·수·화·토로 구성되었다'로 압축 이해해도 크게 틀리지 않을 것이다. 이어지는 실옹의 말은 "만물이라는 것은 기의 찌끼, 불(火)의 거품집, 땅의 군더더기로, 기·화·땅 하나라도 없으면 생성과 변화를 이룰 수 없다"고 했다. 땅이 수와 토로 구성되었기 때문에 결국 만물의 생성과 변화는 기·수·화·토로 이루어지는 셈이 된다. 무엇인가? 논리적 추론의 결과 사원소설이 되어버렸다. 이러한 결론을 얻은 것은 홍대용이 『건곤체의』와 같은 서구 천문학의 사원소설을 읽고 적용한 결과임에 분명하다. 그럼에도 그러한 결론을 이끌어내기 위해서는 '하늘은 기(氣)이며, 태양은 화(火)다'는 유가적 전통의 우주론 인식이 바탕에 있어야 했다는 사실도 간과할 수 없다.

어쨌든 오행설을 고집하는 허자의 사고를 수정하려던 실옹이 자신이 언젠가 읽었던 서구 천문학의 사원소술을 적용해 오행설의 불합리한 점들을 지적하는 대목이었다고 하겠다. 그러나 허자는 여전히 만물의 생성과 변화가 거의 전적으로 태양의 영향을 크게 받는다는 실옹의 주장을 수용하지 않았다. 생명체들이 태(胎)와 알(卵), 그리고 뿌리(根)와 씨앗(子)에서 태어나듯이 모두 각자 생성의 근본이 다른데, 어찌 태양 하나에서 근본할 수 있겠는가 하는 의문이었다. 지구설과 지동설을 수용했던 것에 비하면 설득이 더 어려운 것이 아닐까 싶다. 태양이 없어지면 만물이 죽어 없어져버릴 텐데 태와 알 그리고 뿌리와 씨앗이 어디

에 근본을 두겠느냐며 '태양이 만물의 아버지'라는 언사로 허자를 설득
하는 일을 그만둔다.

4부

땅에 대하여 논하다

24

북고남저의 지세

虛子曰, "古云天不滿西北 地不滿東南, 天地果有不滿歟."

實翁曰, "此中國之野言也. 見北極之低旋 則疑天之不滿, 見江河之東注 則疑地之不滿. 泥於地勢之適然 不察環面之異觀. 不亦愚乎."

허자가 말했다. "옛말에 하늘은 서북쪽이 차지 않고, 땅은 동남쪽이 차지 않았다는데 천지는 과연 차지 않은 것이 있습니까?"

실옹이 말했다. "이는 중국의 민간에서 하는 말이다. 북극이 낮게 도는 것(즉 경사져서 도는 것)을 보고 하늘이 차지 않았다고 의심하고, 강들이 동쪽으로 흘러가는 것을 보고 땅이 차지 않았다고 의심했다. 지세가 우연히 그렇게 된 것에 얽매여 둥근 지표면에서 다르게 보이는 것을 살피지 못한 것이니 또한 어리석지 아니한가."

중국 대륙의 북고남저의 지세에 대해 논의하는 대목이다.

허자가 물었다. 하늘은 서북쪽이 차지 않고 땅은 동남쪽이 차지 않는다는 말이 있는데 과연 그러한가? '높이가 낮다(低)'고 하지 않고 '차지 않다(不滿)'고 표현했다. 하늘과 땅에 차지 않은 빈 곳이 있다고 이해될 수 있기에 허자가 물은 것일 테다. 특히 땅의 경우엔 끊임없이 강물이 바다로 흘러 들어가는데 바다가 넘치지 않는 것을 바다 밑 구멍이 있어 물이 빠져서 넘치지 않는다고 여기는 속설도 있었다. 북고남저의 지세와 관련해서 유명한 공공(共工)과 전욱(顓頊)에 얽힌 신화가 있다. 『회남자』「천문훈」에도 나오는 신화로, 공공과 전욱이라는 두 전설적 신들이 싸우다가 천지를 받치고 있던 불주산(不周山)의 기둥을 들이받아 천지가 기울게 되었는데, 하늘은 서북쪽으로 낮게 기울고 땅은 동남쪽이 내려앉았다는 것이다. 허자는 이와 같은 속설과 신화적 설명 등이 과연 사실인가 알고 싶었을 것이다.

중국 대륙의 지세를 거시적으로 보면 서북쪽이 높고 남동쪽이 낮다고 보는 상식이 오래전부터 통해왔다. 실제로 중국 대륙을 흐르는 강들은 동남쪽으로 흘러 바다로 들어가는 것이 대부분이다. 또한 중국에서 하늘을 바라보면 북반구에 위치한 중국에서는 하늘의 북극이 천정 북쪽에 천정보다 낮은 높이로 위치하기 때문에 하늘이 서북쪽으로 기울었다고 볼 여지가 있었다. 이에 대해서 실옹은 동남쪽 바다 밑에 구멍이 있어 물이 빠진다는 속설이나 공공과 전욱의 신화를 직접 언급하지는 않았으나, 하늘이 차지 않고 땅이 차지 않는다는 식으로 이해하는 것을 잘 살피지 못한 어리석은 것이라고 못 박았다. 즉 북극이 천정보다 낮게 기울어 있는 것을 보고 하늘이 차지 않았다고 잘못 이해했다는 것이며, 강들이 동쪽으로 흘러가는 것을 보고 동남쪽 땅이 차지 않았다고 잘못 이해했다는 것이다.

25

낮과 밤의 지역 간 장단에 대하여

虛子曰, "地面之晝夜長短 彼此齊同 無有差別乎."

實翁曰, "豈其然乎. 假如晝午於此 則自此以東九十度爲夕照 過此則爲昏曚.
自此而西九十度爲朝暾. 過此則爲晨曚. 東西各一百八十度 卽此之對面而爲夜
半. 赤道南北各二十餘度 終年晝夜俱均 所差不過刻分 過此則晝夜之差漸多.
極長或過十一時 極短或不及一時. 至于兩極而赤道爲地平 則日在赤道上 爲晝
而占半年, 日在赤道下 爲夜亦占半年."

허자가 말했다. "지구 위의 주야장단은 지역 간에 동일하고 차이가
없습니까?"

실옹이 말했다. "어찌 그렇겠는가. 가령 여기가 정오라면 여기로부터
동쪽으로 90도인 곳은 일몰 때이고, 그곳을 지나면 어두운 밤이다. 여기

로부터 서쪽으로 90도인 곳은 일출 때이며, 그곳을 지나면 어두운 새벽이다. 동서로 각 180도 떨어진 곳은 이곳의 반대 면으로 한밤중이 된다. 적도의 남북으로 각각 20여 도인 곳은 일 년 내내 낮밤이 균일하고 그 차이가 각분(刻分)[1]에 불과하며, 이곳을 지나면 낮밤의 차이가 점점 커진다. 가장 길면 11시(요즘의 22시간)가 넘고, 가장 짧으면 1시(요즘의 2시간)에도 못 미친다. 남북극에 다다르면 적도가 지평선이 되니 태양이 적도 위에 놓일 때에는 낮이 반년이 되고, 태양이 적도 아래에 놓일 때에는 밤이 반년이 된다.

✻

지역 간 동서와 남북에 따라서 낮과 밤의 길이가 얼마나 다르고 같은지에 대한 논의를 펼치는 대목이다.

낮과 밤의 길이 차이는 동서 차이는 없고, 단지 시차가 다를 뿐이다. 즉 동서로는 아무리 멀리 떨어져 있어도 위도(북극고도)가 같으면 낮밤의 길이는 같다. 단지 낮과 밤이 오는 시간이 시차가 날 뿐이다. 실옹은 이를 지구설을 전제로 정확히 설명하고 있다. 동서로 180도 떨어진 곳은 낮과 밤이 정반대라는 것, 즉 이곳이 정오이면 동서로 180도 떨어진 곳은 한밤중이 된다. 마찬가지로 이곳이 정오이면 서쪽 90도인 곳은

---

1 홍대용 당시의 시제는 하루 96각(刻)에 1각이 15분이었다. 요즘 시제로 환산하면 4각이 1시간이고 분은 동일했다.

일출, 동쪽 90도인 곳은 일몰 때가 될 것이다.

　이와 달리 낮과 밤의 길이 차이는 남북에 따라서 달라진다. 주야 시각은 절기에 따라 변화하는 태양의 적위 값과 관측지의 위도에 좌우되기 때문이다.[2] 예를 들어 정조대에 편찬한 『국조역상고』(1796)에 수록된 서울(당시 북극고도는 37도 39분 15초다)의 계절별 주야 시각을 보면 동지 때에 낮 시각이 37각 9분이고 밤 시각이 58각 6분이어서(하지 때에는 낮밤 시각이 반대일 것) 그 차이는 20각 12분이며, 춘추분 때에는 정확히 낮밤이 48각씩으로 같다. 당시의 시제는 하루가 96각이고 1각이 15분이기 때문에 현대 시제로 환산하면 동하지 때 낮밤 시간 차이가 5시간 12분이나 나는 셈이다. 이러한 낮밤 시간의 차이는 적도에 가까운 위도가 작은 지역일수록 작으며, 남북극에 가까운 위도가 큰 지역일수록 커지게 된다. 그래서 남북극에서는 여름과 겨울에는 낮과 밤이 각각 반년씩이 된다. 이러한 낮밤의 남북 간 차이를 실옹은 역시 지구설에 근거해 명확히 파악하고 설명했다. 적도 남북 위도 20여 도 이내인 지역은 낮밤 차이가 미미하다고 했으며, 이것을 벗어나 남북으로 갈수록 낮밤 차이가 점점 커진다고 했다. 남북극에서는 낮밤이 각각 반년씩이나 된다고 정확히 설명했다.

2　이러한 주야 시각의 차이에 대해서는 이은희·문중양 역주, 『국조역상고』(소명출판사, 2004), 45~55쪽을 참조할 것.

26

바다와 조석에 대하여

虛子曰, "今夫海之爲物也, 旱不渴 雨不溢 寒不氷, 百川灌注而不變其鹹, 朝 汐隨時而不失其期, 願聞其理."

實翁曰 "月者水精也, 水遇月則感而應之 湧而成浪. 月有常道 潮有常期 浪 勢簸掀 自成進退, 近於本浪者 進退俱猛, 遠於本浪者 進退俱微, 其益遠者 浪 勢不及 不成潮汐也.

海水雖大畜而不洩, 近於赤道 日火蒸炙 轉成鹹味 味鹹如鹽豉 浪湧如灘水 地且近日 多不成氷, 若兩極之下 地候極冷 日火煮微 而潮浪不及 則亦有氷海.

且積水巨涵 汪洋無際, 江海之灌 霖雨之浸 實如一杯之水 無所增損於千頃 之陂.

且江河之源 本於重泉 重泉之源 本於海水. 水隨土脉 如激如吸 橫流倒行 無 遠不到. 土氣滲潤 變鹹爲淡 溢爲井泉 湊成江河. 此是互相輪瀉 均是海水.

且風陽之熯曝 人物之沃飮 足以當雨雪之淋漓 則不渴不溢 其勢然也."

허자가 말했다. "지금 저 바다라는 것은, 가물어도 마르지 않고 비가
와도 넘치지 않고 추워도 얼지 않으며, 모든 강이 흘러들어도 그 짠맛
이 변하지 않으며, 조석(潮汐)이 때에 맞추어 그 주기를 잃지 않습니다.
그 이치를 듣고자 합니다."

실옹이 말했다. "달이 물의 정수이기 때문에, 물이 달을 만나면 감응
해서 솟아올라 파랑을 이룬다. 달의 궤도가 항상되기에 밀물의 주기가
항상되고, 파랑이 까부르고 흔들리며 스스로 진퇴한다. 파랑의 근본
(즉 달)에 가까우면 진퇴가 매우 사납고, 파랑의 근본에서 멀면 진퇴가
미세하며, 더욱 멀어지면 파랑의 형세가 미치지 못해서 조석을 이루지
못한다.

바닷물은 비록 크게 쌓여도 새지 않는다. 적도 근처에서는 태양 불이
찌는 듯 내리쬐어 짠맛으로 바뀌어 맛이 된장같이 짜고, 파랑이 여울물
처럼 용솟음치며, 땅 또한 태양에 가까워 겨울에도 얼음이 얼지 않는다.
남북극 아래에서는 땅의 기후가 극도로 차가워 태양 불이 미미해서 조
석의 파랑이 미치지 못하기에 역시 바다가 언다.

모아놓은 물이 끝없이 넓고 크게 적셨다. 강물이 흘러 들어가고 장맛비
가 침수해도 한 잔 물에 불과하니 드넓은 바다에 덜고 늘어날 바가 없다.

또 강물은 뭇 샘물에서 기원하고, 뭇 샘물은 바닷물에서 기원한다.
물은 땅속의 수맥을 따라서 치어 오르는 듯, 빨리는 듯, 횡류하거나 역류
해서 아무리 멀어도 다다르지 못하는 곳이 없다. 흙의 기가 젖어들면

짠맛이 빠지고 넘쳐 올라 샘물이 되어 모여들어 강물을 이룬다. 이 같이 서로 실어 나르고 쏟아내고 하지만 모두 바닷물이 된다.

또 바람에 말리고 햇빛에 쪼여도 사람이 마시고 사물에 물 대는 것은 강우나 강설로도 충당하기에 충분하니 마르지 않고 넘치지 않는 것은 형세가 그러한 것이다."

❀

바다와 조석에 대해서 논의하는 대목이다.

바다는 오래전부터 이해하기 어려운 존재였다. 가물어도 마르지 않고, 추워도 얼지 않으며, 아무리 비가 오고 강물이 흘러들어도 넘치지 않으며 짠맛이 변하지 않았다. 특히 밀물과 썰물이 일어나는 조석 현상은 그 원인을 알 수 없었다. 허자의 질문은 이와 같은 바다에 대한 오래된 의문들이었다.

실옹은 먼저 조석에 대해서 답한다. 조석 현상에 대한 가설은 오래전부터 적지 않았다. 예컨대 『산해경(山海經)』과 같은 신화적 지리서에는 '해추(海鰍, 바다에 사는 미꾸라지)의 출입'과 같은 전설적 이야기도 나온다.[1] 송대 이후 유학자들은 해추의 전설과 같은 방식으로 조석을 이해

---

[1] 길이가 수천 리나 되는 거대한 바다 미꾸라지가 바다 밑 굴에 살고 있는데, 굴에 들어가면 물이 넘쳐 밀물이 되고 굴에서 나오면 썰물이 된다는 전설이다. 이하 조석설에 대한 자세한 내용은 구만옥, 「조선후기 潮汐說과 '東海無潮汐論'」, 『東方學志』 111집(2001), 1~83쪽을 참조.

하지는 않았으며, 음양설로 이해하는 것이 일반적이었다. 그러나 태양이 중양(重陽)의 어머니로서 음은 양에서 생기기 때문에 조수가 태양에 의지해서 발생한다는 설이 있는 반면, 달이 태음(太陰)의 정수로서 물이 음이기 때문에 조수가 달에 의해서 발생한다는 설 등 단일하지는 않았다. 소옹은 달에 응해서 땅이 천식(喘息)하는 것이 조석이라고 했으며, 주희는 달과 음양의 변화로 조석을 세련되게 설명했던 여정(余靖, 1000~1064)의 설명을 따랐다. 논자에 따라 이와 같이 단일하지 않았으나 조석의 규칙적 주기가 달의 주기와 밀접하게 연결되었다는 사실과 음의 정수로서 바닷물이 달에 응해서 조석이 일어난다는 원리는 공통적으로 성리학자들이 수긍하던 조석의 이해였다.

실옹의 조석 이해는 어떠할까. '달이 물의 정수이기 때문에 물이 달을 만나 솟아올라 파랑을 이룬다'는 서술과 달과 가까우면 파랑이 커지고 멀면 작아진다는 설명은 얼핏 보면 송대 여정과 주희 등의 성리학자들의 조석설 같다. 그런데 훨씬 유사한 설명을 청대 초 17세기 전반의 방이지(方以智, 1611~1671) 학파 학인들의 조석 논의에서 찾아볼 수 있다. 특히 달이 물의 정수라고만 했을 뿐 음양과 연결 짓지 않는다는 점에서 더욱 그러했다. 현재까지 홍대용이 방이지 학파 학인들의 매우 흥미로운 우주론 논의를 직접 접했다는 근거는 찾기 어렵다.[2] 그렇기에

---

2 명말청초 중국 방이지 학파 학인들의 흥미로운 우주론과 조선 학인들의 그에 대한 이해에 대한 자세한 논의는 문중양, 「19세기 조선의 자연지식과 과학담론: 명말(明末)·청초(淸初) 중국 우주론의 늦은 유입과 그 영향」, 『다산학』 13호(2008), 7~24쪽을 참조할 것.

실옹이 『물리소지(物理小識)』의 조석 기록과 친연성이 높은 조석 설명을 하고 있다는 점은 무척 흥미롭다. 하지만 물론 음양론을 거론하지 않았을 뿐 바닷물이 달에 응해서 조수가 발생한다는 근본 원리는 송대 성리학자들의 조석 이해와 크게 다르지 않았다고 할 수 있다. 특히 『공제격치』에서 논하는 바와 같은 서구 천문기상학에서 설명하는 조석설[3]과도 상당히 거리가 멀었다. 지구설과 지동설을 상상했던 실옹이 조석 현상에 있어서는 지구와 달의 운행과 전혀 연결 지어 생각하지 않았던 것이다.

그런데 달과 연결 지어 조석을 설명하는 이상의 논의와 달리 태양과 연결 짓는 설명이 이어진다. 적도 근처에서는 태양 불이 찌는 듯 내리쬐어 된장같이 짜진다면서, 파랑이 여울물처럼 용솟음친다고 했다. 반대로 남북극 아래에서는 태양 불이 미미해서 조석의 파랑이 미치지 못한다고 했다. 태양에 가까우면 파랑이 강해져서 조석이 크게 일어나며 멀면 작아진다는 설명이다. 그러나 태양 불이 뜨겁게 내리쪼이면 왜 파랑이 용솟음치는지, 태양 불이 미미하면 왜 조석의 파랑이 미치지 못하는지 그 원인은 제시하지 못했다. 송대 성리학자들은 음양의 이치로 바닷물이 태양에 응해서 조석이 발생한다고 했지만 앞서 음양설을 비난했던 실옹이 아니던가. 직접적 언급은 없었지만 지구상의 지역별 기후의 차이와 지구상의 모든 생명체의 근원이 태양 불이라는 앞서의 논의

---

3 『空際格致』 권하, 「海之潮汐」. 조석 발생을 월륜(月輪)이 종동천(宗動天)을 따라 운행하는 데에서 비롯된다는 이론으로서 현대의 설명과 크게 다르지 않다.

로부터 추론해보면 충분히 가능한 상상일 것이다. 달이 물의 정수이기 때문에 바닷물이 달에 감응해서 파랑을 이룬다는 앞의 설명은 특정한 지역에서 파랑이 일어나는 원리를 설명한 것일 테다. 이에 비해 태양 불에 따라서 파랑이 크고 작아진다는 설명은 남북의 지역별 조석의 차이를 설명한 셈이라고 할 수 있을 것이다. 비록 『공제격치』에 수록된 서구 기상학의 조석설을 접하지 못했지만 지구설의 전제하에 남북의 지역별로 태양 불의 강도에 따라 조석의 차이가 발생한다는 실옹의 상상을 추론해본다.

이어서 바닷물이 넘치지 않고 마르지 않는다는 허자의 의문에 대한 실옹의 흥미로운 답이 이어진다. 아마도 많은 유가 학인들은 바닷물이 왜 넘치지 않냐는 제자의 질문에 마르기 때문일 것이라고 대답했던 주희의 견해[4]와 크게 다르지 않았을 것이다. 그러나 실옹은 이를 따르지 않았다. 강물과 장맛비는 바다에 비하면 한 잔 물에 불과하다며 바다가 드넓다는 사실을 지적한다. 넘치지 않고 마르지 않을 정도의 형세라는 이해다. 그런데 이뿐이 아니다. 실옹은 강물은 샘물에서 기원하고 샘물은 바닷물에서 기원한다고 했다. 어떻게 샘물이 바닷물에서 기원하는가. 실옹은 땅속의 수맥은 아무리 멀어도 다다르지 못하는 곳이 없다면서 바닷물이 수맥을 통해 땅속을 흘러 샘물로 된다는 뉘앙스의 논리를 편다. 여기에 강물이 흘러 바다로 들어가는 누구나 다 아는 경험적 상식을 덧붙이면 결국 샘물이 강물로, 강물이 바다로, 그리고 다시

---

4 『朱子語類』 권2, 「理氣下」, 「李方子錄」.

바닷물이 샘물로 흘러 들어가는 물의 순환이 완성된다. 지구 위에서 물의 순환을 상상한 것이다. 물론 현대 기상학의 이론과는 다소 거리가 멀며, 프랑스의 과학자 페로(Pierre Perrault, 1608~1680)의 수증기로의 증발이 물 순환의 대부분을 차지한다는 실험을 통해 바닷물이 샘물로 흘러 들어간다는 속설이 부정되기는 했다.[5] 그러나 지구계에서 물의 순환을 구상하는 홍대용의 또 다른 상상이 여기에서 하나 더 추가된다.

---

5 이러한 물의 순환은 그의 저서 *De l'Origine des fontaines*(On the Origin of Fountains, 1674)에서 처음 알려졌다.

지각 변동에 대하여
산 위의 조개껍질과 곤과 우의 치수 사업

虛子曰, "古云桑海之變 亦有其理乎."

實翁曰, "余觀地界 人壽不過百年 國史未傳實蹟. 地水之變 漸而不驟 人不能覺也. 蚌蛤之殼 水磨之石 或在高山, 海傍之山 類多沙白, 此其互相進退 其蹟甚著.

且觀中國 遼野千里 乃是九河故道, 漠外沙磧 乃是黃河故道. 孟子不云乎 洪水橫流 汎濫於中國.

夫流沙淤塞 水道漸高 不能不橫決也. 黃河橫決 正當堯時. 崇伯不察時運 爲中國遠慮, 欲復其故道 陻之九年 績用不成, 堤防一壞 九州懷襄. 禹乃嗣興 鑿龍門 順其勢而導之 以救其急而卒爲中國患. 觀乎此 則桑海之互變 可知也."

허자가 말했다. "옛말에 '뽕나무 밭이 바다로 변한다'고 했는데, 역시 그러한 이치가 있습니까?"

실옹이 말했다. "내가 지구계를 관찰해보니, 사람의 수명은 백 년을 넘지 못하고 나라의 역사에도 실제의 사적(史蹟)이 전하지 않는다. 땅과 물의 변화는 사람이 지각할 수 없을 정도로 서서히 일어난다. 조개껍질과 물에 닳은 돌이 간혹 높은 산에 있고, 바다 인근의 산에 흰 모래가 많은 것은 이와 같이 (땅과 물이) 서로 진퇴하면서 (생성된 것으로) 그 흔적이 분명하게 드러난 것이다.

또 중국을 보면 요동 벌 천 리 땅이 바로 옛 황하의 아홉 지류이고, 고비 사막 지역 밖의 사막은 황하의 옛길이다. "홍수가 횡류하여 중국(중원 지역)을 범람한다"고 맹자가 말하지 않았는가.[1]

무릇 흐르는 모래가 쌓이고 막혀 물길이 점점 높아져 옆으로 터지지 않을 수 없었다. 황하가 옆으로 터진 때는 정확히 요(堯)임금 때였다. 숭백[2]이 시운(時運)을 헤아리지 못하고 중국을 위해 멀리 바라본다면서 옛 물길을 복원하고자 물길을 막은 지 9년에 성과를 이루지도 못하고 제방이 일거에 무너지니 구주(九州)가 모두 장례를 치르게 되었다. (숭백의 아들) 우(禹)가 사업을 이어받아 용문(龍門)[3]을 뚫으니 (이는) 지세에 순응해서 물길을 유도한 것이었다. 그것으로써 (중국의) 다급함을 구했으나

---

1 『孟子』「滕文公上」, "當堯之時 天下猶犹未平 洪水橫流 氾濫於天下."
2 숭백(崇伯)은 우의 아버지 곤(鯀)으로, 숭 땅에 봉해져서 숭백이라 부른다.
3 황하 상류 산시성에 있는 협곡 이름이다. 또는 협곡을 관통하는 여울목을 일컫는 이름이기도 하다. 물살이 워낙 세서 이곳을 통과한 물고기는 용(龍)이 된다는 전설이 전한다. 이 말이 전하여 과거 합격을 '등용문'이라고 불렀다. 허난성 낙양 지역에는 우가 거대한 협곡인 이 용문을 파서 물길을 냈다는 전설이 전한다.

결국엔 중국의 근심거리가 되었다. 이를 보면 뽕나무 밭이 바다로 변한다는 것을 가히 알 수 있다."

✦

상전벽해(桑田碧海), 즉 뽕나무 밭이 푸른 바다로 변하는 것과 같은 자연계의 대변동에 대해서 논하는 대목이다. 실옹은 이와 관련해서 두 가지 주제를 다룬다. 첫째는 지각 변동이다. 둘째는 황하의 범람과 우(禹)의 치수(治水)로 인한 거대한 물길의 변동이다.

먼저 실옹은 지각 변동이 일어난다는 기본적인 입장을 견지했다. 변동은 사람들이 자각할 수 없을 정도로 긴 세월을 두고 일어난다고 보았다. 길어야 백 년에 불과한 사람의 수명 때문에 지각 변동을 보여주는 증거를 사적(史蹟)으로 전하는 것이 없다고 했다. 그래서 사적에 전하지 않지만 자연계에서 관찰할 수 있는 증거들을 제시했다. 예컨대 높은 산에서 조개껍질과 물에 닳은 돌이 발견되는 것, 그리고 바다 인근의 산에서 흰 모래가 발견되는 것들이다. 그런데 이와 같은 이해가 유가 학인들 사이에서는 어떻게 받아들여졌을까. 『주자어류』에는 주희가 이와 유사한 논의를 펼치는 서술이 나온다. 주희는 천지가 생성될 초기에 물의 앙금이 땅을 이루었는데, 지금 높은 산에 올라가 보면 지형이 파랑 모양 같은 것은 이 때문이라고 했다.[4] 높은 산에서 발견되는 조개껍데기

---

4 『朱子語類』권1, 「沈僴錄」, "水之滓脚便成地 今登高而望 群山皆爲波浪之狀 便是水泛如此."

같은 것은 바다 밑에 있던 것이 상승하여 생긴 증거라고도 했다. 언제 발생했는지는 모르지만 아마도 선천(先天), 즉 현 세계 이전의 세상에서 생긴 것일지도 모른다고 했다.[5] 물론 주희가 지각 변동이 서서히 일어난다는 것으로 이해했는지는 분명하지 않다. 선천의 때에 생겨난 것일 수도 있다고 말하는 것을 보면, 서서히 일어난다기보다는 그 언젠가 이전 세계에서나 또는 천지 생성 초기에 발생한 것으로 이해한 듯하다. 이에 비해 실옹의 지각 변동은 주희와 같은 유가 학인들과는 달랐다고 할 수 있다. 현대인이 기대하듯이 기나긴 시간 동안에 지질학적 지각 변동이 서서히 발생했다는 것이다.

둘째, 황하의 범람과 우의 치수로 인한 거대한 물길의 변동에 대한 논의다. 중국 대륙 천하가 오랜 세월을 두고 변화한 사례로 거대한 황하 물줄기의 변동은 유가 학인들에게는 익숙한 이야기다. 실옹은 전설적인 우의 치수 이야기를 황하 물줄기 변동의 대표적인 사례로 소개한다. 요임금 때였고, 우의 아버지 곤이 제방을 쌓아 물길을 막는 방식으로 치수 사업을 벌였으나 9년 만에 실패하니 천하가 곧 죽음이었다고 했다. 곤의 아들 우가 사업을 이어받아 용문을 뚫고 지세에 순응해서 물길을 내는 사업을 벌였다. 용문을 뚫었다는 것은 물길을 내서 홍수가 난 황하 물줄기를 빼냈다는 의미다. 이러한 우의 치수 사업은 '물의 본성은

---

5 『朱子語類』 권94, 「周子之書·太極圖」, "常見高山有螺蚌殼, 或生石中, 此石卽舊日之土, 螺蚌卽水中之物, 下者卻變而爲高, 柔者變而爲剛, 此事思之至深, 有可驗者." 같은 책, "高山蚌殼 見下周子書四 謂 先天之物尙存也."

아래로 흘러간다'는 자연의 도에 부응하는 자연주의적 치수 사업으로 이해된다. 이에 비해 곤의 사업은 물길을 막는 것이기 때문에 자연의 도에 역행하는 인위주의적 치수 사업이었다. 그 결과는 곤의 처참한 실패와 우의 천하 통일과 제왕의 등극이었다.[6]

물론 실옹은 우의 치수 사업 이야기를 천하의 거대한 지형이 바뀐 사례로 들었지만 결과적으로 곤의 인위주의적 치수 사업은 실패하고 우의 자연주의적 치수 사업은 성공했다는 오랜 유가 학인들의 믿음을 공유했다고 볼 수 있을까? 그런데 실옹은 우의 치수 사업이 "다급함을 구했으나 결국엔 중국의 근심거리가 되었다"고 마무리 지었다. 왜 우의 치수 사업이 결국엔 근심이 되었나? 실옹의 의도를 명확하게 파악할 수 없다. 우의 치수 사업 이후에도 천하에 홍수 피해가 나는 것을 궁극적으로 막지는 못했고, 그 때문에 홍수로 인한 범람은 위대한 대우(大禹)라도 해결할 수 없었다는 의미일까?

---

6 곤과 우의 치수 사업에 대한 이러한 논의는 문중양, 『조선후기 水利學과 水利담론』(집문당, 2000), 21~30쪽을 볼 것.

28

땅은 활물(活物)이다

虛子曰, "地之有震 山之有遷 何也."

實翁曰, "地者活物也 脉絡榮衛 實同人身. 特其體大持重 不如人身之跳動. 是以少有變 則人必怪之 妄測其灾祥也. 其實水火風氣 周行流注 閟而成震 激而推遷 其勢然也."

虛子曰, "地之有溫泉鹽井 何也."

實翁曰, "太虛者 水之精也. 太陽者 火之精也. 地界者 水火之査滓也. 地非水火 不能生活. 旋轉定位 化成萬物 水火之力也. 夫溫泉鹽井 水火之相盪也."

허자가 말했다. "땅에 지진이 있고 산이 옮겨지는 것은 왜 그렇습니까?"

실옹이 말했다. "땅은 살아 있는 물체로 맥락(脈絡)[1]과 영위(榮衛)[2]가 있으매 실상 사람의 몸과 같다. 단지 그 체형이 크고 무거워서 사람의 몸이 뛸 듯이 운동하는 것과는 다를 뿐이다. 이 때문에 조금만 변해도 사람들이 반드시 괴이하게 여기면서 재변이나 상서로운 징조로 망령되이 헤아린다. (그러나) 그 실상은 물, 불, 바람, 기가 운행하고 흘러가면서 막히면 지진이 되고 치켜올리면 위치를 옮기니 그 형세가 그러한 것이다."

허자가 말했다. "땅에 온천(溫泉)과 염정(鹽井)이 있음은 왜 그렇습니까?"

실옹이 말했다. "태허(태음)³는 물(水)의 정수이고 태양은 불(火)의 정수이며, 지구계는 물과 불의 찌끼다. 지구는 물과 불이 아니면 살아 움직일 수 없으니, 자리를 잡고 회전운동하면서 만물을 생성하고 변화시킴은 물과 불의 힘이다. 무릇 온천과 염정은 물과 불이 상호 작용하여 생긴 것이다."

✳

지각 변동과 지형의 변화 같은 자연계의 변동에 대한 논의에 이어서 땅에 지진이 일어나고 산천이 옮겨지는 것은 왜 그러한가 허자가 묻는다. 모두 지각과 지형의 변동이 일어나는 구체적인 사례들이라고 할 수 있

---

1 경맥과 낙맥으로 이루어진 사람의 몸을 관통하는 네트워크.
2 원기(元氣)를 왕성(旺盛)하게 하는 피와 몸을 호위(護衛)하는 기운(氣運).
3 태음(太陰)의 오자가 아닐까 싶다. 태허가 물의 정수라는 것은 어느 문헌에서도 출처를 찾을 수 없다. 태양이 불의 정수인 것처럼 태음이 물의 정수라는 것은 상식이었다.

을 것이다.

실옹의 답변은 땅을 인신(人身)과의 유비를 통해서 풀어간다. 땅은 활물(活物), 즉 살아 있는 물체로서 사람의 몸처럼 맥락과 영위가 있다는 것이다. 맥락이란 인체에 퍼져 있는 경맥과 낙맥 같은 인체의 생명과 활력을 유지게 해주는 시스템을 말한다. 영위는 원기를 왕성하게 해주는 피와 몸을 호위하는 기운이 있어 인체를 유지해주는 것을 말한다. 이러한 맥락과 영위가 땅에 있다는 것이다. 다만 땅은 인체와 비교할 수 없이 거대하기 때문에 그 변화의 양상이 인체와 다를 뿐이다. 이때문에 사람들은 지진과 같이 땅에서 일어나는 변화를 재변이나 상서로운 징조로 잘못 이해한다고 보았다. 그렇지만 실상은 지진이나 산천이 옮겨지는 것은 자연스러운 땅의 변화일 뿐 이상할 것이 없다는 설명이었다. 특히 인체의 맥락처럼 거대한 땅에서는 수·화·풍·기의 네 가지 요소가 두루두루 널리 흘러 다니면서 변화가 일어난다고 보았다. 즉수·화·풍·기가 흐르다가 막히면 지진이 일어나고, 치켜올려지면 산천이 옮겨진다는 설명이다.

그간 '땅이 활물이다'는 실옹의 이 언급은 홍대용의 물활론적 자연관을 드러내는 것으로 이해되어왔다. 나아가 홍대용이 벗어던지지 못한 한계로 지적되기도 했다. 홍대용은 조선시대 다른 유가 학인들처럼 물활론적 자연관을 지닌 유가 학인이었다. 그러나 그것이 한계일 수는 없다. 우리는 소위 실학자로 분류된 인물들에게 너무 시대적 맥락에서 벗어난 기대를 해왔다. 유가 학인으로서 땅을 기계와도 같은 물체로 인식하는 기계적 자연관을 지닌 사람은 적어도 19세기까지는 존재할 수 없었다. 사원소설의 번역된 기(氣)를 공기(air)로 이해하는 사람이 존재할 수 없었듯이 말이다. 유가 학인들에게 땅은 질과 형만을 갖는, 맥락과 영위가 없는 기계와도 같은 물체일 수 없었다.

인체와도 같이 수·화·풍·기가 경락처럼 네트워크를 이뤄 흘러 다니면서 지진과 같은 땅의 변동이 일어난다는 설명을 들은 허자는 이어 온천과 염정에 대해서 묻는다. 그런데 실옹은 땅에 수·화·풍·기의 네 가지가 흘러 다닌다고 했던 앞의 설명과 약간 다르게 수·화, 즉 물과 불 두 가지로 땅에서 일어나는 운동과 변화를 설명한다. 태음이 물의 정수이고, 태양이 불의 정수이며, 땅의 세계는 물과 불의 찌끼라면서 땅의 세계가 물과 불이 아니면 영위될 수 없다고 했다. 지구가 우주 공간에서 회전하면서 제 위치를 잡고, 그 위에서 만물이 생겨나고 변화하는 것은 모두 물과 불의 힘이라고 했다. 온천과 염정은 이러한 물과 불의 상호 작용으로 생겨났다고 해석했다.

그런데 둥그런 지구가 회전하면서 우주 공간에서 제 위치를 잡고, 그 위에서 만물이 생겨나고 변화하는 것이 물과 불의 힘에 의한 것이라는 생각은 출처를 찾을 수 없다. 물론 "태음은 물의 정수이고 태양은 불의 정수이며, 땅은 물과 불의 찌끼다"는 주장은 주희와 같은 성리학자들에게는 상식과도 같은 내용이다. 따라서 성리학자라면 물로 대표되는 음기와 불로 대표되는 양기의 작용으로 지구에서의 모든 생성 변화가 이루어진다고 해석한다면 충분히 가능한 설득력 있는 논리다. 실옹이 그러한 논리적 설명에서 음기와 양기를 물의 힘과 불의 힘으로 전환시킨 것이 아닐까?

29

음택풍수와 적절한 장례법

虛子曰, "然則 人之死也 葬不得其地 則風火之爲灾, 亦有其理歟."

實翁曰, "水火風氣 運行有脉, 遇實則走 遇虛則集, 葬失其道 灾必立至 翻覆焦圻 化生蟲廉 骨骸朽散 不得安厝."

虛子曰, "方其葬人 土性淨潤 水火風蟲 無所形現 及其發開舊壙 絶少安吉. 何也."

實翁曰, "善哉問也. 人之於父母 生則致其養 死則致其敬, 遺書遺服 尊奉而謹藏之 敬之至也, 況於遺骸乎. 宅兆者 遺骸之藏也 敢不敬謹也. 雖然 布帛衣衾 養生之具也, 棺槨旋翣 美觀之文也, 入土則腐汚穢遺骸. 惟務目下之美觀 不念畢竟之汚穢, 可謂孝且智乎. 況虛必引物 地之理也, 旋翣之備而槨虛 衣衾之腐而棺虛, 瀝靑灰石之堅而壙虛 水火蟲風 皆由於虛. 哀哉, 藏父母之遺骸 內被腐穢 外引風火 肢節焦散 不保其體 於人心其能恔乎.

夫土者 物之母也 而生之本也. 文繡不足以擬其美 珠玉不足以擬其淨. 惟人生血肉 濕處則病. 服用采色 近地則汚. 是以高堂重茵 遠土以爲貴, 陶穴藉處 近土以爲賤. 人習故常 遂忘其本, 及其死也 衾冒襲斂 惟恐其不厚, 棺槨灰石 惟恐其不堅. 深憂永圖 惟遠土是謀, 殊不知 死生異道 貴賤殊物. 黃中溫潤 莫貴於土. 眞美眞淨 實爲遺骸之寶藏也.

是以不封不樹 太古之已懇也. 包布裸葬 達士之弔詭也, 茶毗舍利 佛氏之淨法也. 聖周瓦棺 聖人之中制也."

虛子曰, "然則 太上茶毗 其次裸葬 安用封樹聖瓦爲哉."

實翁曰, "葬師主義 葬親主恩. 西竺之教 割恩而立義. 中國之教 屈義而伸恩. 王孫裸葬 矯俗之激也. 生于中國 自有其義. 崇其儉 節其文 不忘其本 參以時義. 勿循俗習 永思安厝. 夫平原高崗 俱是福地. 何有於風火之災. 此爲人子之所當知也.

蓋成周尙文 禮物太備. 孟氏距墨 力排薄葬. 重棺明器之具 無土親膚之論 不能無流弊也."

허자가 말했다. "그런즉 사람이 죽어서 적절한 땅에 묻히지 못하면 바람과 불이 재앙이 됩니다. 그 이치가 있습니까?"

실옹이 말했다. "물과 불, 그리고 바람과 기의 운행에는 맥이 있어 실함을 만나면 달려 나가고, 허함을 만나면 모아진다. 매장이 법도를 잃으면 반드시 재앙이 닥쳐 뒤집어지고 타고 터져서 송장에 벌레가 끼고 해골이 썩어 흩어져 잘 안착할 수 없게 된다."

허자가 말했다. "사람을 매장할 때 토성이 깨끗하고 윤기 있어 물과 불, 그리고 바람과 벌레가 출현할 것 같지 않는데 옛 무덤을 열어보면 편안하고 길한 것이 거의 없습니다. 왜 그렇습니까?"

실옹이 말했다. "좋은 질문이구나. 사람이 부모를 대함은 살아서는 봉양하고 죽어서는 공경해야 한다. 남긴 글과 남긴 의복은 존경하는 마음으로 받들어 잘 보관함이 공경함의 지극함인데, 하물며 유해(遺骸)야 말해 무엇 하겠는가? 무덤은 유해를 보관하는 곳이니 감히 공경하고 삼가지 않을 수 있겠는가. 비록 그러하나 베와 비단으로 만든 옷과 이부자리는 살아서 봉양하는 도구요, 관곽(棺槨)[1]과 정삽(旌翣)[2]은 아름답게 보이려는 장식으로, 땅속에 들어가면 썩어버려 유해를 더럽힌다. 오로지 눈앞에 보이는 아름다움에만 힘쓰고 필경 더럽혀지는 것을 고려하지 않으니 효도와 지혜라고 말할 수 있겠는가? 더군다나 허하면 반드시 사물을 끌어들임이 땅의 이치다. 정삽을 갖추면 겉관이 비게 되고 옷과 이부자리가 부패하면 속널이 비게 된다. 역청[3]과 석회를 견고하게 발라도 무덤은 비어 있어 물과 불, 바람과 벌레가 모두 빈 곳으로 들어온다. 슬프도다! 부모의 유해를 잘 보관하려 했으나 안으로 부패하여 더럽혀지고 밖으로 바람과 불을 끌어들여 뼈마디가 타서 흩어져 그 몸을 잘 보전하지 못하니 사람의 마음으로 유쾌할 수 있겠는가.

---

1 시신을 넣는 속널과 겉관을 말한다.
2 장례 때 쓰는 명정(銘旌)과 운삽(雲翣)을 말한다. 명정은 분홍 바탕에 흰 글씨로 죽은 이의 품계, 관직, 성씨 등을 기록한 깃발이고, 운삽은 발인할 때 영구 앞뒤에 세우는 구름무늬를 그린 부채 모양의 널빤지다.
3 방부 방습을 막기 위해 쓰는 천연 아스팔트를 말한다.

무릇 흙(土)이라는 것은 사물의 어머니요 생성의 근본이다. 비단의 무늬와 수(繡)도 (흙의) 아름다움에 비할 바가 아니고, 주옥(珠玉)도 (흙의) 깨끗함에 비할 바가 아니다. 산 사람의 혈육은 습한 곳에서는 병이 들고 색채로 장식한 의복은 땅에 가까우면 오염된다. 이 때문에 집을 높게 짓고 여러 겹의 이불을 쓰는 것은 흙에서 먼 것을 귀하게 여긴 것이고, 움막에 거적을 까는 것은 흙에 가까운 것을 천하게 여긴 것이다. 사람들은 옛 전통에 젖어 그 근본을 망각하고, 죽음에 이르러 염습(殮襲)[4]하면서 오로지 수의(壽衣)를 두터이 하지 못했을까 두려워하고, 관곽을 쓰고 석회를 바르면서 그것이 견고하지 않을까 두려워한다. 깊게 고민하고 영원함을 도모한다면서 오로지 흙에서 멀기를 꾀하니, 죽음과 삶의 길이 다르고 사물에 따라 귀천이 다름을 특히 모르는 것이다. 노란 것 중에 따뜻하고 윤택한 것으로는 흙만 한 것이 없다. 참으로 아름답고 참으로 청결해서 실로 유해를 보배롭게 보관할 수 있다.

이 때문에 봉분도 하지 않고 나무도 심지 않는 것은 아주 오래전부터 성실히 해온 바였다. 삼베로만 싼 채로 나장(裸葬)하는 것은 통달한 선비가 조문하는 괴이한 방식이었고, 다비와 사리[5]는 불교에서 하는 청결한 (장례)법이다. 와관(瓦棺)에 벽돌을 두른 것은 성인(聖人)이 하던 중화(中華)의 제도였다."

---

4 시신을 씻긴 뒤 수의로 갈아입히고 염포로 묶는 일이다.
5 불교에서 행하는 장례 방식이다. 나무와 숯, 가마니 등으로 화장장을 만들고 시신을 그 위에 올려 태운다. 시신이 다 타면 유골을 수습하여 부도탑에 안치한다. 유골을 수습할 때 구슬 같은 결정체가 나오기도 하는데 이를 '사리'라 부른다.

허자가 말했다. "그렇다면 다비의 장례가 가장 좋고 그다음이 나장이니, 어찌 봉분을 하고 나무를 심으며 벽돌과 기와로 관을 만들겠습니까?"

실옹이 말했다. "스승을 장사 지낼 때는 의리를 주로 하고, 부모를 장사 지낼 때는 은혜를 주로 한다. 서축(西竺)의 가르침(불교)은 은혜를 끊고 의리를 세우며, 중국의 가르침(유교)은 의리를 굽히고 은혜를 펼친다. 왕손(王孫)이 나장을 함[6]은 풍속을 교화하기 위한 과격한 처사였다. 중국에 태어나면 스스로 마땅한 바의 의리를 갖는다. 검소함을 숭상하고, 화려한 문장을 절제하며, 근본을 잊지 않고, 시대정신을 참작하며, 세속의 풍습을 좇지 않고 영원한 안착을 생각한다. 무릇 평원과 고산지대는 모두 복된 땅들이니 어찌 바람과 불의 재앙이 있겠는가? 이는 사람의 자식 된 자들이 당연히 알아야 할 바다.

무릇 주(周)나라 때에 문(文)을 숭상해서 예악과 문물이 크게 갖추어졌다. 맹자가 묵자(墨子)를 비판하며 간소한 장례를 힘써 배척했다. 여러 겹의 관과 명품 부장품을 써야 하고 흙이 시신의 살에 닿지 않아야 한다는 논의는 예전부터 내려오는 나쁜 폐단이 아닐 수 없다."

✻

---

6 한나라 무제(武帝) 때의 도가 사상가였던 양왕손(楊王孫)은 자기가 죽은 후 관곽을 쓰지 말고 나장을 하라고 당부한 것으로 유명하다. 이후 나장이 처음 시작된 것으로 믿었다. 『한서(漢書)』「양왕손전(楊王孫傳)」에 전한다.

지구에서 만물의 생성과 변화의 근본이 모두 물과 불의 힘이라는 실옹의 설명을 들은 허자가 곧바로 사람이 죽어 제자리에 묻히지 못하면 물과 불의 재앙을 받는다는데 그러한 이치가 사실인가 묻는다. 물과 불의 힘이 만물의 생성과 변화의 근원이라면 죽어서도 그 영향을 받을 것이라는 생각은 자연스러운 걱정이라 하겠다. 이에 음택풍수의 원리와 적절한 장례 방식에 대하여 논하는 대목이다.

　먼저 실옹은 음택풍수의 본래 원리를 거론한다. 인체에 경락의 운행이 있듯이 땅에는 수·화·풍·기의 운행이 있음은 이미 설명한 바다. 그런데 수·화·풍·기의 운행은 실한 것을 만나면 지나치고, 허한 것을 만나면 모여든다고 했다. 매장이 법도를 잃으면 바로 그 허한 곳으로 수·화·풍·기가 모여들어 재앙이 닥치는데 시신이 뒤집어지고 타며 벌레가 껴 결국 유골이 썩어 흩어져 제대로 안착할 수 없다는 것이다. 사실 음택풍수의 핵심 원리는 묻힌 시신이 육탈(肉脫)이 깨끗하게 이루어지고 유골이 묻힌 그대로 잘 안착할 수 있어 변함이 없는 묏자리를 구하는 내용이었다. 그러한 곳은 허자도 언급했듯이 토성이 깨끗하고 윤기가 나며, 불과 불, 그리고 바람과 벌레가 모이지 않는 곳이었다. 문제는 땅속의 여건이 겉으로 보이지 않기에 주위의 지형지세로 판단하는 원리와 방법이 음택풍수의 본래 내용이었던 것이다. 따라서 땅에 수·화·풍·기의 운행이 있어 허한 곳에 또는 허하게 묻힌 시신에 그것들이 모여들어 재앙이 닥친다는 실옹의 설명은 고전적 음택풍수의 원리와 다르지 않다고 할 수 있다.

　문제는 허한 곳과 허한 매장 방식이 무엇인가다. 실옹은 허한 곳을 판단하는, 사실상 고전적 음택풍수의 중요한 내용을 차지하는 방식에 대해서는 거론하지 않는다. 그가 제시한 원리가 음택풍수의 원리와 다르지 않기 때문일 것이다. 대신에 실옹은 매장 방식에 대해서만 논한다. 실옹이 주장하는 좋은 매장 방식은 흙과 일체가 되도록 하는 것이며, 나쁜 방식은 시신이 썩어 흙과 일체가 되는 데 방해되는 당시 풍습의 화려한 매장 방식이었다. 왜 그러한가? 실옹은 흙은 만물의 어머니요 생성의 근본으로서 그 어떤 물체도 흙만큼 따뜻하고 윤택한 것이 없으며 참으로 아름답고 청결하다고 주장했다. 아름다움의 대명사로 여겨지는 비단과 주옥도 흙의 깨끗함에 비할 바가 못 된다고 보았다. 그런데도 사람들의 습속은 흙에 가까운 것을 천하게 여기고 흙에서 먼 것을 귀하게 여겨, 시신이 흙에 닿지 않도록 수의를 화려하고 두껍게 하며, 관곽을 쓰고 석회를 발라 견고하게 하지 못할까 걱정한다는 것이다. 그러나 흙에서 멀어지려는 것은 집을 높게 짓고 여러 겹의 이불을 덮으려 하는 것처럼 산 사람에게만 해당되니, 죽음과 삶의 길이 다른 것을 모르는 어리석은 관습이라고 비판한다. 게다가 화려한 수의와 관곽은 결국 썩으면서 땅속에 빈 곳을 만들게 된다. 허한 곳으로 수·화·풍·기가 몰려들어 시신에 재앙이 닥친다는 앞에서 제시한 원리를 상기하면 안 될 일이다. 결국 산 자의 눈앞에 펼쳐진 화려하고 아름다운 것만 보고 땅속에서 썩어 유해를 더럽히고 빈 곳을 만들어 물과 불은 물론이고 바람과 벌레가 모여들어 육신과 유골이 타서 흩어져버려 부모의 유해를 잘 모시지 못하니 재앙이 따로 없다는 것이다.

그렇다면 결국 어떤 매장 방식이 가장 적절한 것인가? 실옹은 삼베로만 싼 채 관곽을 쓰지 않고 나장하는 것은 통달한 선비가 하던 괴이한 매장이었고, 화장의 일종인 다비는 불교에서 하던 청결한 방식이었으며, 기와로 만든 관에 벽돌을 두르는 것은 중화의 성인들이 하던 매장 방식이었다고 정리했다. 앞선 실옹의 주장에 의하면 와관에 벽돌을 쓰는 방식은 해서는 안 되는 방식임이 분명하다. 그런데 실옹은 중화의 성인들이 하던 방식이라고만 언급했다. 중화의 성인들이 하던 매장 방식이 나쁘다는 것을 실옹 자신의 입으로 차마 말하지 못하고 허자의 입을 빌리려는 레토릭일까? 반대로 삼베로만 싸서 나장하는 것은 적절하고 좋은 매장 방식임이 분명하다. 하지만 실옹은 통달한 선비의 괴이한 방식이라고 했다. 당대 유가 학인들의 인식에 의하면 괴이한 매장일 수 있지만 통달한 선비는 그렇게 해왔다는 의미가 아닐까?

유가 사대부들에게 나장과 화장은 둘 다 수용할 수 없는 장례법이었다. 먼저 시신을 태우는 불교식 화장이야 부연 설명할 필요도 없다. 화장은 부모의 머리카락 하나라도 손상시키지 않아야 한다는 믿음을 지닌 유가의 전통하에서 있을 수 없는 장례법이다. 부모 자식을 버리는 패륜을 가르친다며 불교를 극렬 배척했던 조선의 사대부들이 아니던가. 그런데 실옹의 설명을 들은 허자는 다비와 같은 화장이 가장 좋은 것이냐고 묻는다. 실옹은 내심 동의를 할 테지만 가부를 정하지는 않는다. 다만 실옹은 스승을 장사 지낼 때는 의리를 중시하는데, 불교의 가르침은 은혜를 끊고 의리를 세웠다는 말로 넘어간다. 무슨 말인가? 그래서 불교의 화장은 스승의 장례에서 의리를 중시하는 것과 같은 의미를 지녔다는 말인가? 그렇다면 나쁠 것이 없다는 주장이라고 볼 수 있겠다.

나장 또한 만만치 않다. 화장 다음으로 나장이 좋은 것이냐며 허자가 물었지만 시원하게 그렇다고 답하지 못한다. 유가 사대부들에게 나장은 두 고사를 떠올리게 한다. 먼저 『맹자』 「공손추하(公孫丑下)」에 나오는 맹자의 장례에 얽힌 이야기다. 맹자가 어머니의 장례를 치른 후 장례를 도왔던 제자 충우(充虞)가 맹자에게 관곽이 매우 아름다웠다고 아뢰었다. 이에 맹자는 보기에 아름답게 하기 위해서가 아니라 인심에 따라 마지못해서 그렇게 했다고 답했다. 그러면서 "죽은 자를 위하여 흙이 피부에 닿지 않도록 한다면 인심에 유독 만족스럽지 않겠는가"[7]라고 말했다. 유가 사대부들에게 장례는 두텁고 화려하게 해야 하며, 흙이 피부에 닿지 않도록 관곽을 두텁고 견고해야 함은 성인 맹자가 모범을 보였던 적절한 예(禮)였다.

또 다른 고사는 양왕손의 나장 이야기다. 양왕손은 한나라 무제 때의 유명한 도가학자로 그는 아들에게 자신이 죽은 후 나장하라고 당부했다. 포대기에 시신을 싸서 묻은 후 포대기를 벗겨 결국 옷 하나 걸치지 않은 맨몸으로 묻게 했다. 양왕손의 이 나장 이야기는 유가에서는 줄곧 웃음거리였다. 그렇기에 실옹은 왕손의 나장이 당시 풍속을 교화하려던 과격한 방식이었다고 언급하면서 왕손의 나장이 과격했음을 인정했다. 그렇다고 순순히 물러나는 것은 아니다. 당시의 장례 풍속이 지나치게 화려한 것은 사실이었고, 그것을 양왕손이 비판적으로 보고 교화하려는 것이었다며 나장을 두둔하고 있는 것이다.

---

7 『孟子』「公孫丑下」, "且比化者, 無使土親膚, 於人心獨無恔乎."

결국 대부분의 유가 사대부가 믿는 맹자의 장례를 실용은 틀렸다며 파격적 언급으로 마무리한다. 주나라 때부터 예악과 문물이 크게 갖추어지더니 맹자가 간소한 장례를 힘써 배척하기에 이르렀다는 말이다. 여러 겹의 관곽을 쓰고 명품 부장품을 넣는 장례 문화, 그리고 흙이 시신의 피부에 닿지 않도록 해야 한다는 맹자의 가르침은 널리 퍼져 있는 나쁜 폐단이라는 것이다.

30

음택풍수와 동기감응에 대하여

虛子曰, "宅兆有吉凶 子姓有禍福 一氣感應 亦有其理乎."

實翁曰, "重囚在獄 宛轉楚毒 至不堪也 未聞重囚之子身發惡疾. 況於死者之體魄乎.

雖然 技術之妄 實無其理 傳信之久 衆心合靈 想無成有 往往有中人之機巧 天亦隨之. 鑠金銷骨自有其理.

夫天文之祥祲 卜筮之休咎 禱祀之格響 地術之禍福 其理一也. 蔡季通之得罪也 悔遷人墓. 夫無故改葬 宜其罪悔 惟崇信左術 實爲罪悔之本. 況紫陽之山陵議狀 專主術說 甚矣. 臺史言出儒宗 人不敢議. 異說鴟張 天下若狂 訟獄繁興人心日壞 流弊之酷 奚啻頓悟事功之比而已哉."

허자가 말했다. "묘에 길흉이 있어 그 자손에 화와 복이 미친다 하는

데, 동일한 기가 감응하는 이치가 있습니까?"

실옹이 말했다. "중죄인이 옥에 갇혀 구르고 맞아 생긴 독이 견딜 수 없는 정도에 이르러도, 중죄인의 자식들이 악질(惡疾)에 걸린 것을 들은 적이 없다. 하물며 죽은 자의 신체에서랴.

비록 그러하나 잔기술의 망령됨은 실상은 이치가 없는데도 믿음이 전해진 지 오래되어 마음을 모으고 영혼을 합해서 무(無)에서 유(有)를 이루길 바라니, 왕왕 중국인 중에 기교가 있는 자는 하늘이 따라주기도 했다. '입이 여럿이면 쇠도 녹이고, 비방이 쌓이면 뼈도 삭게 한다'는 말은 이치가 있다.

무릇 천문(天文)의 상서(祥瑞)와 요기(妖氣), 복서(卜筮)의 길흉, 제례의 흠향(歆饗), 지리(地理)의 화복 등은 이치가 동일하다. 채계통[1]이 죄를 얻음에 다른 사람의 묘를 옮겨준 것을 후회했다. 이유 없이 묘를 옮기는 것도 마땅히 후회할 만한 죄이지만 삿된 술법을 존숭하고 믿는 것은 실제로 죄를 지은 것으로 후회의 근본이 된다. 특히 자양(紫陽) 선생[2]의 『산릉의장(山陵議狀)』[3]은 술가의 설을 오로지함이 심했는데, 사관(史官)들이 유학의 종장(宗匠)이 밝힌 내용이라 말하니 사람들이 감히 의논하지 못했다. 이단의 설이 거침없이 퍼지매 천하가 미친 듯이 소송이 넘쳐났다. 인심이 날로 망가지고 오래된 나쁜 풍속의 폐단을 어찌 불교와

---

1 주희의 제자 채원정(蔡元定, 1135~1198)의 자(字)다.
2 주희가 자양산에 학당을 세워서 얻은 별호다.
3 주희가 송 효종이 죽자 능을 고르는 것에 대한 이론을 정리해 바친 글로 풍수지리의 고전이다.

사공학(事功學)에 비길 뿐이겠는가."

✻

허자는 앞서 재앙이 없으려면 어떠한 곳에 매장해야 좋은지 궁금해했는데, 실옹으로부터 적절한 매장 방식에 대한 파격적인 주장을 들었다. 이어서 허자는 묏자리를 잘못 쓰면 사자(死者)의 자손들에게까지 재앙이 미친다는 소위 '동기감응(同氣感應)'의 이치가 타당한지 묻는다.

이에 대한 실옹의 답변은 단호하다. 틀렸고 이치가 없다는 것이다. 그럼에도 묏자리를 잘못 써서 자손에게 해가 미치는 사례를 간혹 볼 수 있다면서 "입이 여럿이면 쇠도 녹이고, 비방이 쌓이면 뼈도 삭게 한다"는 『사기』에 나오는 유명한 서술을 호출한다. 앞서 하늘의 별이 재앙의 조짐일 수 없다며 간혹 예외적 사례가 있는 이유를 설명하면서 거론했던 말이다. 지성이면 감천으로 하늘이 따라주어 무에서 유가 만들어지는 희한한 사례가 있을 수 있다는 것이다. 그러나 그것은 아주 예외적인 것에 불과하고 실상은 이치가 없다고 잘라 말했다. 풍수지리를 통해 화와 복을 받는다는 것, 제례(祭禮)에서 흠향(歆饗)하는 것,[4] 복서(卜筮)의 길흉, 그리고 앞서 논한 바 있는 천문(天文)이 상서의 조짐이라는 것 등은 모두 이치가 동일하다고 했다. 물론 이치가 같다고 해서 모두 '동기감응'의 현상인 것은 아니다. 복서의 길흉은 동기감응과는 다른 좀 더

---

4 흠향은 인간이 바친 제물과 정성에 신이 감읍하여 소통하는 것을 말한다.

복잡한 설명이 필요하다.

동기감응에 의한 음택풍수의 화복에 대한 실옹의 부정적 인식은 주자학자들의 음택풍수에 대한 부정에서 잘 드러난다. 주희의 천문역산학, 상수학, 그리고 풍수지리학 지식에 절대적 영향을 미쳤던 주희의 제자 채원정의 사례는 하나의 예에 불과하다. 그가 죄를 얻어 귀양을 감에 이르자 다른 사람의 묘를 옮겨준 것 때문에 화를 입는다 생각하며 후회했다는 일화다. 실옹은 이유 없이 묘를 옮겼다면 후회할 만한 죄를 지은 것이 마땅하다며, 그렇지만 더 큰 죄는 삿된 술법을 존숭하고 믿은 것이라고 했다. 흡사 '원회운세설'과 같은 우주 주기론을 주창했던 소옹이 세상을 속였다고 앞서 극렬하게 비난했던 것을 떠올리게 한다. 실옹의 비난은 주희에게까지 미친다. 주희는 송 효종의 능을 세우기 위해 필요한 풍수지리 이론을 정리해『산릉의장』으로 편찬해 바쳤다. 주희의 저서였기 때문에 유가 사대부들에게는 매우 중요한 고전적 풍수지리서였다. 실옹은 사관들이 유학의 종장인 주희가 썼다 하여 감히 비판하지 못했지만 그 내용은 술가의 설에 불과함이 심했다고 주장했다. 이후 이단의 설이 거침없이 천하에 퍼짐에 산송(山訟)[5]이 넘쳐났다고 했다. 조선후기 음택풍수가 널리 유행하고, 그로 인해 묘지 소유권을 두고 산송이 넘쳐난 것은 주지의 사실이다. 그런데 실옹은 그러한 음택풍수를 '이단의 설'이라고 했다. 논리적으로 따지면『산릉의장』에서 주희

---

5 산소(山所), 곧 묘지(분묘)에 관한 송사(訟事)를 통틀어 일컫는다. 조선중기 이후 명당(明堂)을 찾는 음택풍수가 유행하면서 특히 잦았다.

가 정리한 풍수 이론도 '이단의 설'이라는 결론을 내릴 수 있다. 주희가 '이단의 설'을 책으로 쓰다! 놀랍고도 파격적인 주장이다.

실옹은 음택풍수와 같은 이단의 설이 널리 퍼지며 인심이 날로 망가지고 나쁜 풍속이 생겼다며 그 폐단이 불교와 사공학에 못하지 않다고 마무리했다. 불교와 사공학[6]이 갑자기 의외의 일격을 받는 대목이다. 척불(斥佛)운동에서 알 수 있듯이 불교야 조선초부터 부정시되었으니 일격을 받을 만하다. 그러나 사공학은 다르다. 물론 도학자들에게 사공학은 위학(僞學)과 다를 바 없었지만, 18세기 후반 홍대용이 활동하던 시기에는 사공학적 주장을 펼치는 것이 그리 부정시되던 때는 아니었을 것 같다. 더구나 홍대용은 현재 학계에서 실증적 경세학을 펼치는 소위 '실학자'로 알려진 인물이 아니던가. 그러한 홍대용이 음택풍수와 같은 '이단의 설'을 사공학과 견주다니 이해가 안 가는 대목이다. 아니면 사공학을 부정시하던 도학자들의 입장에서 그 정도로 폐단이 심하다는 것을 강조하는 레토릭에 불과한 것일까?

---

6 본디 사공학은 남송대 절강 지역의 진량(陳亮, 1143~1194)을 중심으로 부상한 학파의 학문을 말한다. 그들은 이정(二程)과 주희 등 리학파의 '말업을 억제하고 근본을 중요시한다(抑末重本)'는 경향에 반대하고 농상공의 발전과 부국강병의 학문적 경향을 지향했다. 조선초 정도전(鄭道傳)이 사공학을 추구한 것으로 유명하다.

5부

인류 역사를 새로 쓰다

천지 생성 이후 인류 사회의 탄생

虛子曰, "天地之體形情狀 旣聞命矣. 請卒聞人物之本 古今之變 華夷之分."

實翁曰, "夫地者虛界之活物也 土者其膚肉也 水者其精血也. 兩露者其涕汗也 風火者其魂魄榮衛也. 是以水土醞於內 日火熏於外 元氣湊集 滋生衆物. 草木者地之毛髮也 人獸者地之蚤蝨也.

巖洞土窟 氣聚成質 謂之氣化. 男女相感 形交胎產 謂之形化.

邃古之時 專於氣化 人物不繁. 鍾禀深厚 神智淸明 動止純厖. 養生不資於物 喜怒不萌於心. 呼吸吐納 不飢不渴 無營無欲 遊戲于于. 鳥獸魚鼈 咸遂其生 草木金石 各葆其體. 天無淫沴之灾 地無崩渴之害. 此人物之本 眞太和之世也.

降自中古 地氣始衰 人物生成 轉就駁濁. 男女相聚 乃生情欲 感精結胎 始有形化. 自有形化 人物繁衍 地氣益泄而氣化絶矣. 氣化絶則人物之生 專禀精血 滓穢漸長 淸明漸退. 此天地之否運 禍亂之權輿也.

男女形交 精血耗竭 機巧攻心 神火焦然. 內有飢渴之患 外有寒暑之苦. 囓草
飲水 以充飢渴 巢居穴處 以御寒暑. 於是萬物各私其身 而民始爭矣.

草水之薄而濫以佃漁, 鳥獸魚鼈 不得遂其生矣. 巢穴之陋而侈以棟宇 草木
金石 不得葆其體矣. 膏粱適其口 而臟腑脆矣, 布帛暖其體而支節解矣, 園囿臺
榭陂塘之役作而地力損矣. 忿怒怨詛淫穢之氣昇而天災現矣.

於是勇智多欲者生於其間 驅率同心 各占雄長, 弱者服其勞 强者享其利. 割
裂疆界 睢盱兼幷 治兵格鬪 張拳肉薄 民始傷其生矣. 巧者運技 挑發殺氣 鍊金
刳木 凶器作矣. 刀戈之銳 弧矢之毒 爭城爭地. 伏尸原野 盖生民之禍 至此而
極矣.

허자가 말했다. "천지의 체형과 정상에 대해서는 이미 가르침을 받았
습니다. 이제 사람과 사물의 근본과 고금의 변화, 그리고 화이(華夷)의
분수(分殊)에 대해서 가르침을 받고자 합니다."

실옹이 말했다. "무릇 땅이라는 것은 우주 안의 살아 있는 물체로,
흙은 가죽과 살이고 물은 정액과 혈액이며, 비와 이슬은 눈물과 땀이고
바람과 불은 혼백과 영위[1]다. 이 때문에 물과 흙은 안에서 빚고 태양 불
은 바깥에서 쪼여, 원기(元氣)가 모여들어 뭇 사물을 낳고 기른다. 초목
은 땅의 모발이며, 사람과 금수는 땅의 벼룩과 이 같은 것이다.

바위 골짜기와 땅굴 같은 곳에서 기(氣)가 모여 형질을 이루는 것을
'기화(氣化)'라 부르고, 남녀가 서로 감응해서 교합하여 애를 배고 낳는

---

1 원기(元氣)를 왕성(旺盛)하게 하는 피와 몸을 호위(護衛)하는 기운(氣運)을 말한다.

것을 '형화(形化)'라 부른다.

아주 먼 옛적(邃古)에는 오로지 '기화'만 있어 사람과 생물이 번성하지 않았다. 품수받은 성품이 깊고 온후했고 정신과 지혜가 맑고 밝았으며, 행동거지가 순수하고 두터웠다. 먹고사는 것을 사물에 의지하지 않았고, 기쁨과 분노 같은 감정이 마음에 싹트지 않았다. 입으로 묵은 기운을 내뿜고 코로 새로운 기운을 들이마시는 방식(吐納法)[2]으로 호흡했으며, 배곯지 않고 목마르지 않았다. 영위(營爲)함과 욕망이 없이 유희(遊戱)하며 살았다. 새와 짐승, 물고기가 타고난 수명을 누렸고, 초목과 쇠, 돌이 각기 그 형체를 보전했다. 하늘에서는 음란하고 삿된 재앙이 일어나지 않았고, 땅에서는 산이 무너지고 강이 마르는 피해가 없었다. 이것이 사람과 사물의 근본 모습이고 진정으로 '완벽하게 조화로운 세상(太和之世)'이다.

중고(中古) 시대로 내려와 지기가 쇠하기 시작하면서 사람과 생물이 생겨남에 순수하지 않고 혼탁해졌다. 남녀가 서로 모임에 정욕을 드러내 정을 통해 애를 가지니 처음으로 '형화'가 일어났다. '형화'가 있은 이래 사람과 생물이 번성하면서 지기(地氣)가 더욱 새고 '기화'가 단절되었다. '기화'가 단절되니 사람과 사물이 생겨남에 오로지 정액과 혈액만을 품수받아 더러운 것들만 점점 늘어나고 맑고 밝은 것은 점점 사라졌다. 이는 천지의 불운(不運)이며 불행과 변란의 권여(權與)[3]가 되었다.

---

2 장자가 사용한 '토고납신(吐古納新)'의 준말로 오래된 기운은 뱉고 좋은 기운만 받아들인다는 뜻이다.

남녀가 교접함에 정액과 혈액이 소갈되고, 잔재주가 마음을 공략하매 신화(神火, 정신 활동의 에너지)가 타서 문드러졌다. 안으로는 배고프고 목마른 근심이 생기고 밖으로는 춥고 더운 고통이 생겨났다. 풀을 씹고 물을 마셔서 배고픔과 목마름을 보충하고, 새 둥지와 동굴 같은 곳에서 살면서 추위와 더위를 이겼다. 이에 만물이 각기 자신만을 위하고 민들이 다투기 시작했다.

풀과 물이 척박하다 하여 사냥과 고기잡이를 남벌하면서 새와 짐승, 물고기가 타고난 수명을 다하지 못하게 되었다. 새 둥지와 동굴이 비루하다 하여 화려하게 집을 짓자 초목과 쇠, 돌이 그 몸을 보전하지 못하게 되었다. 살진 고기와 좋은 곡식에 입을 맞추자 오장육부가 약해졌고, 베와 비단으로 몸을 따뜻하게 하면서 사지 뼈마디가 느슨해졌으며, 원유(園囿)와 높은 누각, 제방을 힘써 지으면서 지력이 손실되었다. 성내고 원망하고 저주하며 음란하게 더러운 기들이 상승하면서 천재(天災)가 출현했다.

이에 용감하고 지혜로우며 욕심 많은 자들이 그사이에 생겨나 마음을 같이하는 자들을 이끌고 각기 구역을 점거하고 우두머리가 되니, 약한 자는 노역에 시달리고 강한 자는 이득을 취했다. 영토를 나누어 차지하고 눈을 부릅뜨고 겸병하려 병사를 일으켜 전쟁하고 주먹을 날려 치고 받으니 민들이 처음으로 타고난 수명을 손상하기 시작했다. 교활한 자가

---

3 권(權)은 저울대, 여(輿)는 수레 바탕, 곧 저울을 만들 때는 저울대부터 만들고, 수레를 만들 때는 수레 바탕부터 만든다는 뜻으로, 사물(事物)의 시초(始初)를 뜻한다.

기교를 부려 살기(殺氣)를 도발하길 쇠를 제련하고 나무를 쪼개 흉기를 만들었다. 칼과 창의 날카로움과 화살의 독으로 전쟁을 벌였다. 쓰러진 시체가 들을 메우니 무릇 살아 있는 백성의 화(禍)가 이에 이르러 극에 달했다.

❋

천지의 생성과 구조, 그리고 운동과 현상에 대한 긴 논의를 마무리하고, 허자가 처음에 물었던 질문으로 돌아온다. 사람과 사물의 생겨난 근본에 대한 질문을 받은 실옹은 그에 앞서 천지의 체형과 정상에 대해서 먼저 알아보자고 했었다. 우주적 차원의 천지의 생성과 변화, 그리고 지구적 차원의 자연 현상들에 대해서 자세히 살펴본 다음 이제 인류 문명, 특히 중화 문명의 부침에 대해서 논하는 결론적 고찰의 대목이라 하겠다. 그 서두는 인류의 탄생과 계급 사회 형성의 역사에 대한 정리다. 그런데 인류의 문명을 바라보는 실옹의 눈이 가히 파격적이다. 성리학은 물론이고 원시유학의 관점도 전도시키고 있다.

실옹은 인류의 탄생이 이루어진 무대로서 땅의 세계에서 어떻게 사물의 생성과 변화가 가능했는지 설명하는 것으로 이야기를 시작한다. 앞서 인체와의 유비를 통해서 땅을 활물(活物)로 살펴본 바 있듯이 땅의 세계를 살아 있는 큰 유기체로 규정한다. 땅이라는 유기체를 구성하는 요소들로 흙은 인체의 가죽과 살 같으며, 물은 정액과 혈액, 바람과 불은 혼백과 기운, 비와 이슬은 눈물과 땀 같다고 했다. 이러한 땅을 구성하는 요소들의 작용으로 지구상의 사물이 생겨난다. 물과 흙이 안에서 빚고, 태양 불이 바깥에서 쪼여, 원기가 모여들면서 뭇 사물이 생성되고 성장한다는 것이다. 이렇게 땅에서 생겨난 사물들 또한 땅의 세계라는 큰 유기체를 구성하는 것들이기도 하다. 초목이 인체의 모발과 같고, 사람과 금수가 인체에 기생하는 벼룩과 이라고 할 수 있는 것처럼 말이다. 적어도 이 대목에서 사람은 땅이라는 활물의 구성요소로 포함되는 존재에 불과하다. 인간을 위해 땅이 존재하는 것이 아닌, 벼룩이 인체에 기생하듯이 사람은 거대한 땅의 세계에 기생하는 하찮은 존재가 되어버렸다.

이렇게 땅의 세계라는 큰 활물 안에서 인류는 탄생하고 계급 사회가 형성되었다. 그 과정을 실옹은 '기화(氣化)'와 '형화(形化)'라는 주희가 제시했던 틀을 적용해 설명한다. 본디 기화와 형화는 기가 모여서 기화를 이루고, 이후 형이 생겨난 후에는 형화가 생겨나고, 형화가 오래되면 기화가 점차 소멸한다고 이정(二程)이 설명했던 것이다.[4] 즉 시간적으로 만물 생성 초기에 기가 모여 사물이 만들어지는 과정을 기화로 규정했고, 기화로 사물이 형질을 이룬 후의 재생산과 변화는 형화로 이해했다. 세월이 더 흘러 형화가 많이 진척된 후에는 기화는 소멸되고 형화의 과정만 이루어졌다. 이러한 기화와 형화의 과정은 주희에 의해서 더욱 구체화되었다. 즉 기가 모여서 기화가 이루어지는 과정은 음양과 오행의 정수들의 작용으로 이루어지는데, 특히 생물체의 경우에는

---

4 『二程全書』 권5, "萬物之始 皆氣化, 旣形 然後以形相禪 有形化, 形化長 則氣化漸消."

음양의 정수가 응결하고 성형하는 과정을 거쳐 기화가 이루어진다고 했다. 한편 기화와 달리 형화는 남녀의 교합에 의하여 이루어지는 것이라고 해석했다.[5] 생물의 경우 기화와 형화라는 다른 재생산의 과정이 제시된 것이다. 벼룩과 이 같은 경우에는 암수의 교합이 아닌 단지 음양의 작용에 의한 자연발생적 생성의 과정을 기화로 규정한 듯하며, 동물이나 사람처럼 암수 구분이 명확한 경우에 남녀 교합으로 종족 번식이 일어나는 재생산을 형화로 이해한 듯하다. 이는 생물 발생 초기의 원시적 생명체의 탄생을 기화로, 이후 고등 생물 생성의 과정을 형화로 이해한 것이다. 그렇다면 벼룩이나 이의 탄생 과정인 기화에 비해 인간과 같은 생물체의 탄생 과정인 형화가 훨씬 세련되고 고차원적인 생성 과정으로 규정된 것을 의미했다. 인간을 가장 신령스러운 특별한 존재로 여기는 성리학자다운 이해라고 하겠다.

실옹의 인류의 탄생과 계급 사회의 형성에 대한 논의는 이와 같은 주희의 기화와 형화의 규정을 적용한 것이었지만 많이 달랐다. 특히 음양과 오행의 작용을 전혀 언급조차 하지 않는 것은 물론이고, 기화와 형화의 위계적 가치를 전도시켰다. 하등 생물의 생성 과정과 같은 원시 단계에 적용되던 기화는 '완벽하게 조화로운 세상' 즉 '태화지세(太和之世)' 때의 생성 방식이 되었다. 기화로 생겨난 만물은 사람이든 사물이든 근본 모습을 잃지 않고 각기 그 형체를 보전했다. 쓸데없이 번성

---

5 주희가 『주역본의(周易本義)』계사하(繫辭下)에서 '天地絪縕 萬物化醇'을 氣化로, '男女構情 萬物化生'을 形化로 각각 해석한 것이 그것이다.

하지 않고 배곯지 않으며 욕망이 없이도 유희하며 살았다. 입으로 묵은 기운을 내쉬고 코로 새로운 기운을 들이마시는 토납법의 호흡법을 구사하며 타고난 수명을 다했다. 하늘에 재변이 없고 땅에서는 산이 무너지고 강이 마르는 일이 없었다. 그야말로 기화로 생겨나던 만물이 생성된 초기 단계의 아주 먼 옛적의 시대에는 마치 신선이 사는 선경(仙境)과도 같은 완벽하게 조화로운 유토피아의 세상이었다.

그런데 중고 시대로 내려오면서 지기가 쇠하고 사람과 생물이 혼탁해지면서 처음으로 형화가 이루어지기 시작했다. 그 시작은 남녀가 모여 정욕을 드러내 정을 통하면서 교합을 하고 애를 배고 애기를 낳은 것이었다. 남녀가 교접하는 생성이 이루어지면서 사람과 생물은 더욱 번성했지만 지기가 더욱 쇠하고 정액과 혈액이 소갈되어 기화가 단절되었다. 그로 인해 생겨나는 것들은 모두 정액과 혈액만을 품수받아 더러운 것들만 늘어나고 청정한 것들은 점점 사라지니 천지의 불운이며 불행과 변란의 시초였다. 배고프고 목마르며 춥고 더운 고통의 삶이었다. 배고픔을 위해 사냥과 고기잡이를 했고, 추위와 더위를 극복하기 위해 새 둥지와 동굴 같은 곳에서 살다가 그것도 모자라 화려한 집을 짓기 시작했다. 그럴수록 오장육부와 사지의 뼈마디는 약해졌다. 하늘에서 재변이 일어나고 지력은 날로 손상되었다. 이에 민들은 자신의 생명을 보전하기 위해 다투기 시작했고, 그 과정에서 힘세고 똑똑한 자가 나타나 우두머리가 되어, 약한 자는 노역에 시달리고 강한 자는 이득을 취했다. 점점 넓은 지역을 할거하고 병사를 일으켜 전쟁을 일으키니 민들이 처음으로 수명을 다하지 못하기 시작했다. 백성의 화(禍)가 이보다 더할 수 없는 지경이 되었다고 했다.

기화와 형화의 위계적 가치를 전도시켜 실옹이 요약 정리한 인류의 탄생과 계급 사회 형성의 역사는 유가에서 서술하는 인류의 역사와는 판이했다. 만물이 생겨난 인류 초기의 원시시대라고 할 수 있는 '태화지세'를 완벽하게 조화로운 신선의 세계로 묘사하고, 후대에 남녀의 욕망과 교합으로 생겨나기 시작한 인류의 계급 사회를 백성의 화가 극에 달한 지옥과도 같은 세상으로 묘사한 것은 『춘추공양전』의 소위 '삼세설 (三世說)'과도 시대적 흐름이 완전히 전도되었다. 즉 공자는 인류 역사를 초기 원시시대의 지극히 혼란스러운 '거난세(據亂世)'에서 승평세(昇平世)를 지나 지극히 '태평스러운 시대(太平世)'로 발전해간다고 서술하지 않았던가. 강유위(康有爲, 1858~1927)의 대동사회로 유명한 유토피아는 공자의 '태평세'로서 귀천의 구분이 없고 군주제도가 없으며 사유재산도 없는 세상으로 오히려 실옹이 그리는 원시시대, 즉 기화로 생겨나는 '태화의 세상'이었다.

중화 문명의 부침의 역사

冀方千里 號稱中國. 負山臨海 風水渾厚, 日月淸照 寒暑適宜, 河嶽鍾靈 篤生善良. 夫伏羲神農黃帝堯舜氏作 而茅茨土階 身先儉德 以制民産. 欽文恭讓 躬行明德 以敷民彝 文敎洋溢 天下熙皞. 此中國所謂聖人之功化 至治之世也.

因時順俗 聖人之權 制治之術也. 夫太和純厖 聖人非不願也. 時移俗成 禁防不行 逆而遏之 其亂滋甚 則聖人之力 實有不逮也. 故曰居今之世 欲反故之道 裁及其身.

情欲之感 旣不可禁 則婚姻之禮 夫婦定偶 禁其淫而已. 宮室之居 旣不可禁 則蔀屋蓬蓽 不礱不斲 禁其華而已. 魚肉之食 旣不可禁 則釣而不網 厲禁山澤 禁其濫而已. 布帛之服 旣不可禁 則老少異制 上下有章 禁其侈而已. 是以禮樂制度 聖人所以架漏牽補 權制一時 而情根未拔 利源未塞. 勢如防川 畢竟潰決 聖人已知之矣.

夏后傳子 而民始私其家, 湯武放殺 而民始犯其上, 非數君之過也, 至治之餘
衰亂之漸 時勢然矣. 夏忠商質 比唐虞則已文矣. 成周之制 專尙夸華 降自昭穆
君綱已替 政在列侯, 徒擁虛器 寄生於上 不待幽厲之傷 而天下之無周久矣.

靈臺辟雍 遊觀美矣, 九鼎天球 寶器藏矣, 玉輅朱冕 服御侈矣, 九嬪御妻 好
色漁矣, 洛色鎬京 土木繁矣, 夫秦皇漢武 其有所受之矣.

且捨微箕而立武庚 殷道不復 興周之微意 焉可諱也. 及成王初立 管蔡鬩墙
三年東征 缺戕破斧 八誥妹邦 頑民梗化, 周之代殷 其能無利天下之心乎.

孔子贊舜 以德爲聖人 及武王則曰不失天下之令名, 稱泰伯以至德 語武則曰
未盡善也, 孔子之意 大可見也.

自周以來 王道日喪 覇術橫行 假仁者帝 兵彊者王 用智者貴 善媚者榮, 君之
御臣 啗以寵祿, 臣之事君 餂以權謀. 半面合契 隻眼防患, 上下掎角 共成其私,
嗟呼咄哉. 天下穰穰 懷利以相接.

儉用蠲租 非以爲民也, 尊賢使能 非以爲國也, 討叛伐罪 非以禁暴也. 厚往
薄來 不寶遠物 非以柔遠也. 惟守成保位 沒身尊榮 二世三世傳之無窮, 此所謂
賢主之能事 忠臣之嘉猷也.

或曰 木石之灾 肇於有巢, 鳥獸之禍 創於包義. 飢饉之憂 由於燧人, 巧僞之
智 華靡之習 本於蒼頡. 縫掖之偉容 不如左袵之便易, 揖讓之虛禮 不如膜拜之
眞率. 文章之空言 不如騎射之實用, 暖衣火食 體骨脆軟 不如毳幕湩酪 筋脉勁
悍. 此或是過甚之論 而中國之不振 則所由來者 漸矣.

混沌鑿而大樸散, 文治勝而武力衰, 處士橫議 周道日蹙. 秦皇焚書 漢業少康
石渠分爭 新莽簒位. 鄭馬演經 三國分裂 晉氏淸談 神州陸沈. 六朝附庸於江左
五胡跳盪於宛洛 拓跋正位於北朝, 西涼一統於唐祚 遼金迭主 合於松漠. 朱氏

失統 天下薙髮. 夫南風之不競 胡運之日長. 乃人事之感召 天時之必然也."

기주(冀州)¹ 사방 천리를 '중국(中國)'이라 부르는데, 산을 등지고 바다에 임했으며, 바람과 물이 넉넉하고 두터우며, 해와 달이 밝게 비추어 한서(寒暑)가 적절하며, 황하와 오악이 영기를 모아 오로지 선량한 사람들만 배출했다. 무릇 복희(伏羲), 신농(神農), 황제(黃帝), 요(堯), 순(舜)이 일어나 띠로 이은 지붕과 흙섬돌로 집을 짓고 검소한 덕성을 몸소 우선하며 백성들의 생업을 제어했다. 학문을 권장하고 겸양(謙讓)의 미덕을 갖추며 명덕(明德)을 몸소 실행함으로써 백성의 도리를 펼치도록 하니 인문적 교화가 널리 넘쳐 천하가 빛나고 화락했다. 이것이 '중국'에서 말하는 성인(聖人)의 공업과 교화로 지극한 정치가 행해진 세상이었다.

시세를 감안하고(因) 풍속을 거스르지 않는 것(順)은 성인이 임시응변적인 세상을 다스리는 방식이다. 무릇 완벽한 조화와 순수한 도타움은 성인이 원하지 않는 바가 아니다. (그러나) 시대가 흘러 풍속이 형성되면 금하고 막을 수 없으며, 거슬러서 막으면 그 혼란이 더욱 심해지니 성인의 힘으로도 잡을 수 없는 것이다. 그래서 '지금 세상에 살면서 옛도(道)로 돌아가려고 하면 재앙이 자신에게 미친다'고 말하는 것이다.²

정욕(情慾)의 감정은 이미 금할 수 없어서 혼인의 예(禮)로 부부의 짝

---

1 우임금이 천하를 통일하고 설치한 구주(九州) 중의 하나로 구주 중심에 위치해 있다. 지금의 허베이성 서북부와 허난성 북부 지역을 포함한다.
2 『중용(中庸)』 28장에 나오는 서술로 공자가 한 말이다. "生乎今之世, 反古之道, 如此者, 栽及其身者."

을 정해 그 음란함을 금할 뿐이었다. 궁실(宮室)에서 사는 것은 이미 금할 수 없어서 오막살이집과 초가집에 살게 하면서 돌을 갈고 나무를 깎지 못하게 해 그 화려함을 금하게 할 뿐이었다. 물고기와 짐승을 먹는 것은 이미 금할 수 없어서 낚시는 하되 그물질은 못 하게 하고 산택(山澤)을 힘써 금지함으로써 그 남획을 막을 뿐이었다. 베와 비단의 의복은 이미 금할 수 없어서 노소와 상하의 다른 복식 규정을 두어 그 사치를 막을 뿐이었다. 이 때문에 예악(禮樂)의 제도는 성인이 급한 일을 막기 위해 임기응변적[3]으로 한때 쓰는 제도로 정욕의 뿌리를 뽑아버릴 수 없고 사사로이 이득을 취하는 근원을 메울 수 없었다. 형세가 둑을 쌓아 하천의 범람을 막는 것과 같아 필경 터져버릴 것임을 성인은 이미 알고 있었다.

우임금이 아들에게 (왕위를) 전하게 되면서 민들이 처음으로 자기 집안을 사사로이 챙기기 시작했으며,[4] 탕왕[5]과 무왕[6]이 (전 왕을) 내쫓고 죽이면서 민들이 처음으로 상전을 해치기 시작했다. 이는 몇몇 군주의 과오만이 아니었다. 지극한 정치가 행해지던 때가 지나고 점차 쇠하고 난세가 되는 것은 시대의 형세가 그러한 것이다. 하(夏)나라는 '충성(忠)'

---

3 '가루견보(架漏牽補)'를 의역한 것이다. 즉 틈이 난 곳을 얽어 막고 뚫어진 곳을 잡아당겨서 때운다는 뜻으로, 전하여 급한 사태를 임기응변으로 해결하는 일을 일컬을 때 쓰는 표현이다.
4 요임금과 순임금이 아들이 아닌 가장 유능하고 덕 있는 자를 골라 선양(禪讓)하던 전통이 끝나고 우임금은 아들 계에게 왕위를 세습했다. 이로써 제왕이 사천하(私天下), 즉 천하를 사사로이 하기 시작했다고 한다.
5 하(夏)의 마지막 폭군 걸(桀)을 내쫓고 상(商)을 세웠다.
6 상(商)의 마지막 폭군 주(紂)를 내쫓고 주(周)를 세웠다.

을 숭상했고 상(商)나라는 '바탕(質)'을 숭상했지만 당우(唐虞, 요순시대)에 비하면 이미 화려해졌다. 주나라의 제도는 사치스러움을 오로지 숭상했는데[7] 소왕(昭王)과 목왕(穆王)[8] 이래로 군주의 기강이 이미 쇠해서 정치가 여러 제후에게 달리게 되었다. 헛된 지위만 부여잡고 위에서 기생할 뿐 유왕(幽王)과 여왕(厲王)[9]을 기다리지 않고도 천하에 주나라가 없게 된 지 오래되었다.

영대(靈臺)[10]와 벽옹(辟雍)[11]은 두루 돌아다니며 구경하기에 아름답기 위함이었고, 구정(九鼎)[12]과 천구(天球)[13]는 귀중한 유물을 보관하던 것이었으며, 옥로(玉輅)[14]와 붉은 면복[15]은 의복으로 통치함이 사치스러웠음이고, 아홉 부인과 궁녀를 두었음은 색정을 좋아해서였으며, 낙읍(洛邑)[16]

---

7 "夏尙忠 商尙質 周尙文,"『論語集注』24장「爲政」篇 중에서, 문질(文質)의 뜻을 설명하는 대목에 나오는 문구다. 하나라는 '충성'을 숭상하고, 상나라는 '바탕(내용)'을 숭상했으며, 주나라는 '꾸밈(외형)'을 숭상했다는 의미다. '질(質)'과 '문(文)'의 의미는 『論語』「雍也」, "子曰, 質勝文則野, 文勝質則史, 文質彬彬, 然後君子."("바탕이 꾸밈을 이기면 촌스럽고, 꾸밈이 바탕을 이기면 겉치레이니, 꾸밈과 바탕이 적당히 배합된 이후에야 군자다.")를 참조할 것.

8 주(周)의 4~5대 왕들이다.

9 유왕은 서주의 마지막 12대 왕이고, 여왕은 폭정으로 쫓겨난 10대 왕이다.

10 고대 제왕이 천문관측을 하던 곳을 말한다. 요즘의 국립천문대에 해당.

11 주나라 때 설치(設置)한 대학(大學). 형상(形象)이 둥글며 사면(四面)을 물로 둘렀다.

12 하나라 우왕이 구주(九州)에서 금을 거두어 주조한 2개의 손잡이와 3개의 발을 가진 큰 솥을 말한다. 하·은 이래로 천하를 차지한 천자의 권위를 상징하는 것으로 전해져온다.

13 주 왕실에서 보배로 여겼던 하늘 빛 구슬을 말한다.

14 온갖 구슬과 보석으로 꾸민 황제가 타는 수레를 말한다.

15 원문은 '朱冕'이지만 '珠冕'이어야 뜻이 잘 통한다. 제왕이 입는 대례복을 의미한다. 보통 황제의 면복은 황색이었으나, 조선 국왕의 면복이 붉은색이어서 붉은 면복이라 한 것 같다.

16 원문은 '낙색(洛色)'이지만 '낙읍(洛邑)'이어야 한다.

과 호경(鎬京)¹⁷은 토목 사업이 번다했음이니, 진(秦)시황제와 한(漢) 무제(武帝)가 그것들을 그대로 이어받았다.

한편 미자(微子)¹⁸와 기자(箕子)¹⁹를 버리고 무경(武庚)²⁰을 세웠으니, 은나라의 도가 회복하지 못하고 주나라가 흥하게 되는 은미한 뜻을 어찌 숨길 수 있겠는가. 성왕 즉위 초에 이르러서 관숙(管叔)과 채숙(蔡叔)²¹이 일으킨 반란을 (주공이) 3년 동안 동방을 정벌하여 도끼(斧, 구멍이 둥근 도끼)를 부수고 도끼(戕, 구멍이 모난 도끼)를 망가뜨려가며²² 은 옛 땅에 여덟 번 훈고(訓詁)했으나 완고한 민들이 듣지 않았으니, 주나라가 은나라를 대신하면서 천하의 마음을 탐하려는 욕심이 없을 수 있었겠는가? 공자가 순(舜)의 덕을 보고 성인으로 칭송했지만 무왕에 대해서는 천하의 영명(令名, 좋은 명예)을 잃지 않았다고 말했으며, 태백(泰伯)²³의 지극

---

17 낙읍은 동주의 수도, 호경은 서주의 수도다.

18 미자는 은의 마지막 왕 폭군 주왕(紂王)의 이복형으로 주왕의 폭정을 간언했으나 받아들여지지 않자 떠났다.

19 기자는 주왕의 숙부로 역시 간언이 받아들여지지 않자 미친 행세를 해 감옥에 갇혔다. 이후 은이 멸하고 주나라가 세워지자 주의 신하 되길 거부하고 은 유민들을 이끌고 북쪽으로 망명했다.

20 주왕의 아들로 주나라에 투항하여 제후에 봉해졌다. 어린 성왕이 즉위하자 반란을 일으켜 주살되었다.

21 한 무왕의 동생들로 성왕 즉위 초 반란을 일으켰다.

22 『시경(詩經)』 「빈풍(豳風)·파부(破斧)」편에 나오는 "이미 내 도끼를 부수고, 또 내 도끼를 망가뜨렸으나, 주공이 동쪽으로 정벌하심은 사국(四國)을 바로잡으려 하심이다(旣破我斧 又缺我斨 周公東征 四國是皇)"에서 따온 문구다. 민들의 삶에 없어서는 안 될 도끼를 부수어가며 전쟁에 나아가 싸울 정도로 전쟁의 대가를 치렀다는 의미다.

23 주나라 태왕(太王)의 장자(長子). 태왕이 그의 아우 계력(季歷)의 아들인 문왕에게 성덕(聖德)이 있음을 알고는 왕위를 계력에게 전하려 하자, 왕위를 아우 계력에게 양보하고서 형월

한 덕을 칭송했지만 무왕에 대해서는 선(善)이 미진했다고 말했으니 공자의 뜻을 크게 알 수 있다.

주나라 이래로 왕도(王道)가 날로 쇠하고 패술(覇術)[24]이 횡행하여 거짓 어진 자가 황제가 되고 무력이 강한 자가 왕이 되며 지혜를 쓰는 자가 존귀한 신분이 되고 아첨을 잘하는 자가 영달하게 되었다. 임금이 신하를 부림에 총애와 녹봉으로 꾀하고, 신하가 임금을 모심에 권모술수로 낚았다. 한쪽 얼굴로는 의리를 지키는 척하면서 다른 쪽 눈으로는 환난을 방지하려 하고, 상하가 서로 견제하면서 사사로움을 다 같이 취했다. 아아 슬프도다, 천하가 모두 이득만을 취하려 서로 달라붙는 형국이다.

절약하고 조세를 줄이는 것이 백성을 위해서가 아니었으며, 현명한 이를 존경하고 능력 있는 인재를 선발하는 것이 나라를 위해서가 아니었고, 반역을 토벌하고 죄인을 벌하는 것도 난폭함을 금하기 위한 것이 아니었다. 두텁게 주고 가볍게 받으며 멀리서 난 산물을 귀하게 여기지 않는 것도 멀리 있는 백성을 위로하며 따르게 하려는 것이 아니었다. 오로지 조상들의 과업과 (특권적) 지위를 계승하고 지켜 죽을 때까지 존귀와 영화를 누리며 2~3세 자손에게 무궁히 전하려는 것이었다. 이것이 소위 현명한 군주의 능력 있는 사업이고, 충성스러운 신하의 아름다운 계책이었다.

(荊越) 지방으로 피하여 은둔하였다. 천하를 양보했다 하여 현인으로 칭송된다.
24 보통 패도(覇道)라고 하는데 홍대용은 '패술'이라 표현하고 있다. '도(道)'가 아니고 기술에 불과하기 때문일 듯하다.

혹자는 목석(木石)의 재앙은 유소(有巢)[25]에서 시작했고 조수(鳥獸)의 재난은 포희(包犧)[26]에서 생겨났다고 말한다. 또한 기근의 근심은 수인(燧人)[27]에서 비롯되었고, 잔꾀 부리고 속이는 재주와 화려한 습속은 창힐(蒼頡)[28]에 근본을 두었다고 한다. 유가 사대부가 입던 봉액(縫掖)[29]의 빼어난 용모는 오랑캐 옷의 좌임(左衽)[30]의 간편함만 못하고, (유가의) 읍(揖)하고 사양(辭讓)하는 예절의 헛됨은 고대의 모배(膜拜)[31] 절의 진솔함만 못하다. 문장(文章)의 공허한 언사는 기사(騎射, 말 타고 활 쏘는 일)의 실용만 못하고, 따뜻한 옷과 익힌 음식은 뼈를 연하게 해 모직물로 짠 장막에서 자고 끈적끈적한 짐승의 젖을 먹어 힘줄과 혈맥이 굳세지는 것만 못하다. 이러한 주장이 혹시 지나치고 심할지 모르나 중국이 떨치지 못함이 (여기서) 유래한 바가 점점 많아졌다.

혼돈(混沌)이 뚫리며 본래 생긴 대로의 것들이 사라졌다. 문치(文治)가 흥하면서 무력(武力)이 쇠해지고, 처사(處士)들의 주장이 횡행하면서 주나라의 도(道)가 날로 위축되었다. 진시황의 분서갱유(焚書坑儒)가 일어나 한나라의 왕업이 소강(小康, 혼란이 그치고 조금 잔잔한 어정쩡한) 상태에 빠지더니 석거 분쟁[32]이 일어나고, 신(新)나라의 왕망(王莽)이 제위

---

25 고대의 전설적 인물로 집 짓는 법을 처음으로 가르친 사람이라고 한다.
26 즉 복희. 농업과 어업 등의 문명을 일으킨 성인으로 칭송되는 전설적 인물이다.
27 불을 쓰고 음식물 조리 문명을 창설한 전설적 인물이다.
28 문자를 창시했다는 고대의 전설적 인물이다.
29 예전에 선비가 입던, 옆이 넓게 터진 도포(道袍)를 말한다.
30 오른쪽 섶을 왼쪽 섶 위로 여미는 것을 말하는데, 오랑캐의 복식이었다.
31 고대 예절의 하나로, 땅에 무릎을 꿇은 채 두 손을 들어 경건하고 정성스럽게 하는 절이다.

를 찬탈했다. 정현(鄭玄)과 마융(馬融)[33]이 경전을 자세히 해석했으나, 삼
국이 분열하고 진(晉)나라 때에 청담(淸談)[34]이 유행하더니 적현신주(중국)
가 오랑캐에게 유린당했다. 육조(六朝)[35]가 양자강 동쪽에서 근근이 왕
조를 이어가고, 오호(五胡)[36]가 남양(南陽)과 낙양(洛陽)[37]을 유린했으며,
탁발씨가 북조[38]의 주인이 되었다. 서량(西涼)이 당 왕조에서 일통(一統)
을 이루었으며,[39] 요(遼)와 금(金)이 번갈아 주인을 하더니, 송막에서 합
해졌다.[40] 주씨 왕조(명 왕조)가 왕통을 잃어 천하가 변발했다.[41] 무릇 남쪽

---

32 『후한서』에 나오는 금고문 논쟁을 일컫는 용어다. 분서갱유 이전의 경전(고문)과 후한 이후
　의 경전(금문) 간의 진위에 대한 논쟁을 말한다.

33 후한 시대의 유명한 경전 주석가들이다.

34 위진 시기의 철학 담론으로, 노장을 숭상하고 탈세속을 추구하던 학문적 풍토를 말한다.

35 한나라 멸망 후 수(隋) 통일 때까지 강남에 들어섰던 여섯 왕조. 오(吳), 동진(東晉), 송(宋),
　제(齊), 양(梁), 진(陳)이다.

36 남북조 시기 화복을 장악한 다섯 오랑캐 나라를 말하는데 흉노(匈奴), 갈(羯), 선비(鮮卑),
　저(氐), 강(羌)이다.

37 중원 지역의 옛 도성으로 두 곳을 줄여서 '완락'이라 일컫는다. 완(宛)은 남양군 완현(宛縣),
　낙은 낙양(洛陽)으로 후한대에 각각 남도(南都)와 동도(東都)로 불리며 가장 번성한 두 도
　시다.

38 선비족의 탁발씨(拓跋氏)가 북쪽 지역을 통일하고 북위(北魏)를 세운 것을 말한다.

39 서량(400~421)은 간쑤성(甘肅省)의 서북부 둔황(敦煌)에 도읍했던 5호16국(五胡十六国) 중
　의 하나였다. 돈황 태수였던 이고(李暠)가 왕조를 개설했는데, 훗날 당(唐)을 세운 고조(高祖)
　이연(李淵)이 이고의 8세손을 자처하면서 당 황실의 선조로 자리 잡았다. '서량이 당 왕조에
　서 일통을 이루었다'는 말은 이러한 배경하에서 이해할 수 있다.

40 송막(松漠)은 허베이성에서 내몽고에 이르는 지역을 말하는데 북방 오랑캐 왕조들의 근거
　지였던 곳이라고 할 수 있다. 따라서 오랑캐 왕조였던 요와 금이 송막에서 합해졌다 함은
　역시 오랑캐 왕조였던 원의 통일을 의미한다 하겠다.

41 주씨 왕조는 명을 세운 태조 주원장(朱元璋)으로부터 비롯한 명 왕조를 말하며, 명이 망하
　고 만주족인 청이 중국을 통일하면서 그들의 머리 모양 풍속인 변발이 천하에 널리 퍼졌다
　는 말이다. 변발은 머리 윗부분을 밀어버리고 정수리 부분만 남겨 길게 땋아 늘어뜨린 모양

음악이 활기가 없어지고,[42] 오랑캐의 기운이 날로 성장하니, 이는 곧 인사(人事)가 감응하여 초래한 것이며 천시(天時)의 필연인 것이다."

✿

기화가 단절되고 형화로만 태어난 인류가 이룬 계급 사회와 왕조 국가의 출현을 극단적으로 부정했던 실옹이 그것을 극복하는 중화 문명의 형성과 그 부침의 역사를 논하는 대목이다.

실옹은 먼저 소위 삼황오제(三皇五帝)로 불리는 복희, 신농, 황제, 요, 순의 다섯 성인이 기주(冀州)를 중심으로 하는 중원(中原)에서 이룩한 인류 최초의 문명으로 이해되는 중화 문명을 규정하는 것으로 논의를 시작한다. '중국'으로 불리는 중원 지역은 배산임해의 지형지세로 풍수가 넉넉하고 두터우며 일월이 맑게 비추어 기후가 최적이고 산천이 신령스러워 오로지 선량한 사람들만 배출하게 되어 있는 특별한 지역이었다. 후천적으로 그런 것이 아니라 천하에서 유일하게 근본적으로 탁월한 지역인 것이다. 이 지역 사람들은 화려한 집을 짓지 않고 검소한 덕성을 몸소 실천하는 삶을 살고, 학문을 권장하고 겸양의 미덕을 갖추어 백성의 도리를 다했다. 이와 같은 세상이 유가에서 2000년 이상 믿고 있는

으로 몽골과 만주족 등 북방 오랑캐들의 풍속이었다.

42 '남풍불경'이란 중국 남쪽의 음악이 음조(音調)가 미약(微弱)하고 활기가 없다는 뜻으로 쓰이는 표현이다. 대체로 남쪽 세력(勢力)이 크게 떨치지 못함을 이르는 말이다.

중국의 화하족(華夏族)이 이룩한 유토피아와도 같은 삼황오제의 성인들이 이룩한 지극한 정치가 행해지는 '중국'이었다.

그러나 실옹은 화하족의 성인들이 이룩한 문물제도가 유가에서 믿는 것처럼 이상적이지 않으며 모두 임기응변적인 것에 불과하다고 보았다. 계급 사회와 왕조국가가 불러온 인류의 불행과 변란의 상황을 극복하게 해주는 문물제도가 못 된다는 해석이다. 성인들이 세상을 다스리던 정치는 시세를 감안하고 풍속을 거스르지 않는 임시방편적 방책이었지, 완벽한 조화와 더없이 순수함은 성인들이 원하던 바가 아니었다고 보았다. 그렇기에 한번 형성된 풍속은 금하고 막을 수 없으며, 거슬러서 막으려 하면 더 혼란스러워져, 성인의 힘으로도 해결할 수 없었다는 것이다. 그렇기 때문에 당시의 세상에 살면서 옛 도로 돌아가려고 하면 재앙이라고 공자도 인정했다고 보았다. 당시 국가 사회의 현실 문제들을 해결하기 위해 '고제(古制)'라 불리는 성인의 옛 문물제도에서 해결책을 찾는 길은 올바르지 않다는 주장이라고 볼 수 있다.

이렇게 성인의 문물제도가 임시응변적이라 이해한 실옹은 심하다 싶을 정도로 중화의 문물과 역사를 부정하는 긴 논의를 다음과 같이 펼친다. 혼인의 예는 정욕의 감정을 도저히 막을 수 없었기 때문에 어쩔 수 없이 부부로 맺어줘 음란함을 금하게 하고자 함이었다. 복희가 창시해준 사냥법은[43] 물고기와 짐승을 먹는 것을 금할 수 없어 낚시는 하되 그 물질을 못 하게 함으로써 남획을 막고자 함이었다. 신분에 따른 복식의

---

43 『주역』「계사전」을 보라.

차이 규정을 둔 것은 지나치게 사치스러운 의복을 도저히 막을 수 없어 마련한 제도라는 것이었다. 이렇게 중화의 예악 모두가 급한 상황을 막기 위한 임시방편이었지 근본적인 해결책일 수 없으며 결국엔 망할 것이라는 사실을 성인들도 이미 알고 있었다고 했다.

중화의 역사는 왕도(王道)의 역사다. 정통 역사는 사실보다는 명분과 의리에 따라 인물과 사건을 해석하면서 왕조의 정당성을 확립해왔다. 탕왕이 하나라의 걸(桀)을 쫓아내고 상나라를 세우고, 무왕이 상나라의 주(紂)를 쫓아내고 주나라를 세운 것을 폭군을 내쫓고 천하를 건진 혁명으로 인식하는 역사 서술이 그러했다. 그런데 실옹은 이와 같은 정통 역사 해석을 전면적으로 뒤집는다. 요순의 선양(禪讓)과 달리 우가 왕위를 아들에게 물려줌으로써 천하를 사사로이 하는 '사천하(私天下)'의 전통이 확립되었다고 보았다. 불행의 씨앗이라고 해야 할까. 탕왕과 무왕은 천하를 구한 성군이 아니라 선왕을 죽여 내쫓은 안 좋은 선례를 남김으로써 민들이 상전을 해치는 하극상의 사회상이 생겨나기 시작했다는 것이다. 실옹은 은을 무너뜨리고 주를 세운 명분도 인정하지 않는 듯하다. 은을 대신해서 천하를 탐하려는 욕심이 없지 않았다며, 은의 민들은 주공(周公)의 3년에 걸친 동방 정벌에도 불구하고 호응하지 않았다고 보았다. 실옹은 자신의 이와 같은 파격적인 역사 해석을 그들에 대한 공자의 평가를 따와 정당화한다. 공자가 순의 덕을 보고 성인으로 칭송했지만 무왕에 대해서는 단지 좋은 명예를 지켰을 뿐이라고 평가했으며, 그리고 왕위를 아우에게 양보한 태백의 지극한 덕을 칭송하면서도 무왕에 대해서는 선함이 미진했다고 평가한 사실을 거론했다. 결국 실옹은 요·순 때까지의 (상대적으로) 지극했던 정치가 그간 성군으로 추앙받던 우왕, 탕왕, 무왕을 거치면서 무너지기 시작해 난세로 접어들었다고 보았다.

이렇게 세워진 주 왕조는 왕도를 실천하고 모범적 문물제도의 전범을 확립한 중화의 상징으로 이해되었으나 실옹에게는 전혀 그렇지 못했다. '충성'을 숭상한 하나라, '바탕(質)'을 숭상한 상나라에 비해서 주나라는 '꾸밈(文, 외형)'을 숭상한 나라였다. 실옹은 주나라가 숭상한 '꾸밈'을 사치로 해석했다. 결국 주나라는 사치를 숭상한 나라로 4~5대의 군주였던 소왕과 목왕 때부터 이미 군주의 기강이 쇠해서 정치가 제후에 의해서 좌우되었으며, 마지막 왕들인 유왕과 여왕 훨씬 이전부터 천하에 주나라는 없는 것과 다름없었다고 보았다. 이러한 주나라의 문물제도들은 모조리 중화의 제도와는 거리가 멀었다. 예컨대 국립천문대와도 같은 기능을 담당했던 영대는 그냥 구경하기에 좋은 아름다운 구조물에 불과했으며, 황제가 타는 수레와 의례복인 면복은 위엄과 사치로 통치했음을 보여주는 좋은 사례였다. 서주의 수도 호경과 동주의 수도 낙읍에서는 토목사업이 번다했다며 이를 진시황제와 한 무제가 따랐다고 보았다.

왕도를 구현한 성인의 중화 문물로 이해되던 주나라가 이 정도였으니 후대의 왕조는 어떠랴. 실로 주 왕조 이후에 왕도는 더욱 쇠하고 패술이 횡행했으며, 거짓되고 무력이 강한 자가 거듭 왕이 되었고, 군신 간의 의리는 찾아볼 수 없을 지경이었다. 왕과 신하가 모두 사사로움을 추구하니, 온 천하가 모두 사적인 이득만을 취하려 쟁투하는 형국이었다. 실옹은 심지어 '혹자'의 이름을 빌려 고대 성인의 문명 창시도 근본적으로 비판한다. 건축술의 시조로 추앙하는 유소(有巢)에서부터 목석(木石)의 재앙이 시작되었다고 했고, 사냥법을 창시한 포희(包犧)에 서부터 조수(鳥獸)의 재난이 시작되었다는 식이다. 음식 조리의 문명을 창시한 수인(燧人)에서 기근이 비롯되었고, 문자를 창시한 창힐(蒼頡)에 서부터 잔꾀 부리고 속이는 재주와 습속이 시작되었다고 했다. 나아가 유가에서 추구하던 의복과 예의가 오랑캐의 것에 비해 가치 있지 않다 고 주장한다. 예컨대 사대부가 입던 봉액이라는 옆이 넓게 퍼진 도포의 용모가 빼어나다고 하나 오랑캐 옷의 특징인 좌임(左袵)의 간편함에 비 해 가치가 덜했다. 유가의 예절은 헛되지만 오랑캐의 예절은 오히려 진 실하고 실용적이라는 것이다. 실옹은 '혹자'의 이와 같은 주장이 지나칠 지 모르지만 적어도 중국이 떨쳐 일어나지 못함은 이와 같은 헛된 문물 에서 비롯된 바가 크다고 진단한다.

결국 주나라 이후 중국 문명과 역사의 쇠퇴는 역사적 필연이었다. 진 시황의 분서갱유, 왕망의 제위 찬탈, 삼국 분열 이후 오랑캐들에 의한 중원의 유린, 그리고 요와 금을 이어 청 왕조가 천하를 차지하는 등 날 로 오랑캐의 기운이 천하를 지배하는 것은 인사가 초래한 것으로 천시 (天時)의 필연이라고 보았다. 그런데 실옹은 이와 같이 중화의 활기가 줄어들고, 오랑캐의 기운이 온 천하에 날로 성장하는 것을 통탄하는 것 일까? 통탄하는 맥락이라면 중화 문명의 부정이 아니라 중화 문명을 주도해나가야 할 유가 사대부로서 처절한 자기반성이라고 할 수 있을 것이다. 아니면 당시 천하를 지배한 청 왕조가 이룬 문물이 더 낫다고 보는 것일까? 앞서 정리한 중화 문물 부침의 역사대로라면 더 나아야 한다. 그렇다면 철저한 자기 부정을 통해 청이 이룩한 새로운 문물을 배워 익혀 변신해야 할 것이다. 실용이 제시하는 길이 무엇인가? 이어지는 논의에서 나오는 '역외춘추'와 '용하변이'의 길일까? 오랑캐의 땅에서도 중화가 가능하니, 중화를 배워 이적에서 벗어나자?

33

중화와 이적은 같다

虛子曰, "孔子作春秋 內中國而外四夷. 夫華夷之分 如是其嚴, 今夫子歸之
於人事之感召 天時之必然, 無乃不可乎."

實翁曰, "天之所生 地之所養 凡有血氣 均是人也. 出類拔華 制治一方 均
是君王也. 重門深濠 謹守封疆 均是邦國也. 章甫委貌 文身雕題 均是習俗也.
自天視之 豈有內外之分哉. 是以各親其人 各尊其君 各守其國 各安其俗, 華
夷一也.

夫天地變而人物繁 人物繁而物我形 物我形而內外分.

臟腑之於肢節 一身之內外也, 四體之於妻子 一室之內外也, 兄弟之於宗黨
一門之內外也. 鄰里之於四境 一國之內外也, 同軌之於化外 天地之內外也. 夫
非其有而取之謂之盜 非其罪而殺之謂之賊. 四夷侵疆 中國謂之寇, 中國瀆武
四夷謂之賊, 相寇相賊 其義一也.

孔子周人也. 王室日卑 諸侯衰弱 吳楚滑夏 寇賊無厭. 春秋者周書也 內外之

嚴 不亦宜乎. 雖然 使孔子浮于海 居九夷 用夏變夷 興周道於域外 則內外之分

尊攘之義 自當有域外春秋. 此孔子之所以爲聖人也."

허자가 말했다. "공자가 『춘추』를 저술하며 '중국(中國)'을 내부에, '사

이(四夷)'를 외부에 위치 지었습니다. 무릇 중화와 오랑캐의 구분이 이와

같이 엄격한데 지금 선생께서 인사의 감응과 천시의 필연에 따라 귀결

되었다 함은 불가하지 않겠습니까?"

실옹이 말했다. "하늘이 낳고 땅이 기른 것으로 무릇 혈기 있기로는

사람들이 다 동일하다. 무리 중에서 특출하게 빛나서 일정한 지역을

다스리기는 군왕들이 다 동일하다. 문을 겹겹이 쌓고 해자를 깊이 파

서 영토를 굳게 지키는 것은 나라마다 다 동일하다. 장보(章甫)든 위모

(委貌)[1]든 문신을 몸에 새기든 이마에 새기든 습속이라는 점에서 동일하

다. 하늘에서 바라보면 어찌 내외(內外)의 구별이 있겠는가. 이 때문에

각자가 자기 사람들을 친히 여기고, 자기 임금을 존숭하며, 자기 나라

를 지키며, 자기 풍속을 편안해하는 것이니, 중화와 이적은 같다.

무릇 천지가 변하면서 사람과 사물이 번성해지고, 사람과 사물이 번

성하면서 외물과 자아의 형세가 형성되고, 외물과 자아의 형세가 형성

---

1 장보는 은나라 때 쓰던 관(冠)의 일종(은나라의 갓)이고, 위모는 주나라 때 쓰던 예모(禮帽,
주나라의 갓)다. 장보는 공자가 이 관을 썼다 하여 후대에 유생들이 많이 썼다. 전하여 장보나
예모는 중화의 의관 문화를 상징하고, 문신 등은 오랑캐 문화를 상징한다.

되면서 내외의 구별이 생겨났다. 오장육부와 사지 관절은 한 신체에서의 내외이며, 자신의 팔·다리·머리·몸과 처자식은 한집안에서의 내외이고, 형제와 종친은 한 가문에서의 내외다. 인근 마을과 사방의 변방은 일국 내에서의 내외이며, 천자의 교화 통치 영역과 교화가 미치지 못하는 바깥은 천하² 내에서의 내외다. 무릇 자기 소유가 아닌 것을 취하면 도(盜)라 하고, 죄가 없는데 죽이면 적(賊)이라 한다. 사이(四夷)가 강역을 침략하는 것을 중국에서는 구(寇)라 하고, 중국이 함부로 병사를 일으키는 것을 사이(四夷)들은 적(賊)이라 하니, 서로 '구'라 하고 '적'이라 함은 그 뜻이 매한가지다.

공자는 주나라 사람이다. 주 왕실이 날로 비천해지고, 제후들이 쇠약해지며, 오(吳)와 초(楚)가 중원을 어지럽히고, 외적의 침략이 끝이 없었다. 『춘추』는 주나라의 역사를 기록한 책으로 내외를 엄격히 구분함이 당연하지 않겠는가. 비록 그러나 만일 공자가 뗏목을 타고 바다로 나아가 구이에서 살았다면 중화로 이적을 변화시키고 역외(域外)에서 주나라의 도(道)를 일으켰을 것이니, 내외의 구분과 존왕양이의 의리에 있어서 의당 "역외춘추(域外春秋)"가 자연히 있게 되었을 것이다. 이 때문에 공자를 성인이라 하는 것이다."

---

2 원문에는 '天地'이나 전남대본 『담헌집(湛軒集)』 표제의 「의산실언(毉山實言)」에는 '天下'로 적혀 있다. 내용으로 보면 '천하'가 맞아 수정했다. 채송화, 「「의산문답 이본 연구」, 『민족문학사연구』 69호(2019), 126쪽을 참조할 것.

중화의 문명과 의리를 뿌리에서부터 흔드는 실옹의 강한 비판적 주장을 들은 허자는 공자를 소환해 항변한다. 『춘추』에 의하면 공자가 '중국'을 내부에 '사이(四夷)'를 외부에 위치 지움으로써 중화와 이적을 엄격히 구분했으니 아무리 세상이 혼란스러워도 화이가 무분(無分)한 세상이 되겠냐는 것이다.

화이의 분별이 무너지는 세상은 불가능하다는 허자의 항변에 실옹은 '하늘에서 바라보는 관점(自天而視之)'을 제시한다. 앞서 사람과 사물의 본성의 차이에 대해 논하는 대목에서 제시했던 관점이다. 사람의 관점에서 벗어나 하늘에서 바라보면 '사람과 사물은 같다(人物均)'는 논리다. 앞서 살펴보았듯이 '하늘에서 바라보는 관점'은 18세기 후반 조선의 노론 낙론계 서울 학인들 사이에서 적지 않게 공유하던 새로운 시각이었다.[3] 사람과 사물이 다르지 않듯이 사람들 사이도 마찬가지였다. 실옹은 혈기가 있다는 점에서 모든 사람은 다 같다고 했다. 나라마다 지배하는 방식은 다르지만 군왕이라는 점에서 다 같으며, 성을 쌓고 해자를 파서 외침에 방비하는 방식과 규모는 다를지 모르나 방국(邦國, 국가)이라는 점에서 같다고 했다. 마찬가지로 장보나 위모 같은 중화의 의관과 오랑캐의 문신은 전혀 다른 문화이지만 각자의 '습속'이라는 점

---

3 조성산, 「연암그룹의 夷狄 논의와 『春秋』」, 『한국사연구』 172집(2016.3), 223~263쪽을 참조할 것.

에서 같다. 그렇기 때문에 모든 나라의 사람들은 동일하게 자기 임금을 가장 존숭하며, 자기 나라를 힘써 지키려 하고, 자기의 풍속을 가장 편안해한다는 것이다. 이런 관점에서 보아 '중화와 이적은 같다(華夷一也).'

따라서 공자가 중국과 사이를 내외로 구분한 것은 하늘에서 바라본 관점이 아니다. 한 신체에서의 오장육부와 사지가 내외이듯이, 한집안에서는 내 몸과 처자식이 내외의 관계일 뿐이다. 마찬가지로 한 나라에서 인근 마을과 사방의 변방이 내외이듯이, 천하에서는 천자의 교화 지역(중화)과 교화 바깥의 영역(이적)이 내외 관계일 뿐이다. 이적들은 자신의 강역을 침범하는 중국을 '적(賊)'이라 하고, 중국은 침범해 들어오는 이적들을 '구(寇)'라 하나, 상대방을 침략하는 점에서는 매한가지다. 공자가 주나라 사람이고 그가 저술한 『춘추』가 주나라의 역사서이기 때문에 『춘추』에서 중국과 사이를 내외로 구분한 것은 주나라 사람 공자의 관점일 뿐이다.

그렇다면 공자는 하늘의 관점에서 사물을 파악하지 못한 사람인가? 물론 논리적으로 그러하다. 실옹이 공자를 죽일 셈인가. 그럴 수는 없다. 실옹은 공자가 도가 행해지지 않으면 뗏목을 타고 바다 너머 이적의 땅에 가서 살겠다고 한 말을 상기시키며, 만일 공자가 '구이'에서 살았다면 중화로써 이적을 변화시켜 역외(域外)에서 주나라의 도(道)를 일으켰을 것이라고 공자를 살렸다. 유명한 홍대용의 '역외춘추(域外春秋)'다. 중국 바깥의 이적의 구역에서 또 다른 중화를 이루고, 그것의 역사를 쓸 것이라는 말이다. 공자는 충분히 그럴 만한 인물이라고 보았다. 그렇기에 공자를 '성인'이라 부를 수 있다고 했다. 그런데 공자는 살렸는데 중화와 이적이 다를 바 없다는 주장은 어찌할 것인가.

실옹의 '중화와 이적은 같다'는 주장은 둘 사이의 절대적 분별을 부정한 것이다. 성리학자들의 화이론은 영토(중원 땅)와 혈연(화하족), 문화(중화 문화)의 세 가지 요소를 모두 만족하는 것이었다. 중원 지역에서 한족만이 이룰 수 있는 것이 중화 문명이었다.[4] 이러한 관점을 잘 반영한 것이 송대 호안국이 쓴 『춘추』 해설서인 『호씨춘추전』이다. 영토와 혈연을 만족해야 했기에 중화와 이적의 구분은 절대적이었다. 이에 비해 또 다른 전국시대의 『춘추』 해설서인 『곡량전』 및 『공양전』은 문화적 중화의 개념을 반영했다. 이적이 중화가 될 수 있고 중화가 이적이 될 수 있는 것이었다. 실옹의 중화와 이적 이해는 이와 같았다. 중화와 이적으로 지칭되는 문화의 위계적 차이 자체를 부정하고 화이론을 근원적으로 부장했다고 보기는 어렵다. 화이의 문화적 차이조차 부정한다면 '역외춘추'도 성립할 수 없다.

결국 실옹의 '중화와 이적은 같다'는 주장은 중화와 이적은 문화적으로 차등이 있지만 절대적으로 변할 수 없는 고정된 것이 아니다로 이해해도 무방하지 않을까? 그렇다면 실옹의 뜻은 '중화를 배우고 익혀 이적에서 벗어나 당당한 중화가 되자'다. 중화와 이적의 구분을 절대적으로 부정하는 주장은 아니었다.

---

4 중화의 개념과 역사에 대한 자세한 내용은 이성규, 「중화제국의 팽창과 축소: 그 이념과 실제」, 『역사학보』 186권(2005), 87~133쪽을 참조할 것.

〈원전류〉

『乾坤體義』

『空際格致』

『國朝曆象考』

『論語』

『大戴禮記』

『東國文獻備考』「象緯考」

『孟子』

『三才圖會』

『書經』

『新法算書』

『曆象考成』

『莊子』

『正蒙』

『周易』

『朱子語類』

『中庸』

『天問略』

『天文類抄』

『表度說』

『淮南子』

金錫文, 『易學圖解』(1697), 『易學二十四圖解』(1726)

朴趾源, 『熱河日記』

〈단행본〉

구만옥, 『朝鮮後期 科學思想史 硏究 1—朱子學的 宇宙論의 變動』(혜안, 2005).

김문용, 『홍대용의 실학과 18세기 북학사상』(예문서원, 2005).

김영식 편역, 『중국 전통문화와 과학』(창작사, 1986).

김영식, 『주희의 자연철학』(예문서원, 2005).

_____, 『중국과 조선, 그리고 중화—조선 후기 중국 인식의 전개와 중화 사상의 굴절』(아카넷, 2018).

김태준, 『홍대용평전』(민음사, 1987).

_____, 『홍대용』(한길사, 1998).

김태준 · 김효민 옮김, 『의산문답』(지식을만드는지식, 2011).

데이비드 C. 린드버그, 이종흡 옮김, 『서양과학의 기원들(The Beginnings of Western Science)』(나남, 2009).

문중양, 『조선후기 水利學과 水利담론』(집문당, 2000).

_____, 『조선후기 과학사상사: 서구 우주론과 조선 천지관의 만남』(들녘, 2016).

박성래, 『한국사에도 과학이 있는가』(교보문고, 1998).

＿＿＿, 『지구자전설과 우주무한론을 주장한 홍대용』(민속원, 2012).

박희병, 『범애와 평등: 홍대용의 사회사상』(돌베개, 2013).

실시학사 편, 『담헌 홍대용 연구』(사람의무늬, 2012).

야마다 케이지(山田慶兒), 김석근 옮김, 『朱子의 自然學』(통나무, 1991).

연세대학교 국학연구원 편, 『韓國實學思想研究 4: 科學技術篇』(혜안, 2005).

오상학, 『조선시대 세계지도와 세계인식』(창비, 2011).

원굉도, 심경호 · 박용만 · 유동환 역주, 『역주 원중랑집 5』(소명출판, 2004).

이문규, 『고대 중국인이 바라본 하늘의 세계』(문학과지성사, 2000).

이숙경 · 김영호 공역, 『개혁을 꿈꾼 과학사상사 홍대용의 고뇌, 의산문답』(꿈이있는
세상, 2006).

이종란 풀어씀, 『의산문답, 소통으로 향하는 끝없는 질문과 대답』(풀빛, 2015).

이종란, 『의산문답―어느 자유주의자의 절규』(한국설득연구소, 2017).

임종태, 『17, 18세기 중국과 조선의 지구 지리학 이해: 지구와 다섯 대륙의 우화』(창비,
2012).

조성산, 『조선후기 낙론계 학풍의 형성과 전개』(지식산업사, 2007).

전상운, 『한국과학사』(사이언스북스, 2000).

헨더슨, 문중양 옮김, 『중국의 우주론과 청대의 과학혁명』(소명출판, 2004).

任正爀, 『朝鮮科學史における近世: 洪大容 · カント · 志筑忠雄の自然哲學的宇宙論』
(일본 思文閣出版, 2011).

<논문>

具萬玉, 「湛軒 洪大容의 宇宙論과 人間社會觀」(연세대학교 사학과 석사논문, 1995).

＿＿＿, 「朝鮮後期 '地球'說 수용의 사상사적 의의」, 『하현강교수정년기념논총: 한국
사의 구조와 전개』(혜안, 2000).

＿＿＿, 「조선후기 潮汐說과 '東海無潮汐論'」, 『東方學志』 111집(2001), 1~83쪽.

김동건, 「〈의산문답(醫山問答)〉의 창작 배경 연구」, 『정신문화연구』 36권 3호(2013), 225~248쪽.

김영민, 「조선중화주의의 재검토: 이론적 접근」, 『한국사연구』 162집(2013), 211~252쪽.

김현수, 「『關尹子』의 萬物一體觀―道와 聖人 개념을 중심으로」, 『중국학보』 73집(2015), 485~502쪽.

문중양, 「18세기 조선 실학자의 자연지식의 성격―象數學的 宇宙論을 중심으로―」 『한국과학사학회지』 21권 1호(1999), 27~57쪽.

_____, 「16-17세기 조선우주론의 상수학적 성격」, 『역사와 현실』 34호(1999), 95~124쪽.

_____, 「崔漢綺의 기론적 서양과학 읽기와 기륜설」, 『大同文化硏究』(성균관대학교 대동문화연구원) 43집(2003), 273~312쪽.

_____, 「19세기 조선의 자연지식과 과학담론: 명말(明末)·청초(淸初) 중국 우주론의 늦은 유입과 그 영향」, 『다산학』 13호(2008), 7~24쪽.

_____, 「창조적 일탈의 상상: 19세기 초 이규경의 하늘과 땅에 대한 사유」, 『한국문화』 59집(2012), 197~225쪽.

_____, 「중국과 조선에서의 빛과 소리에 대한 기론적 논의―17세기 방이지 학파와 19세기초 이규경을 중심으로―」, 『한국사상사학』 44집(2013.8), 321~360쪽.

박권수, 「徐命膺의 易學的 天文觀」, 『한국과학사학회지』 20권 1호(1998), 57~101쪽.

박성래, 「홍대용의 과학 사상과 그 의의」, 『홍대용 기념 학술 세미나』(한국과학기술진흥재단, 1994).

_____, 「洪大容『湛軒書』의 西洋科學 발견」, 『震檀學報』 79집(1995).

송영배, 「홍대용의 상대주의적 사유와 변혁의 논리」, 『한국학보』 20-1호(1994), 112~134쪽.

유경로·이인규, 「洪大容의 天文思想과 地轉說」, 『과학교육연구논총』 41-1(1979), 53~73쪽.

이경구, 「호락논쟁을 통해 본 철학논쟁의 사회정치적 의미」, 『한국사상사학』 26집(2006), 201~232쪽.

이성규, 「중화제국의 팽창과 축소: 그 이념과 실제」, 『역사학보』 186권(2005), 87~133쪽.

이춘희, 「湛軒 洪大容의 醫山問答研究—相對主義的認識論을 中心으로」(동국대 석사논문, 2015).

임종태, 「17·18세기 서양 과학의 유입과 분야설의 변화: 『星湖僿說』 「分野」의 사상사적 위치」, 『韓國思想史學』 제21집(2003), 391~416쪽.

_____, 「무한우주의 우화—홍대용의 과학과 문명론」, 『역사비평』 2005년 여름호, 261~285쪽.

_____, 「'우주적 소통'의 꿈—18세기 초반 湖西 老論 학자들의 六面世界說과 人性物性論—」, 『韓國史研究』 138호(2007), 75~120쪽.

전용훈, 「조선후기 서양천문학과 전통천문학의 갈등과 융화」(서울대 박사논문, 2004).

조성산, 「연암그룹의 夷狄 논의와 『春秋』」, 『한국사연구』 172집(2016.3), 223~263쪽.

채송화, 「『의산문답』 이본 연구」, 『민족문학사연구』 69호(2019), 107~138쪽.

한영호, 「서양 기하학의 조선전래와 홍대용의 주해수용」, 『歷史學報』 170집(2001), 53~89쪽.

_____, 「籠水閣 天文時計」, 『歷史學報』 177집(2003), 1~32쪽.

한영호, 이재효, 이문규, 서문호, 남문현, 「洪大容의 測管儀 연구」, 『歷史學報』 164집 (1999), 125~164쪽.

허남진, 「홍대용의 과학사상과 이기론」, 『아시아문화』 9집(1993), 127~153쪽.

_____, 「朝鮮後期 氣哲學 研究」(서울대 박사논문, 1994).

홍유진, 「소도(小道)에서 대덕(大德)으로: 홍대용 『주해수용(籌解需用)』의 구성과 저술 목적」(서울대 석사논문, 2019).

石云里, 「從黃道周到洪大容」, 『自然辨證法通訊』 19-1(1997), 60~80쪽.

小川晴久, 「十八世紀의 哲學과 科學 사이—洪大容과 三浦梅園—」, 『東方學志』 20집 (1978), 233~256쪽.

_____, 「地轉說에서 宇宙無限論으로—金錫文과 洪大容의 世界—」, 『東方學志』 21집 (1979), 55~90쪽.

_____, 「東아시아에 있어서의 地動說의 成立」, 『東方學志』 23·24합집(1980), 375~
　　　387쪽.

任正爀, 「朝鮮における獨自的な宇宙論の發展について」, 『科學史研究』 II-30(1990).

_____, 「朝鮮の實學者洪大容の地轉說ついて」, 『科學史研究』 II-29(1990).

지은이

홍대용(洪大容, 1731~1783)

조선후기 영조·정조대에 활동했던 조선의 대표적인 사대부 과학자로 알려져 있다.
노론 낙론계 학인을 이끌었던 김원행의 석실서원에서 공부하던 모범적인 성리학자였던
홍대용은 성장하면서 혼천의와 자명종을 제작하는 등 과학 연구에 매진하는 일탈적
지적 성향을 드러내기 시작했다. 일생일대 최고의 경험이었던 북경 여행을 글로 담은
「간정동회우록」과 「연기」는 북학파 학인 등 조선의 개방적 유학자들을 감동시켰다.
최신의 수리천문학 이론을 정리한 『주해수용』과 지구·자동설을 비롯해 상대적 우주론과
"중화와 오랑캐는 같다"는 파격적 주장을 담은 『의산문답』은 그를 조선 최고의 과학자
로 만들었다. 40대 중반 9개월 동안 서연에서 세손이었던 정조를 가르치기도 했다.

역해자

문중양

서울대학교 자연과학대학 계산통계학과에서 이학사 학위를 받았으며, 동 대학원에서
역사학으로서 과학사를 공부했다. '조선후기의 수리학(水利學)'으로 박사학위를 받은 후
에는 우주론을 중심으로 서구과학과 조선과학의 만남 양상과 성취에 대해서 연구해 왔다.
요즘에는 19세기 조선 지식인들의 과학활동에 연구가 집중되고 있지만 세종대 과학의
성취와 역사성을 중심으로 여말선초 시기로 연구가 옮겨가고 있다. 대표 저서로 『조선
후기 水利學과 水利담론』, 『우리역사 과학기행』(2006년 중앙일보와 동아일보가 선정한 '올해의
책'), 『조선후기 과학사상사: 서구 우주론과 조선 천지관의 만남』이 있다. 현재 서울대
학교 국사학과 교수로 재직하고 있다.

의산문답

천지와 인물에 대한 일탈적 우화

1판 1쇄 찍음 | 2019년 7월 17일
1판 1쇄 펴냄 | 2019년 7월 30일

지은이 | 홍대용
역해자 | 문중양
펴낸이 | 김정호
펴낸곳 | 아카넷

출판등록 2000년 1월 24일(제406-2000-000012호)
10881 경기도 파주시 회동길 445-3 2층
전화 031-955-9510(편집) · 031-955-9514(주문) | 팩시밀리 031-955-9519
책임편집 | 김일수
www.acanet.co.kr | www.phildam.net

ⓒ 문중양, 2019

Printed in Paju, Korea.

ISBN 978-89-5733-638-0 94080
ISBN 978-89-5733-230-6 (세트)

이 도서의 국립중앙도서관 출판시도서목록(CIP)은
서지정보유통지원시스템 홈페이지(http://seoji.nl.go.kr)와
국가자료공동목록시스템(http://www.nl.go.kr/kolisnet)에서
이용하실 수 있습니다.(CIP제어번호: CIP2019027704)